ÉTAT-MAJOR GÉNÉRAL

DE

DE L'ARMÉE SERBE

(SECTION OPÉRATIVE)

GUERRE

DE LA SERBIE CONTRE LA TURQUIE

1877—1878

(TRADUCTION)

BELGRADE

IMPRIMERIE DE L'ÉTAT

1879

ÉTAT-MAJOR GÉNÉRAL

DE

DE L'ARMÉE SERBE

(SECTION OPÉRATIVE)

GUERRE

DE LA SERBIE CONTRE LA TURQUIE

1877—1878

(TRADUCTION)

BELGRADE

IMPRIMERIE DE L'ÉTAT

1879

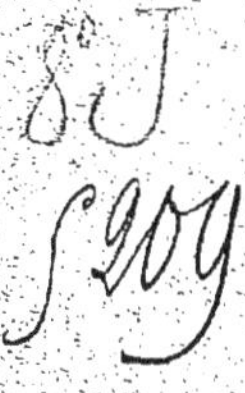

L'histoire technique et détaillée de la guerre serbo-turque de 1877—1878 sera publiée un jour. Le présent travail ne donne que le récit sommaire des principaux faits d'armes de cette campagne.

En offrant aux lecteurs qui connaissent la langue française, le tableau fidèle de ces opérations militaires, nous avons voulu prévenir les relations inexactes qui pourraient se répandre dans le public.

I

PROCLAMATION

A MON PEUPLE

Serbes,

Lorsque dans ma proclamation du 21 février (5 mars) je vous notifiai la conclusion de la paix entre la Serbie et la Porte, je vous faisais savoir aussi que la défense de la cause sacrée pour laquelle nous avions combattu l'an dernier avait passé entre des mains plus puissantes. Depuis lors la race turque a enrichi son histoire de nouvelles horreurs inouies. Le pillage, la dévastation et les massacres se sont étendus à toutes les parties de l'empire. Mais c'est principalement sur les pays serbes, sur tout ce qui porte notre nom, que ces fléaux se sont déchaînés avec le plus de violence. Quoique l' art. 2 du protocole de paix du 16 (28) février stipulât une amnistie pleine et entière en faveur de ceux de nos malheureux frères qui avaient cherché en Serbie protection et refuge, le fanatisme musulman a néanmoins lâché à leur égard tous les freins de sa vengeance. Confiants dans les traités internationaux, nous avions persuadé la plus grande partie de ces malheureux de rentrer dans leurs foyers. Retournés dans leur pays sur notre conseil, ils se sont vus en butte, sous divers prétextes, à de nouvelles violences, à de nouvelles persécutions de la part de leurs oppresseurs. En vain mon gouvernement a protesté nombre de fois auprès de la Sublime Porte contre ces criantes infractions au traité. Le gouvernement turc, en laissant ces violences impunies, a foulé aux pieds la parole qu' il avait solennellement donnée.

Serbes! Après une aussi éclatante violation des engagements contractés par la Porte vis-à-vis de la Serbie, nous ne sommes pas tenus de supporter plus longtemps cette pénible situation dans laquelle, de champions de la liberté que nous étions, nous nous sommes transformés en spectateurs passifs de ces efforts barbares dont le but est l'extermination de la race serbe. La mesure des cruautés turques est telle que la Serbie ne peut plus les voir d'un œil indifférent, ni supporter encore à l'avenir sans humiliation les liens qui la rattachent à un Etat puisant sa vitalité dans son fanatisme, dans le feu et dans le sang, et menaçant déjà la Principauté. Quoique l'attitude de la Serbie à l'égard de la Porte ait été parfaitement correcte, celle-ci prépare déjà à notre patrie de nouveaux dangers. Outre les complots que la Porte forge clandestinement contre notre sécurité intérieure, le ministre ottoman des Affaires Etrangères ne craint pas de déclarer ouvertement que la Porte possède de nombreux moyens de nuire à la Serbie sans se trouver formellement en guerre avec elle.

Serbes! Si la Porte, au moment même où elle est si vivement pressée par l'armée d'un des plus puissants Etats, prend à notre égard un ton aussi menaçant, nous ne pouvons certes pas laisser passer une occasion comme celle-ci sans assurer notre avenir une fois pour toutes. Non! La lutte contre notre ennemi séculaire n'est pas close par notre guerre de l'année dernière. Ce ne serait ni de notre intérêt, ni de notre dignité, de nous consacrer définitivement aux travaux de la paix, sans déployer toute notre énergie pour conjurer, dans la mesure de nos forces, les dangers qui menacent la nation serbe et pour mener à bonne fin notre mission nationale. Bien que la vaillante armée russe puisse sans notre concours faire triompher la cause sacrée que l'Empereur Alexandre a prise sous sa puissante protection, rien au monde ne peut nous affranchir de l'accomplissement du devoir qui incombe à la nation serbe comme membre de la famille chrétienne en Orient. Le peuple serbe doit ce nouveau sacrifice à lui-même et à sa race.

Les peuples ne peuvent obtenir la vraie liberté que s'ils l'achètent au prix des plus grands efforts et, si c'est nécessaire, au prix de leur sang. Des œuvres aussi grandes que celle que nous avons commencée l'année dernière ne sont pas entreprises pour s'arrêter à mi-chemin. Ce serait une politique pusillanime, un patriotisme insuffisant. Nos descendants nous feraient avec raison des reproches, nos frères martyrs nous chargeraient de leur malédiction, nous-mêmes nous en éprouverions d'amers regrets. Les ombres de nos guerriers tombés l'année dernière sur les champs de bataille nous renieraient si, nous contemplant, elles nous voyaient, à un moment où le sang coule à flots tout près de notre frontière, insouciants et oublieux du devoir sacré qu'ils nous ont laissé, de combattre un ennemi qui, sans nécessité militaire, a porté le feu et la dévastation dans notre beau et fertile pays.

C'est seulement à force de persévérance que nous pourrons remplir la noble tâche si résolument inaugurée l'année dernière, tâche qui nous a coûté tant d'efforts et de sacrifices. Nous avons eu le temps de nous refaire et nous en avions le droit. Si l'année dernière les forces de l'ennemi étaient supérieures à celles des petites principautés serbes, aujourd'hui, en entrant dans la lutte, nous trouvons sur le théâtre de la guerre l'armée russe, couverte de gloire, nous y trouvons nos héroïques frères du Monténégro et nos vaillants voisins, les Roumains, qui ont passé le Danube et sont venus combattre pour leur indépendance et pour la liberté des chrétiens opprimés.

Serbes! Aujourd' hui nous reprenons nous aussi les armes pour la sainte cause nationale et chrétienne. A l'exemple de mon aïeul, je me mets de nouveau à la tête du peuple serbe en armes. Le drapeau que le quatrième des Obrénovitsch déploie pour la seconde fois est celui de la liberté et de l'indépendance nationale. Vous avez déjà donné sous ce drapeau des preuves éclatantes de votre patriotisme et de votre abnégation. Un pas résolu en avant, — et nous serrons la main de ces frères, dont nous sommes séparés depuis Kossovo. Aujourd' hui ou jamais le moment est venu d'accomplir la grande œuvre nationale si glorieusement commencée par les héros de Takovo et reprise par nous l'année dernière.

En avant donc, soldats, aux côtés des aigles victorieuses de l' Empereur Libérateur et avec confiance en Dieu, tout-puissant protecteur de la justice! En avant! au nom de la libération de nos frères opprimés, au nom de l'indépendance de notre chère patrie la Serbie!

Belgrade, le 1 (13) décembre 1877.

MILAN M. OBRENOVITSCH IV.
Prince de Serbie.

II

PRISE DU DÉFILÉ DE SAINT-NICOLAS.

1. NOUVELLES DU THÉATRE DE LA GUERRE.

(Dépêches du Quartier Général)

Alexinatz le 9 (21) décembre 1877.

Le 7 (19) courant nos troupes ont pris le col de St. Nicolas et emporté d'assaut les fortifications qui s'y trouvent. Nous attendons les rapports sur nos pertes et celles de l'ennemi.

Alexinatz, le 9 (21) décembre 1877.

(Rapport télégraphique complémentaire sur la prise de St. Nicolas).

Les retranchements turcs du col de St. Nicolas étaient occupés par un bataillon de nizams et une compagnie de Tcherkesses. L'attaque a eu lieu par surprise. Deux compagnies de Kniagévatz se sont approchées jusqu'à 80 pas de la position et ont ouvert le feu. Les Turcs ont résisté une heure à peine. Dès que d'autres compagnies furent entrées en ligne et que nos soldats eurent commencé à monter à l'assaut et à pénétrer dans l'ouvrage, les Turcs l'abandonnèrent. Ils y ont laissé 3 morts et ont emporté leurs blessés. Nos pertes sont de 3 morts, 4 blessés grièvement et 9 légèrement. Se sont distingués : le capitaine Franitch ainsi que les lieutenants Pokorny et Vessélin Popovitch. Ce dernier est entré un des premiers dans le retranchement turc.

Alexinatz, le 11 (23) décembre 1877.

Son Altesse Impériale le Grand-Duc Nicolas, commandant en chef de l'armée russe en Bulgarie a envoyé de Bogot à Son Altesse le Prince, commandant en chef de l'armée serbe, le télégramme suivant:

„Mes cordiales félicitations pour le bon et beau commencement. Remerciez sincèrement de ma part vos vaillantes troupes. Je leur souhaite „d'heureux succès à l'avenir. Que Dieu nous prenne sous sa protection".

---

2. RELATION.

Le détachement qui s'est emparé du col et des retranchements turcs de St. Nicolas était commandé par le capitaine Glicha Franitch, commandant de la brigade de Kniagévatz de 2-me classe. Suivant l'ordre qu'il avait reçu le 6 (18) décembre, il attaqua le lendemain avec les deux premiers bataillons de sa brigade, deux pièces de montagne, ainsi qu' un demi-escadron de cavalerie, et réussit à se rendre maître du défilé.

L'attaque et la prise de la position ont eu lieu de la manière suivante: le bataillon de Kniagévatz I, s'était mis en marche de Pandiralo le 6 (18) décembre à 1 heure après-midi avec deux pièces de la I-re batterie de montagne, dans la direction de Balta-Bérilovatz où il arriva à six heures du soir. Comme ces troupes n'avaient pris aucune nourriture de toute la journée, elles firent halte à Balta-Bérilovatz où se trouvait déjà le II-me bataillon de Kniagévatz. Pendant la marche le détachement d'avant-garde fit savoir qu'il s'était avancé jusqu'à Ravno Boutchié et que les Turcs n'avaient à St. Nicolas qu' une faible garnison.

On recueillit à Balta-Bérilovatz les renseignements nécessaires et quinze traîneaux furent mis en réquisition pour les blessés. A $5\frac{1}{2}$ heures la nouvelle étant arrivée que les Russes étaient près de Tiouprénié et que les deux bataillons turcs qui occupaient ce dernier endroit l'avaient abandonné se repliant sur St. Nicolas, l'ordre fut envoyé au 3-me bataillon qui était à Dobrislavitza, de se mettre en marche pour appuyer au besoin les deux premiers. Mais comme à cause de la distance, il ne pouvait parvenir à temps à St. Nicolas, il reçut l'ordre de camper à Yania-Méhana. Ce bataillon arriva le lendemain 7 (19) décembre à $6\frac{1}{2}$ du matin à Yania-Méhana, localité distance d'une demi-heure de Balta-Bérilovatz dans la direction de St. Nicolas.

Le six à onze heures du soir les deux premiers bataillons se remirent en marche avec les deux pièces de montagne et un détachement d'infirmiers, et arrivèrent à trois heures de la nuit près du poste turc de Ravno Boutchié.

Là, le commandant prit les dispositions suivantes: les deux premières compagnies du II-me bataillon, sous le commandement du sous-lieutenant Obrad Avramovitch durent prendre à gauche de la route de St. Nicolas, et les 3-me et 4-me compagnies du I-er bataillon, sous le commandement du lieutenant Hinko Pokorny, à droite de manière à envelopper des deux côtés les positions turques de St.

Nicolas. Les deux détachements avaient pour guides des paysans de Ravno Boutchié. L'artillerie dût rester sur la route. Elle s'avançait avec un demi-bataillon et un demi-escadron, sous le commandement direct du capitaine Franitch

Le sous-lieutenant Obrad Avramovitch ne devait ouvrir le feu qu' après avoir entendu celui de l'aile droite, son détachement ayant une moindre distance à parcourir. Les troupes se mirent en mouvement à quatre heures du matin.

Quand le détachement du centre fût arrivé au-dessous des positions turques à la distance où l'ennemi devait bientôt s'apercevoir de son approche, la 3-me compagnie du II-me bataillon se déploya en tirailleurs à droite de la route et la 4-me compagnie à gauche. Les deux pièces se mirent en batterie sur la route même, ayant pour soutien les deux premières compagnies du I-er bataillon et un demi-escadron de cavalerie. Ces troupes formaient en même temps la réserve générale des détachements engagés.

Le jour s'était déjà levé et les compagnies qui exécutaient leur mouvement tournant n'avaient pas encore commencé l'attaque. Le brouillard épais qui règne ordinairement au sommet des Balkans, dérobait aux troupes la vue de leurs adversaires. A 7½ heures précises le premier coup de fusil se fit entendre à l'aile droite et immédiatement la fusillade commença aussi à l'aile gauche. Quatre coups de canon furent tirés, plutôt en vue de l'effet moral, car le but était très-élevé et caché par le brouillard. Les guides indiquaient la direction. La chaîne de tirailleurs du centre gravit la montagne jusque sur le rebord du plateau et ouvrit le feu à 70—80 pas de l'ennemi. Immédiatement les pièces suivirent pour prendre position sur la hauteur. La réserve d'infanterie et la cavalerie furent aussi dirigées sur ce point.

La fusillade devenait de plus en plus vive. Mais à peine les canons mis en batterie eurent-ils lancé quelques obus, que les hourrahs des soldats qui s'élançaient à l'assaut de tous les côtés se firent entendre. Les Turcs ne les attendirent pas et s'enfuirent en courant de toutes leurs forces dans la direction de Belgradjik.

A 8½ heures le défilé était en notre pouvoir. Vingt à trente hommes furent envoyés à la poursuite de l'ennemi en attendant la cavalerie qui se mit à son tour à poursuivre les Turcs et leur sabra quelques hommes. Toutefois, l'épuisement des troupes, le brouillard, la nouvelle que deux bataillons de nizams approchaient venant de Tiouprénié et enfin le peu de connaissance du terrain firent que la poursuite s'arrêta au bout d'une demi-heure.

Les Turcs, bien que surpris, n' ont pas moins déployé une grande bravoure pendant le combat, mais ils n'ont pu tenir sous le feu croisé et plongeant de notre infanterie.

Nos pertes sont de 3 morts et 13 blessés dont 4 grièvement. Si elles n'ont pas été plus fortes, il faut l'attribuer au tir incertain de l'ennemi dans le brouillard, puis au fait qu' exposé à un feu rapide et croisé, il dut bientôt céder le terrain. Parmi les blessés grièvement se trouve un chef de section du I-er bataillon, Miloutine Miloïkovitch, de Vassilié.

Les pertes des Turcs ont naturellement été plus fortes que les nôtres. Les cadavres de trois Tcherkesses ont été trouvés dans l'intérieur du retranchement.

Les autres morts et blessés ont été emportés par les leurs, comme les Turcs ne manquent presque jamais de le faire.

La position de St. Nicolas était défendue par un bataillon de nizams et trente à quarante Tcherkesses à cheval. Comme butin l'on a recueilli: 4 fusils snider, beaucoup de munitions d'infanterie, un assez grand matériel de télégraphe, douze chevaux, quelques autres objets et des vivres.

Notre infanterie et surtout le I-er bataillon, qui était parti de Dobrislavitza a eu une marche des plus pénibles sur une route couverte de neige et de glace. Les compagnies qui ont exécuté le mouvement tournant ont eu à surmonter les difficultés que leur opposait un terrain éminemment défavorable, car elles ont dû escalader en rampant des pentes escarpées que la glace rendait presque inaccessibles. Si de plus l'on prend en considération que peut-être jamais troupe n'a eu en cas de défaite une ligne de retraite aussi désavantageuse, on peut affirmer que la conduite des deux bataillons de 2-me classe de Kniagévatz est digne d'éloges. Quant à l'artillerie le terrain ne lui a pas permis de prendre une part efficace au combat.

Parmi ceux qui se sont le plus distingués se trouvent en première ligne le capitaine Glicha Franitch, le lieutenant Hinko Pokorny et l'adjudant de brigade, lieutenant Vessélin Popovitch. Ce dernier a été dès le commencement du combat à cheval dans la ligne des tirailleurs qui attaquaient de front et est entré le 3-me dans le retranchement turc. S' est distingué également par la manière dont il a mené le combat le sous-lieutenant Obrad Avramovitch. Nous devons aussi mentionner avec éloges le commandant du II-me bataillon Démètre Ristitch ainsi que les chefs de section du I-er bataillon George Radovanovitch et Miloutine Miloïkovitch; le premier pour la rapidité avec laquelle il a conduit une compagnie de son bataillon sur le rebord du plateau occupé par les Turcs; le second pour avoir marché à l'assaut à la tête de ses hommes en menaçant de tuer celui qui resterait en arrière; le troisième pour la bravoure et le zèle dont il a fait preuve.

Nous devons mentionner les hommes suivants dont la conduite courageuse et exemplaire a exercé une heureuse influence sur leurs camarades: Chef de section du I-er bataillon: Elie Gaïtch, de Kniagévatz; soldats du I-er bataillon: Yefta Miloiévitch, de Sokolovitza, Vassilié Milosavliévitch, de Kniagévatz, Yanko Miloïkovitch, de Boulinovatz, Démètre Jikitch, de Kniagévatz, Radoïko Radosavliévitch de Vlachko Polié, Sibine Voïnovitch, de Chtipina, Lioubisav Milovanovitch, de Boutchié, Mladen Paulovitch, de Kniagévatz; soldats du II-me bataillon: Nicolas Yélenkovitch, de Krenta, et Milenko Nicolitch de Jelna. Tous ont reçu la médaille de bravoure.

Pendant le combat qui a duré une heure entière il a été tiré 24 obus et 6551 cartouches Green, c' est-à-dire $6\frac{1}{2}$ cartouches par homme.

Les retranchements de St. Nicolas sont situés sur un col de montagne et se composent de trois ouvrages de fort profil et de bonne construction. Le premier est en ligne droite et pourvu de deux traverses. Les deux ouvrages placés en arrière du premier sont des redoutes carrées à fort parapet et munies de fossés profonds. A droite et à gauche sont des hauteurs. Celles de droite sont plus élevées que celles de gauche. Leur inclinaison est de 65 à 70 degrés. Sur toutes ces hauteurs les forêts ont été abattues pour empêcher l'approche des ouvrages. La route qui mène à St. Nicolas monte en pente très-raide et forme une quantité de détours. Entre les deux premiers retranchements, à droite en venant de Ravno Boutchié, les Turcs ont construit de bonnes baraques où peuvent trouver place deux bataillons et 40 à 50 chevaux.

On ne peut terminer ce rapport sans remercier de leur aide et de leur peine les dix paysans de Ravno Boutchié qui ont servi de guides à nos troupes.

III

PRISE D'AK-PALANKA ET DE PIROT.

1 NOUVELLES DU THÉATRE DE LA GUERRE.

Alexinatz, le 9 (21) décembre 1877.

Babina Glava est au pouvoir de nos troupes. Les Turcs ont été obligés d'abandonner cette position, nos détachements en reconnaissance menaçant de couper leur ligne de retraite. A cette occasion un cavalier sulement a été tué.

Alexinatz, le 13 (25) décembre 1877.

A la suite d'un combat sanglant et opiniâtre qui a duré huit heures, nos troupes se sont emparées d'Ak-Palanka et de ses fortifications. Nos pertes sont proportionnées aux avantages obtenus. Celles des Turcs, à en juger par la quantité de cadavres laissés sur le champ de bataille, sont considérables. Se sont distingués : le lieutenant-colonel Ephrem Marcovitch et le bataillon de I-re classe de Sverliik. C'est à eux qu' appartient l'honneur de la journée.

Alexinatz, le 16 (28) décembre 1877.

Nos vaillantes troupes ont pris aujourd'hui après deux jours de combat la place fortifiée et vigoureusement défendue de Pirot. A 11 ½ heures elles ont fait leur entrée dans la ville conquise où elles ont été accueillies avec enthousiasme par la population, évêque en tête. Nos pertes ne sont pas encore connues; celles des Turcs non plus, mais d'après le nombre des morts trouvés sur le champ de bataille elles doivent être considérables. Nous avons pris vingt-trois canons, un millier de fusils, une grande quantité de munitions et d'objets militaires. Nous avons fait plus de cinquante prisonniers et on en amène constamment de nouveaux.

Alexinatz, le 17 (29) décembre 1877.

(Rapport télégraphique supplémentaire sur la prise de Pirot).

Après deux jours de combat nos troupes se sont emparées de Pirot hier 16 (28) courant.

Le combat a commencé le 15 (27). Nos colonnes de droite ont attaqué l'ennemi à Souvodol et Blato; celles de gauche du côté du nord, à Boudine-Del, Nichor, Sopot et Stanitchani. Dans l'après-midi les Turcs étaient refoulés sur tous ces points.

Le lendemain 16 (28) à midi nos troupes entraient dans Pirot.

Nos pertes ne sont pas grandes relativement au succès remporté. Au nombre des morts se trouve le capitaine Karanovitch, brave officier, qui s'était distingué l'année dernière à la défense de Choumatovatz. Le lieutenant d'artillerie Jivko Ivanovitch est au nombre des blessés.

Une grande quantité de cadavres de soldats turcs couvre le champ de bataille et montre que les pertes de l'ennemi sont sensibles. Le chiffre n'en a pas encore été constaté.

Hier soir les prisonniers turcs étaient: le kaïmakam Hassan Alil bey et cinquante et quelques soldats. Nos troupes continuent de poursuivre les Turcs qui fuient et sans cesse de nouveaux prisonniers sont amenés à Pirot.

Il a été pris: 23 canons, plus de 1000 fusils, une grande quantité de munitions d'infanterie (bien que les Turcs aient fait sauter le magasin à poudre de la citadelle), beaucoup de tentes et de havre-sacs.

Avant de quitter Pirot les Turcs ont mis le feu à la ville. Des détachements de troupes sont occupés à éteindre l'incendie.

Son Altesse le Prince a daigné exprimer à nos vaillantes troupes sa reconnaissance pour la bravoure qu' elles ont déployée et a conféré à leur commandant, le général Béli-Marcovitch, la croix de commandeur du Takovo.

Son Altesse Impériale le Grand-Duc Nicolas, commandant en chef de l'armée russe en Bulgarie, a félicité Son Altesse le Prince, commandant en chef de l'armée serbe, pour la prise de Pirot et lui a fait savoir qu'il envoie un officier d'ordonnance avec cent cinquante croix de St. George pour être distribuées aux soldats qui, d'après l'avis du Prince Milan, se sont le plus distingués. En même temps Son Altesse Impériale a demandé la liste de ceux de nos officiers qui se sont distingués.

Alexinatz, le 27 décembre (8 janvier).

Après la défaite des Turcs à Boudine-Del, Stanitchani et Pirot, nos troupes ont été dirigées dans trois directions différentes en vue des opérations ultérieures. Une partie a dû chercher à se mettre en étroite communication avec l'armée russe. Ces troupes ont pris leur direction par Komachtitza et Ghinski Tesnatz (défilé de Ghintzi) et ont réussi dans leur mission. Une autre partie a occupé Tern et a envoyé de forts détachements sur Radomir. La troisième partie a été dirigée sur Sofia, par Tzaribrod et Dragomane et est parvenue à Slivnitza (Halcaly) à 4 heures de Sofia. A ce moment les Turcs abandonnèrent Sofia à la suite des succès remportés par les Russes au-delà de cette ville. Les Russes ayant occupé Sofia nos troupes se sont concentrées de nouveau en vue d'opérations communes.

---

2. RELATION.

Ces deux faits d'armes, la prise d'Ak-Palanka et celle de Pirot, ont été exécutés par l'armée serbe avec un tact militaire parfait et une grande habileté de la part des chefs. Quant aux troupes elles ont déployé une ténacité et une bravoure remarquables.

L'heureuse issue de cette double opération a exercé l'influence la plus avantageuse sur le reste de la campagne. Nous allons exposer ici brièvement les dispositions qui avaient été prises et le plan d'opération, en abandonnant à l'histoire militaire l'appréciation des faits et leur exposition détaillée.

Concentration et dispositions préalables.

En ouvrant une nouvelle campagne au nom de l'affranchissement des chrétiens et de sa propre indépendance, la Serbie donna pour la seconde fois à son armée principale un rôle offensif. Cette offensive devait être prise dans la direction du sud-est, d'une part pour être en contact avec la vaillante armée russe et avoir ainsi un solide point d'appui; d'autre part pour forcer par un effort vigoureux le cercle de fer dont les troupes turques avaient entouré la Principauté et pouvoir ensuite en venir à bout en les attaquant de flanc avec des forces supérieures.

Les troupes désignées pour prendre l'offensive étaient les corps de la Choumadia et de la Morava ainsi que les deux tiers du corps du Timok. Une partie de ce dernier corps et celui de la Choumadia devaient marcher sur Pirot tandis que le corps de la Morava et la division du Danube avaient pour tâche d'observer Nisch et de débarrasser d'ennemis la vallée de la Toplitza.

La concentration des troupes du corps du Timok était déjà terminée le 2 (14) décembre.

Pour attirer l'attention de l'ennemi sur les environs de Nisch et trouver ainsi la plus faible résistance possible dans la direction de Pirot — objectif du corps principal, — la brigade du Branitchévo franchit le 3 (15) décembre la frontière à Gramada et envoya des reconnaissances dans la direction de Nisch. Le même jour la division de la Morava passa la frontière à Katoun et Stantzi, marchant sur Nisch.

Le 4 (16) décembre la division de Kniagévatz (huit bataillons de Kniagévatz 1-re et 2-me classe, quatre bataillons des brigades de la Tzerna Réka et de la Kraïna, avec deux batteries de campagne et deux batteries de montagne) se trouvaient concentrées en-deçà de Pandiralo.

Le plan était de ne pas leur faire franchir immédiatement la frontière, d'une part pour donner au corps de la Choumadia le temps d'achever sa concentration et d'autre part pour ne pas dévoiler prématurément à l'ennemi notre intention de marcher dans cette direction.

Mais la nouvelle que les Turcs avaient abandonné Babina Glava fit modifier le plan primitif et le commandant du corps du Timok, colonel Horvatovitch, donna l'ordre à la division de Kniagévatz de passer la frontière le 5 (17) décembre et de marcher sur Babina Glava, prête à combattre si l'on rencontrait l'ennemi.

Le 5 (17) décembre au matin la division de Kniagévatz se mit en marche dans l'ordre suivant:

La brigade de Kniagévatz 1-re classe avec la batterie de montagne de Kniagévatz, suivait la route qui conduit de Pandiralo à Babina Glava, le bataillon de Sverliik prenant à travers les montagnes par Périsch et Koziak.

La brigade combinée avec les batteries de campagne suivait la route de Pirot en assurant son flanc gauche.

La brigade de Kniagévatz de 2-me classe avec la I-re batterie de montagne se dirigeait sur Dobrislavitza, d'où le II-me bataillon de Kniagévatz alla avec deux pièces de montagne occuper Balta-Bérilovatz.

On avança dans cet ordre jusqu' à Babina Glava d'où les Turcs s'étaient retirés. Une patrouille de cavalerie tomba dans une embuscade de Tcherkesses et perdit un homme.

Vers midi la brigade de Kniagévatz de 1-re classe s'installait à Babina Glava, position retranchée rendue célèbre par le combat sanglant qui y avait été livré dans la précédente campagne. Cette fois pas un seul coup de fusil n'avait été tiré pour sa défense.

Les dispositions nécessaires furent immédiatement prises; des patrouilles furent envoyées dans toutes les directions et les troupes s'établirent sur une position avantageuse, à Paprat, près de Golasch.

Cette prise de possession de Babina Glava, avancée d'un jour, a eu pour résultat que la position a été occupée sans coup férir ce qui plus tard n'eût pas été le cas.

Le lendemain en effet nos éclaireurs signalèrent l'approche d'une colonne turque de 2000 hommes avec quatre canons venant de Boudine-Del, par Osmakov, dans l'intention probable de réparer la faute commise et d'occuper Babina Glava. Mais il était trop tard. Voyant nos troupes établies dans des positions avantageuses, les Turcs rebroussèrent chemin.

Le 6 (18) décembre le commandant du corps du Timok donna l'ordre d'occuper le passage de St. Nicolas situé dans la Stara Planina, sur la route de Vidin, et où les Turcs s'étaient fortement retranchés. Cette mesure était nécessaire pour assurer les communications du corps d'opération.

Cette tâche difficile fut confiée au commandant de la brigade de Kniagévatz de 2-me classe, capitaine Glicha Franitch, lequel s'en acquitta de la manière la plus satisfaisante avec deux bataillons de 2-me classe de Kniagévatz (le I-er et le II-me) et une batterie de montagne. On a déjà vu comment le défilé de St. Nicolas fut enlevé au prix de sacrifices minimes, grâce à l'habileté des chefs et à la bravoure des soldats.

Jusque là on avait à enregistrer deux succès, l'occupation de Babina Glava et la prise de St. Nicolas, succès qui avaient l'un et l'autre une grande importance aussi bien tactique que stratégique.

Le premier soin fut d'assurer ces premiers résultats et de grouper le mieux possible les troupes qui devaient opérer dans cette direction. Ces mouvements prirent jusqu' au 12 (24) décembre, jour de l'attaque d'Ak-Palanka.

Sur la route d'Ak-Palanka furent concentrées les troupes suivantes:

la brigade de Kniagévatz 1-re classe, quatre bataillons;
la brigade combinée, quatre bataillons;
deux bataillons de la brigade de Kniagévatz 2-me classe;
un bataillon de volontaires;
deux batteries de campagne du corps de la Choumadia;
la batterie de montagne de Kniagévatz;
l'escadron de Kniagévatz et celui du Roudnik.

A Babina Glava restèrent en réserve la brigade de Pojarévatz et la batterie de brigade de Kragouiévatz.

Sur la route de Dobrislavitza—Tzérova—Pirot furent concentrées:

la brigade de Kragouiévatz 1-re classe, cinq bataillons;
la brigade du Roudnik 1-re classe, quatre bataillons;
trois bataillons de la brigade de Belgrade, 1-re classe;

deux batteries de campagne, dont une de 12 ℔, du corps du Timok, trois escadrons et les détachements de troupes auxiliaires spéciales.

Le I-er régiment de cavalerie et le I-er régiment d'artillerie restaient comme réserve générale à Dobrislavitza, „point qui avait été fortifié par le corps du Timok.

Le commandant des troupes devant Ak-Palanka était le colonel Horvatovitch, commandant du corps du Timok; le commandant des troupes dirigées sur Pirot était le colonel Lioubomir Ivanovitch, commandant de la II-me division de la Choumadia.

Le commandement général avait été donné au général Béli-Marcovitch, commandant du corps de la Choumadia, comme au plus ancien en grade.

On savait par les reconnaissances que la position de l'ennemi était beaucoup plus forte à Pirot qu' à Ak-Palanka. La garnison de Pirot était aussi plus nombreuse. Aussi, bien que cette place formât l'objectif des corps de la Choumadia et du Timok, on avait peu de chances de succès en l'attaquant en premier lieu et, même en cas de réussite, elle devait coûter de grands sacrifices.

Pour ces raisons Ak-Palanka (connue par les combats qui y furent livrés lors de la première compagne) fut choisie comme premier point d'attaque. Cette attaque offrait aux points de vue tactique et stratégique plus de chances de réussite, que celle de Pirot et son heureuse issue donnait de beaucoup plus grands avantages pour les opérations ultérieures.

Ak-Palanka a été prise par les troupes du corps du Timok sous la direction de son commandant le colonel Horvatovitch, qui y avait déjà combattu en 1876, et sous le commandement direct du lieutenant-colonel Ephrem Marcovitch, commandant de la division de Kniagévatz.

Prise d'Ak-Palanka.

(12 (24) décembre).

Terrain. Ak-Palanka (en serbe Béla-Palanka; les Turcs l'appellent aussi Moustapha pacha palanka) est une petite ville située sur la rive gauche de la Nichava et qui répond tout-à-fait à l'acception du mot turc „palanka" bourgade.

Elle est traversée par la route de Constantinople qui de Nisch passe par Pirot, Sofia et Andrinople et est située à huit heures de Nisch et à cinq de Pirot.

Ak-Palanka s'élève sur les dernières ondulations de terrain qui descendent de la Souva Planina, au pied des monts Véliko et Malo Kourilovo. Au-dessous d'Ak-Palanka la vallée de la Nichava forme une large plaine fermée à deux lieues en aval par une gorge étroite. De Palanka au pont de la Nichava, sur la route qui mène à Pandiralo et à Vidin, la distance est de 1400 mètres en plaine unie; sur la rive droite les montagnes descendent en pente rapide jusqu' à 800 mètres du lit de la rivière, tandis qu' à gauche, du côté de Palanka, l'inclinaison est beaucoup moins sensible.

Fortifications. Les Turcs avaient fortifié Ak-Panlanka lors de la précédente guerre. Ils avaient élevé sur la route de Nisch une redonte pentagonale, de fort profil, pour une compagnie et trois canons. Cet ouvrage formait l'extrême gauche de leur position.

Au-delà de la Nichava, en avant du pont et faisant face à Babina Glava, se trouve une solide tête de pont qui peut contenir un bataillon.

En avant de cet ouvrage les Turcs avaient creusé une ligne de fossés séparés les uns des autres et destinés à des groupes de tirailleurs.

Sur la rive gauche de la Nichava, 4 à 500 mètres en arrière, sur un repli de terrain formé par les eaux de la rivière, se trouvait un fossé de tirailleurs, brisé et muni de traverses.

Ces deux lignes formaient le centre de la position turque.

A l'est de la ville, au-dessous de la route de Pirot, sur la crête des collines qui descendent dans la vallée, étaient deux ouvrages ouverts. Au-dessus de la route de Pirot, près du cimetière, on avait disposé des emplacements pour quelques canons. Ces retranchements formaient la droite des positions ennemies.

En outre dans la partie nord de la ville en face de la Nichava se trouve un petit fort carré de solide construction, avec des tours rondes aux angles et d'autres semi-circulaires sur les faces. Ce fort n'a joué aucun rôle dans la défense d'Ak-Panka.

Garnison turque. Les Turcs avaient envoyé pour défendre Ak-Palanka 1500 à 2000 hommes d'infanterie (rédifs et moustehafiz d'Anatolie), 30 à 50 cavaliers et deux pièces Krupp. De ces troupes un fort bataillon avait été placé dans la tête de pont; un autre bataillon avait pris position sur la route de Pirot en face de Lioubatovatz par où les Turcs pensaient que nos colonnes chercheraient à les tourner; une compagnie avec son capitaine s'était établie dans la redoute sur la route de Nisch.

Les pièces étaient dans leurs emplacements près du cimetière.

Dispositions de nos troupes. D'après les dispositions du commandant du corps du Timok, l'attaque principale d'Ak-Palanka devait avoir lieu du côté de Pirot, en franchissant la Nichava et en enveloppant l'aile droite de l'ennemi de manière à arriver sur ses derrières. La première campagne avait appris que la position était peu abordable de front, le terrain d'approche étant entièrement découvert. De plus le passage de force de la Nichava en présence de l'ennemi aurait coûté cher et ne se laissait pas justifier.

Le commandant de la division de Kniagévatz après avoir reconnu le terrain désigna pour l'attaque les colonnes suivantes:

a) colonne de gauche: 4 bataillons de la brigade de Kniagévatz de 1-re classe, le I-er bataillon de la brigade combinée, la II-me batterie de montagne de Kniagévatz, deux pièces de la V-me batterie de campagne et deux escadrons (Roudnik et Kragouiévatz). Commandant: major Michel Dinitch.

Cette colonne avait pour mission de passer la Nichava près du village de Lioubatovatz. Le I-er et le II-me bataillon devaient marcher dans la direction de Pirot, prendre position près du village de Tilovatz, couvrant ainsi le flanc de la colonne d'attaque, et garder au moyen d'une compagnie le passage de la Nichava. Le reste de la colonne devait, après avoir passé la Nichava, faire un mouvement de conversion à droite, chercher à gagner les hauteurs près du village de Kréménitza et d'Ak-Palanka (Popov Verh et Véliko Kourilovo) et intercepter la route de Leskovatz en remontant le ruisseau de Loujnitza (Vrélo). A gauche devait marcher le bataillon de Sverliik, à droite celui de la Tzerna Réka avec les deux escadrons, au centre le bataillon du Timok.

b) Colonne du centre: 3 bataillons combinés (1 de la Tzerna Réka et 2 de la Kraïna), 4 pièces de la V-me batterie et la VII-me batterie, avec tâche d'opérer d'abord contre la tête de pont et d'en tenir en haleine la garnison, plutôt comme démonstration. Commandant: capitaine Lioubomir Baïalovitch.

c) Colonne de droite: III-me et IV-me bataillon de la brigade de Kniagévatz, 2-me classe, et le bataillon des volontaires, avec mission de passer la Nichava près du village de Vergoudintzi, d'attaquer l'aile gauche de l'ennemi et de chercher à tendre la main aux troupes qui tournaient la droite des positions turques, de manière à envelopper tout-à-fait l'ennemi et le forcer de se rendre. Commandant de la colonne: capitaine Glicha Franitch.

Le commandant de la division de Kniagévatz accompagna durant le combat la principale colonne, celle de gauche; le commandant du corps resta sur la hauteur en face de la tête de pont.

Les mouvements préliminaires furent exécutés le 11 décembre et les dispositions prises pour le passage de la Nichava. Les troupes passèrent la nuit sans feux dans les positions qui leur avaient été assignées à proximité de leurs objectifs. Dans la nuit du 11 au 12 décembre, entre 11 heures et minuit, les premières colonnes se mirent en marche.

Combat. Le 12 (24) décembre à 6 heures du matin la colonne de gauche avait tout entière traversé la Nichava sur un pont de 80 m. de longueur, improvisé au moyen de fascines et de planches placées sur des chariots et des traîneaux. A 8 heures l'artillerie ouvrait le feu contre la tête de pont et l'infanterie était aux prises avec l'ennemi sur la hauteur de Klissoura. Les Turcs avaient compris le mouvement enveloppant de notre colonne de gauche et s'étaient portés à sa rencontre. A 11 heures la position de Klissoura était emportée et à midi celle de Kréménitza était également en notre pouvoir.

Les Turcs se maintenaient dans la tête de pont malgré le feu meurtrier de la batterie placée à 2000 m. près de la route, non loin du village de Boukourovatz, et dirigeaient un feu épouvantable contre le bataillon de Poretch qui avançait dans la plaine, déployé en tirailleurs. L'artillerie turque ripostait à la nôtre sans résultat.

Mais lorsque le bataillon de Klioutch (Kraïna) eut atteint les hauteurs qui font face à la tête de pont et ouvert à 800 mètres un feu plongeant contre la garnison turque; lorsque le bataillon de Podgora (Tzerna Réka) commença à traverser la Nichava sur les chariots, menaçant ainsi l'ennemi de flanc, les Turcs voyant d'autre part les progrès continuels de nos troupes du côté du village de Kréménitza, craignirent pour leur ligne de retraite. A $1\frac{3}{4}$ heure ils abandonnèrent la tête de pont et se replièrent dans la ville.

C'était le moment décisif.

Notre infanterie et notre artillerie dirigèrent un feu des plus vifs sur les Turcs qui suivaient la chaussée. Ceux-ci se retiraient d'abord lentement en tirant encore quelques coups de fusil, mais quand notre feu commença à faire des ravages dans leurs rangs, la retraite se changea en déroute. Ils se mirent à fuir sans relever ni morts ni blessés et sans s'arrêter dans leurs autres tranchées. Ils ne défendirent pas non plus les hauteurs situées en arrière de la ville, bien qu'elles offrissent des positions avantageuses. Les patrouilles du bataillon de Sverliik, avaient déjà atteint le Véliko Kourilovo d'où elles inquiétaient l'ennemi par leur feu. Notre infanterie ne poursuivit les Turcs que peu de temps.

La colonne de droite commandée par le capitaine Franitch avait donné dans l'obscurité sur une tranchée turque près de Chouplii Kamen. Elle ne put réussir ni à traverser la Nichava, ni à tourner l'aile gauche ennemie. Si cette colonne ne s'était pas fourvoyée, si elle avait pu donner la main près de Vrélo au bataillon de Sverliik, toute la garnison turque était prise. Celle-ci eut sa retraite libre sur Leskovatz et Pirot et échappa en gagnant les villages de Mokro et de Kergnina. La tête de pont et la droite des positions turques étaient couvertes de cadavres ennemis.

Résultat. La prise d'Ak-Palanka coupait à l'ennemi ses communications entre Nisch et Pirot (Sofia) et nous rendait maîtres de cette ligne stratégique. Les Turcs en désordre cherchèrent d'abord à gagner Lescovatz, mais apprenant que nous avions déjà des détachements dans cette direction, ils rebroussèrent chemin sur Pirot en se ralliant peu à peu. Ils prirent part au combat du 15 près du village de Blato.

L'entrée de nos troupes à Ak-Palanka fut un beau et solennel moment. C'était la première fois que les soldats serbes entraient victorieux au milieu de leurs frères, leur apportant la liberté. Les habitants chrétiens d'Ak-Palanka faisaient aux vainqueurs un accueil empressé; leur joie et leur reconnaissance donnaient à cette scène un caractère touchant. Ils faisaient des signes de croix, saluaient les soldats, les embrassaient, les bénissaient. Ce peuple était heureux, et il conservera comme nos soldats la mémoire de ce beau jour.

A $2^1/_2$ heures l'état-major du corps entra dans Palanka et ces mêmes troupes qui venaient de combattre défilèrent devant leur commandant sans montrer la moindre fatigue, bien qu'elles fussent sur pied depuis 24 heures.

Il a été pris à Ak-Palanka 2 grosses pièces de position et 2 petites, 8 caisses de munitions d'artillerie, 21 caisses de munitions d'infanterie, 6 caisses de fusées pour projectiles d'artillerie, 30 fusils de divers systèmes et une assez grande quantité de vivres (farine, haricots, biscuit), etc. Il a été fait 22 prisonniers.

De notre côté le nombre des morts a été de 7 et celui des blessés de 44. De plus 90 soldats ont eu les pieds gelés.

Les troupes ont supporté en ce jour de grandes fatigues et se sont conduites au feu avec beaucoup de bravoure. Les différentes armes, cavalerie, artillerie de montagne et infanterie, se sont surpassées les unes les autres. Mais la conduite courageuse et hardie du bataillon de Sverliik a été au-dessus de tout éloge. Les soldats de ce bataillon ont rampé sur la glace tout en combattant, jusqu' à ce qu'ils eussent atteint les hauteurs du Popov Verh et du Kourilovo.

Les dispositions pour l'attaque avaient été sagement combinées et l'exécution en a été bien conduite.

C'est à cette bonne direction qu'il faut attribuer la faiblesse de nos pertes durant un combat de 6 heures contre un ennemi retranché.

Il faut observer qu' en réalité 4 bataillons seulement (2 de Kniagévatz et 2 de la Kraïna), 1 escadron et 12 pièces ont pris part au combat. Les autres troupes n'ont joué qu'un rôle secondaire. A l'aile gauche un bataillon avait été tenu en réserve pour l'effort décisif mais il ne donna pas.

Mouvements à l'aile gauche. Tandis que l'aile droite de notre armée combattait à Ak-Palanka, le corps de la Choumadia avait pour tâche d'enlever la position turque de Nichor et de faire une démonstration contre Boudine-Del, pour que la garnison fût tenue en échec et empêchée d'aller au secours d'Ak-Palanka.

Le commandant, colonel Lioubomir Ivanovitch prit le 11 les dispositions nécessaires pour attaquer le lendemain.

Les troupes étaient les suivantes:

la brigade de Kragouiévatz de I-re classe, 5 bataillons;

la brigade du Roudnik de I-re classe, 4 bataillons;

2 batteries de campagne de 4 ŭ (III du Timok et IV de la Choumadia);

1 batterie de 12 ŭ (VI du Timok);

1 batterie de montagne (Roudnik) et

2 escadrons de cavalerie.

A notre gauche se trouvaient 3 bataillons de la brigade de Kragouiévatz et au centre la brigade du Roudnik. La batterie de 12 ŭ placée à Ravagne devait prendre pour objectif Boudine-Del.

A l'extrême droite — à Koumanov Verh — étaient 1 batterie de campagne et 1 bataillon de Kragouiévatz.

Le plan d'attaque était le suivant.

La batterie (VI) de la Choumadia, devait se placer à Igrichté, position dominant l'aile droite turque, le village de Nichor et tous les retranchements ennemis excepté le plus élevé, et la batterie du Timok (III) devait prendre position au-dessous de Sopot en face de la gauche turque; ces batteries devaient battre de flanc les ouvrages turcs de l'aile droite ainsi qu' une partie de ceux de l'aile gauche et diriger un feu violent sur ces points. L'infanterie ne devait se porter en avant que lorsque l'effet de l'artillerie aurait été jugé suffisant.

Le 12 (24) à 7 heures du matin l'artillerie ouvrit son feu et $1\frac{1}{2}$ heure plus tard une compagnie de volontaires et le bataillon de la Yacénitza entraient en action à Igrichté.

La fusillade était vive de ce côté, mais la colonne de la brigade de Kragouiévatz ne put parvenir, à cause des difficultés du terrain, au poste qui lui avait été assigné et le combat fut interrompu.

Le but principal n'en était pas moins atteint, car la garnison de Pirot ne put secourir Ak-Palanka.

Prise de Pirot.

(15—16 (27—28) décembre.)

Avant de passer au récit de ce brillant fait d'armes, quelques explication sont nécessaires.

Terrain. La Nichava traverse le terrain sur lequel ont été livrés les combats des 13, 14 et 15 décembre, combats qui se sont terminés par la prise de Pirot. Sur la rive droite de cette rivière s'élèvent les positions retranchées de Nichor et de Sopot. Pirot est situé sur la rive gauche. En avant de cette ville et au bord de la Nichava se trouve Boudine-Del, position fortifiée, et un peu plus loin, en arrière, Souvodol et Blato. La montagne de la Biélava sépare Souvodol de Boudine-Del. A peu de distance à l'ouest de Boudine-Del, est situé le village de Stanitchani, avec un pont sur la Nichava, appelé le pont du Beg (Bégov Most). Un peu plus bas la Temska se jette dans la Nichava. La Biélava et la hauteur de Boudine-Del sont reliées par une crête rocheuse, appelée Sarlak. Cette crête passe au-dessus de la citadelle de Pirot et porte un blokhaus et deux redoutes à tambour destinées à défendre la citadelle du côté de la Biélava.

Immédiatement au-dessous de Pirot la Nichava entre dans une gorge de montagnes.

En amont de Pirot, s'étend une plaine d'une lieue de diamètre en tous sens.

Quatre routes partent de Pirot:

Au sud-est celle de Tzaribrod-Slavnitza-Sofia (16 lieues).

Tern est à 9 lieues au sud.

A l'ouest celle d'Ak-Palanka (5 lieues) et Leskovatz (12 lieues), la bifurcation est au village de Blato.

Au nord-ouest, sur la rive droite de la Nichava, la route de Pandiralo et Vidin, laquelle passe à proximité des positions turques de Sopot et de Nichor.

A l'est la route, non encore terminée, qui conduit à Berkovitza (et à Sofia) par Kroupatz, Komachtitza et Ghintzi.

Les positions de Nichor et de Sopot défendent la route de Vidin. Boudine-Del commande le chemin qui mène à Stanitchani; Souvodol et Blato la route qui conduit à Ak-Palanka et à Leskovatz.

Nichor et Boudine-Del avaient été fortifiés dans la supposition que l'attaque aurait lieu de ce côté et la position Souvodol—Blato avait été négligée par les Turcs. Là était le côté faible de la défense de Pirot, soit à cause du défaut de fortifications soit parce que c'était la ligne la plus courte pour intercepter la retraite à la garnison de Pirot.

C'est pour cette raison, on le comprend, que la prise d'Ak-Palanka devait précéder celle de Pirot.

13 (25) décembre. Le commandant colonel Lioubomir Ivanovitch prit le jour même ses dispositions pour l'attaque de Nichor.

a) Colonne de gauche. 4 bataillons de la brigade de Kragouiévatz, 1 escadron, 1 batterie de montagne et la V-me batterie de la Choumadia. Commandant lieutenant-colonel Svétozar Hadjitch. Attaque de l'aile droite ennemie.

b) Centre. 3 bataillons du Roudnik et 1 de Kragouiévatz, la III-me batterie de compagne du Timok. Commandant: major Radomir Poutnik. Attaque simultanée avec la colonne de gauche, en prenant surtout pour objectif le village de Nichor.

c) Colonne de droite. 2 bataillons de la brigade de Belgrade, sous le commandement du lieutenant-colonel Jean Popovitch. Attaque de l'aile gauche turque.

La batterie de 12 ℔ avait pris position à Ravagne. La batterie du Timok devait battre Boudine-Del.

d) Extrême droite; sur le Koumanov Viss, 1 bataillon de la brigade de Kragouiévatz avec la I-re batterie de campagne du II-me régiment de la Choumadia, devaient faire une démonstration contre Boudine-Del.

A Temska, 1 bataillon de la brigade de Belgrade en réserve.

Le plan de l'attaque était le même que le 12 décembre.

Elle commença à midi à l'aile gauche, appuyée par une forte canonnade des batteries placées à Igrichté et au-dessous du village de Sopot.

Les fortifications turques de la position de Nichor furent prises en enfilade par un violent feu d'artillerie. Au bout d'une heure le retranchement inférieur était abandonné par la plus grande partie de sa garnison. Celle-ci alla s'établir dans le village de Nichor que la batterie du Timok prit alors pour but de ses coups. A ce moment l'ordre fut donné à l'infanterie de se porter en avant. Les bataillons du Roudnik se distinguèrent dans cette attaque. Ils marchèrent avec sang-froid, sans tirer, jusqu' à bonne portée de fusil et ouvrirent alors sur l'ennemi un feu meutrier.

Pendant ce temps deux bataillons de la brigade de Belgrade descendaient du village de Sopot au ruisseau de Nichor que le capitaine Miloutine Karanovitch franchit à $2^1/_2$ heures avec le bataillon de Grodzka. Il atteignit les bois et commença l'attaque contre l'aile gauche des Turcs qui ne tarda pas à être renforcée. Les bataillons du Roudnik avançaient toujours vers le village de Nichor et le bataillon de Belgrade prenait les Turcs de flanc et à revers. Ce fut pour ces derniers un moment critique. Il n'est pas douteux qu'ils n'eussent dû battre en retraite le jour même si une forte colonne venant de Pirot ne fût venue à leur secours. Elle rétablit le combat et arrêta les Belgradiens. Dans cette affaire sanglante le capitaine Karanovitch tomba à la tête de son bataillon qu'il avait conduit avec une bravoure exemplaire.

Le renfort que reçurent les Turcs décida de la journée. Un terrain très-accidenté et difficile ainsi que le feu meurtrier de l'ennemi arrêtaient les troupes de l'aile gauche, tandis que celles de droite ne pouvaient continuer d'avancer contre un ennemi devenu trop supérieur en nombre. La nuit mit fin au combat qui resta indécis. Des deux côtés les troupes restaient dans leurs positions.

Pendant qu'on se battait à Nichor et à Sopot, la batterie du Koumanov Viss tira sur des détachements turcs qui descendaient de Boudine-Del et les obligea à retourner sur leurs pas. Dans la vallée au-dessous du Koumanov Viss nos tirailleurs échangeaient des coups de fusils avec les Turcs qui occupaient le village de Stanitchani, de l'autre côté de la Nichava. Ce jour-là l'ennemi put encore moins que la veille faire quelque entreprise dans la direction d'Ak-Palanka. Il était tenu en échec à Pirot de même que la garnison de Nisch l'était par le corps de la Morava et la division du Danube. Cette affaire connue sous le nom de „combat de Nichor“ montra que cette position n'était guère abordable de front et qu'il fallait la tourner.

Le même jour le commandant du corps du Timok appela de Babina Glava la brigade de Pojarévatz (à l'exception du I-er bataillon) et la batterie de brigade de Kragouiévatz, pour former la garnison d'Ak-Palanka et de la tête de pont. Ces troupes placées dans de bonnes positions devaient couvrir les derrières de l'armée du côté de Nisch et rendre disponible le plus de monde possible pour l'attaque de Pirot par l'ouest.

Les points les plus favorables pour la défense furent immédiatement fortifiés et une ligne télégraphique établie entre Babina Glava et Ak-Palanka.

14 (26) décembre. L'attaque de Pirot ayant été fixée au lendemain 15, les troupes de la Choumadia et du Timok prirent les positions suivantes:

a) Troupes du corps de la Choumadia. Le Koumanov Verh formant le centre de toute la ligne de bataille, une réserve générale de 2 bataillons, 2 batteries de campagne et $1^1/_2$ escadron de cavalerie s'y installèrent sur l'ordre du général Béli-Marcovitch.

De faibles démonstrations d'artillerie furent faites pendant toute la journée pour occuper l'attention de l'ennemi.

Sur l'ordre du colonel Ivanovitch il fut formé un détachement de 300 hommes composé en majeure partie de soldats de l'armée permanente. Cette troupe devait avec la batterie de montagne du Roudnik tourner Nichor et prendre position à Tchouka, au-dessous du village de Dobri Dol. De là ils prenaient les Turcs à revers et menaçaient leurs communications avec Pirot.

b) Troupes du corps du Timok.

1) Colonne de gauche. 4 bataillons de la brigade de Kniagévatz 1-re classe, la batterie de montagne de Kniagévatz et 2 pièces de campagne. Commandant Fr. Mihokovitch. Cette colonne devait partir de Tilovatz, se diriger par Souvodol et la Biélava, occuper le plus rapidement possible les hauteurs dominantes et prendre l'ennemi de flanc. Cette troupe devant fournir l'action principale, le commandant de la division de Kniagévatz, lieutenant-colonel Ephrem Marcovitch, resta auprès d'elle.

2) Colonne du centre. 2 bataillons de la brigade combinée (régiment de la Kraïna), 1 bataillon de volontaires et 6 pièces de 4 ℔. Elle devait suivre la route d'Ak-Palanka-Pirot et servir de réserve au commencement tout en reliant les deux ailes.

3) Colonne de droite. 2 bataillons de la brigade combinée (régiment de la Tzerna Réka), 2 pièces de campagne et 2 escadrons. Cette colonne devait marcher par Blato de manière à déborder l'aile gauche des Turcs et s'avancer vers la route de Sofia.

Le commandant de ces deux colonnes, peu éloignées l'une de l'autre, était le capitaine Lioubomir Baïalovitch.

4) Pour couvrir l'aile droite, 2 bataillons de la brigade de Kniagévats 2-me classe et 2 pièces de campagne sous le commandement du capitaine Glicha Franitch, devaient prendre position sur la route de Pirot—Leskovatz, près du village de Kergnani, et repousser une attaque éventuelle de l'ennemi soit sur Pirot soit sur Ak-Palanka. Elle avait à prêter main forte au besoin à la colonne de droite engagée près de Pirot.

5) La brigade de Pojarévatz restait à Ak-Palanka tenant occupées les routes de Nisch et de Leskovatz. Le commandant d'Ak-Palanka et de sa garnison était le colonel George Vlaïkovitch. Un bataillon était placé sur la route de Pirot, près du village de Tilovatz, pour servir de réserve aux troupes engagées.

C'est dans cet ordre que les colonnes s'ébranlèrent le 14 pour se rapprocher de leurs objectifs. La brigade combinée passa la nuit sur la route près du village de Ponor, après avoir occupé les hauteurs environnantes. La moitié de la colonne de gauche passa la nuit au pied de la Kardachitza, la hauteur la plus élevée du champ de bataille, et s'y établit de grand matin.

L'ennemi soupçonna le mouvement de nos troupes du côté d'Ak-Palanka et alla à leur rencontre. Le même jour, 14 décembre, les Turcs occupèrent Souvodol et Blato dans l'intention d'atteindre le lendemain les hauteurs près du village de Tilovatz et de commander ainsi la route qui d'Ak-Palanka suit le défilé pendant $1^1/_2$ heure. Les Turcs auraient réussi si le commandant de la division de Kniagévatz n'avait porté énergiquement son aile gauche en avant et prévenu l'ennemi dans les positions qu'il se proposait d'occuper. Celui-ci s'arrêta à Souvodol et à Blato où il creusa immédiatement les fossés de tirailleurs les plus indispensables et des abris pour ses canons.

15 (27) décembre. Combat devant Pirot. L'ordre d'attaquer fut donné à la fois aux deux ailes. A $7^1/_2$ heures du matin l'aile droite du corps du Timok était aux prises avec l'ennemi. Le bataillon de Sverljik avait rencontré à Mali Souvodol les Turcs qui venaient occuper la hauteur de Kardachitza mais où se trouvait déjà le III-me bataillon de la brigade de Kniagévatz. Le bataillon de Sverliik soutenu par le bataillon combiné de Klioutch (Kraïna) culbuta l'ennemi hors de ses premières lignes mais celui-ci s'établit en arrière dans une position de repli où il se défendit opiniâtrement, grâce aux avantages du terrain et aux abris artificiels qu'il y avait élevés. L'artillerie dut changer de position et entrer dans le rayon du feu de l'infanterie pour agit plus efficacement. L'aile gauche gagnait lentement du terrain sur la Biélava d'où la batterie de montagne lançait des obus contre Souvodol. La colonne de gauche soutenue par le bataillon de volontaires s'avança jusqu' à 200 pas des positions turques, mais là elle fut

arrêtée. L'ennemi avait renforcé son aile droite et, appuyé aux hauteurs, il tenait bon dans ses positions. Les Turcs y avaient deux canons.

A midi l'aile gauche de la brigade de Kniagévatz (II-me bataillon) vint en contact avec une compagnie de la brigade de Belgrade qui avait traversé la Nichava à Stanitchani et était envoyée sur la Biélava pour relier nos lignes. A trois heures la communication était établie et un bataillon de Belgrade avait rejoint celui de Kniagévatz sur la Biélava.

Le combat continuait avec opiniâtreté. A 3 heures le commandant du corps ordonna l'attaque générale de la position ennemie devant Souvodol en enveloppant l'aile droite des Turcs.

Elle fut exécutée vers 5 heures avec un entier succès.

L'ennemi ne put résister à cette attaque concentrique et battit en retraite par Véliki Souvodol en tirant des coups de fusil.

A Blato les Turcs ne purent être délogés de leurs positions; aussi nos troupes durent-elle passer la nuit en ordre de combat sur le terrain conquis, prêtes à renouveler la lutte le lendemain.

De notre côté 8 bataillons avaient combattu contre 6 à 7 bataillons turcs qui se tenaient sur la défensive dans des positions abritées. Le combat était décidé et nous avions encore en réserve deux bataillons (1 de Pojarévatz, $\frac{1}{2}$ de volontaires et $\frac{1}{2}$ bataillon de Poretch) qui n'avaient pas donné.

Tandis que les troupes du Timok combattaient sur la route d'Ak-Palanka, celles de la Choumadia faisaient une démonstration contre Nichor. Le détachement envoyé pour tourner l'aile droite turque était arrivé à l'endroit assigné. Le Koumanov Viss avait été renforcé de deux bataillons et de 2 battéries de campagne. Mais le fait le plus important et qui amena un résultat posisif fut le passage de la Nichava par des troupes de la Choumadia et la prise du village de Stanitchani. Ce mouvement établit le contact avec les troupes du Timok.

Déjà le 14 au soir 2 bataillons (I-er de la Grouja et le II-me de la brigade de Belgrade), $1\frac{1}{2}$ escadron du II-me régiment de la Choumadia et 1 batterie de campagne, sous le commandement du major Michel Magdalénitch, avaient été désignés pour cette opération. A 9 heures du matin le mouvement commença. L'infanterie passa la Nichava sur des chariots et sur des traîneaux, une partie fut transportée par les cavaliers. Entre onze heures et midi le passage était effectué à la tour de Vessel-Beg, au-dessous du village de Stanitchani. Après un combat d'une heure ces troupes s'emparaient du village de Stanitchani et mettaient en fuite les deux compagnies turques qui le défendaient. Bien que des renforts eussent été envoyés de Boudine-Del, l'ennemi dut reculer devant le feu bien dirigé de notre artillerie et le sang-froid de notre infanterie. La communication fut solidement établie avec l'aile gauche du corps du Timok et le flanc de Boudine-Del commença à être menacé.

Telle était la position de nos troupes quand l'obscurité vint mettre fin au combat.

Le but principal était atteint: le centre de l'ennemi était enfoncé et ses deux ailes tournées. Les Turcs se maintenaient aux ailes, mais on voyait qu'ils ne pourraient résister plus longtemps. Néanmoins les mesures furent prises pour renouveler le combat le lendemain matin en avançant sur tous les points.

Un nouveau bataillon, celui du Kosmaï, fut envoyé au-delà de la Nichava pour renforcer la communication entre les troupes des deux corps.

L'aile droite (troupes du Timok) eut l'ordre de continuer son mouvement enveloppant et de s'avancer par la Biélava; l'aile gauche devait attaquer Nichor avec deux bataillons et une batterie de montagne et prendre Boudine-Del de flanc.

16 décembre. Entrée à Pirot. Le matin les avant-postes signalèrent la retraite de l'ennemi de toutes ses positions. L'obscurité était si profonde pendant la nuit qu'on ne s'était pas aperçu de ce mouvement. A 8 heures du matin les Turcs faisaient sauter la poudrière de la citadelle de Pirot et se retiraient précipitamment dans la direction de Sofia. Nos troupes se portèrent en avant sur toute la ligne avec circonspection, la cavalerie éclairant la marche et donnant la chasse aux fuyards. A 11 heures du matin les troupes victorieuses des deux corps de la Choumadia et du Timok, pénétrant par des côtés opposés, se rencontraient sur la grande place de Pirot et se saluaient joyeusement. Peu avant l'évêque de Pirot, accompagné d'une députation de citoyens de la ville, s'était rendu à la rencontre du commandant du corps du Timok et lui avait souhaité la bienvenue, en exprimant les sentiments de joie de la population à la vue des troupes qui lui apportaient la délivrance.

Les ordres furent donnés immédiatement pour la poursuite de l'ennemi et les dispositions prises pour s'assurer des routes de Berkovitza (à Bérilovatz), de Ghintzi (à Kroupatz), de Sofia (à Soukovo) et de Leskovatz (à Blato). En outre Nichor et Boudine-Del furent occupés.

Résultat. Les Turcs avaient défendu Pirot avec 12 ou 13 bataillons (nizams, rédifs et moustehafiz) et 6 à 8 canons. Quelques-unes de ces troupes se trouvaient déjà antérieurement à Pirot, mais la plus grande partie était venue de Sofia deux ou trois jours auparavant. C'étaient presque tous des Anatoliens.

Nos pertes dans les combats du 12 au 16 ont été de:

corps de la Choumadia	68 morts	413 blessés
corps du Timok	42 „	170 „
Total . .	110 „	583 „

Celles des Turcs étaient beaucoup plus grandes à en juger d'après la quantité de morts laissés sur le champ de bataille et sur les routes.

Cette victoire fit tomber en notre pouvoir: 28 pièces de divers calibres (parmi lesquelles 2 canons Krupp et 2 pièces d'acier, ancien modèle); environ 1500 fusils à percussion, 797 caisses de munitions pour fusils Peabody, 66 caisses de cartouches Snider, 650 caisses de cartouches pour fusils à percussion, 300 caisses d'obus pour pièces Krupp de divers calibres; une grande quantité de capsules et de fusées de projectiles; un millier de sacs; environ 2000 havre-sacs; des vivres de toute nature en grande quantité (environ un million d'ocques); plus de 200 prisonniers et un hôpital pour 200 blessés ou malades avec son matériel complet. On y trouva 29 blessés et malades dans un état déplorable et qui reçurent immédiatement des soins médicaux.

Telles ont été les conséquences de cette double attaque mûrement combinée et habilement exécutée.

Toutes les opérations portent le cachet de la manière moderne de faire la guerre et accusent de la part des troupes une grande solidité, une bravoure et une opiniâtreté remarquables ; les soldats ont donné aussi des preuves de généreuse compassion envers leurs ennemis.

Le terrain sur lequel nos bataillons opéraient est des plus accidentés et des plus pénibles. Nos soldats passaient les nuits dans la neige sur les hauteurs les plus élevées. Dans le combat aucun n'a reculé devant l'ennemi. Courageux, intrépides pendant la lutte, ils se sont aussi conduits noblement envers les prisonniers et les blessés. La preuve en est le grand nombre de prisonniers et celui des blessés turcs qui ont été soignés à Pirot.

Les vainqueurs d'Ak-Palanka et de Pirot peuvent être fiers devant l'Europe. Un souvenir éternel et reconnaissant leur est assuré chez le peuple serbe. Ils ont fait consciencieusement leur devoir.

IV

COMBATS POUR LA PRISE DE KOURCHOUMLIA.

1. DÉPÊCHES DU THÉÂTRE DE LA GUERRE.

Alexinatz, le 14 (26) décembre 1877.

Kourchoumlia a été prise après un vif combat. Nos troupes l'ont occupée hier à midi. L'attaque de Kourchoumlia et de ses fortifications a eu lieu le 12. On s'est battu des deux côtés avec acharnement. Il y a eu des moments où Serbes et Turcs en sont venus aux mains à l'arme blanche. A trois heures de l'après-midi les Turcs étaient totalement battus et rejetés dans le plus grand désordre hors de leurs retranchements où ils laissèrent tentes, munitions, armes, etc.

Kourchoumlia était défendue par 400 nizams et 2000 Arnautes et bachi-bozouks. L'attaque a été exécutée par 6 bataillons d'infanterie, appuyés par notre excellente artillerie.

Nos pertes sont de 15 morts et 37 blessés. Plus de cent cadavres turcs ont été trouvés sur le champ de bataille. Les prisonniers disent que les Turcs ont emporté plusieurs centaines de morts et de blessés. Nos troupes sont dans l'enthousiasme.

---

2. RELATION.

Kourchoumlia est située dans la vallée de la Toplitza à l'endroit où elle reçoit la Bania. Elle est dominée par les montagnes environnantes du Batioglava, du Samokov, de la Sokolska Planina et leurs ramifications. La montagne du Samokov, au sud, descend en pente rapide vers la Toplitza et Kourchoumlia.

La défense de la misérable bourgade de Kourchoumlia n'était pas praticable à Kourchoumlia même. Elle a eu lieu à quelque distance en avant, sur un terrain qui la domine et en ferme l'accès.

Les routes qui mènent à Kourchoumlia sont les suivantes: la chaussée de Procouplié à l'est, au sud la route de Prichtina, au nord-ouest celle de Novi-Bazar et au nord la route qui conduit en Serbie à travers le défilé de Yankova Klissoura.

Les Turcs avaient fortifié cette position en construisant au nord près du village de Mikoulane deux redoutes fermées, plusieurs tranchées et une batterie avec parapets; à l'est quelques flèches près de la route de Procouplié; à l'ouest, près du village de Batioglava, une lunette, et enfin au sud sur la rive droite de la Toplitza et au sommet du Samokov une grande lunette qui domine tous les autres ouvrages et les environs de Kourchoumlia.

Ces retranchements étaient défendus par 400 nizams et au moins 2000 Arnautes, avec deux pièces de montagne.

Celles de nos troupes désignées pour l'attaque de Kourchoumlia étaient partagées en trois colonnes.

Notre colonne de gauche venant de Procouplié, était composée de deux bataillons de Tchatchak, I-re classe, d'une batterie de montagne et d'une section de la V-me batterie de campagne, sous le commandement du capitaine Milan Stoïanovitch, et avait pour tâche d'occuper avec 3 compagnies et 2 pièces la position retranchée de Toular et de défendre la vallée de la Toplitza dans le cas où l'ennemi entreprendrait quelque mouvement du côté des montagnes de Sokol. Les 5 autres compagnies devaient marcher sur Kourchoumlia en suivant la vallée de la Toplitza et attaquer l'aile droite des Turcs.

Notre colonne de droite, $4^1/_2$ compagnies de la brigade de Krouchévatz et 2 pièces de montagne, sous le commandement du capitaine Lazare Paulovitch, devait marcher de Batova, par Sagoliev, jusqu' à Névada, où elle se réunirait à la colonne du centre. De là elle devait gagner le sommet de la Pérounika, en passant par Vélika Lipa et Navachtitza, puis descendre la vallée de la Toplitza, traverser cette rivière près de Yankovitch, au-dessus de Doulitch — si les retranchements turcs sur la hauteur de Mikoulane le lui permettaient, — s'emparer des fortifications du Batioglava et enfin, si possible, pénétrer dans Kourchoumlia même.

Le centre de nos troupes, $2^1/_2$ bataillons de la brigade de Krouchévatz, 2-me classe, et 2 pièces de montagne, sous le commandement du major Elie Jivkovitch, devait marcher de Tchoutchalé, par Rachitza et Mouratj, passer au-dessous de Grgour, gagner Névada — où son aile droite devait occuper la hauteur de Pérounika — attaquer ensuite les retranchements de Mikouline et chercher à entrer dans Kourchoumlia.

L'attaque de Kourchoumlia devait avoir lieu le 11 (23) décembre, suivant les dispositions que nous venons d'indiquer, mais dans l'intervalle il tomba une telle quantité de neige que les troupes obligées de se frayer à grand peine leur chemin s'attardèrent. Le major Jivkovitch ne put parvenir à temps à l'endroit qui lui avait été assigné.

Ce jour-là notre colonne de gauche eut à faire avec les Arnautes qui descendant des montagnes cherchèrent à l'envelopper. On se battit tout le jour, mais les Arnautes bien supérieurs en nombre conservèrent l'avantage et arrêtèrent la marche de nos troupes.

Le lendemain 12 (24) décembre nos colonnes de gauche et du centre attaquèrent les positions turques sur la hauteur de Mikoulane. Après un combat d'artillerie d'une heure et demie auquel l'infanterie prit aussi part, celle-ci donna l'assaut; mais arrivée à 30 pas de l'ennemi elle fut arrêtée par un feu des plus violents et commença à reculer. Les Turcs non contents d'avoir repoussé notre attaque, sortirent de leurs retranchements et se précipitèrent sur nos troupes qui se retiraient en bon ordre. Ils étaient déjà à 400 pas de leurs lignes et la situation devenait critique pour les nôtres, lorsque ceux-ci parvenus sur une position favorable s'y arrêtèrent et s'y maintinrent opiniâtrement. La lutte commença alors corps à corps. La crosse, la baïonnette, le yatagan, jouaient le principal rôle, mais à ce moment même arrivèrent les bataillons de Stoudénitza qui prirent les Turcs de flanc et à revers. Après une mêlée qui avait duré une heure entière les Turcs lâchèrent pied et s'enfuirent précipitamment au-delà de la Toplitza et de la Bania, abandonnant leurs fortifications de Mikoulane et de la route de Procouplié. Exposé dans sa fuite au feu de notre artillerie et de notre infanterie l'ennemi perdit alors beaucoup de monde. Les Turcs ne s'arrêtèrent qu'une fois arrivés dans leurs retranchements du Samokov au-dessus de Kourchoumlia et de cette position dominante ils recommencèrent à tirer sur nos troupes. Il faisait déjà tard et les nôtres durent suspendre la poursuite. Le feu de l'ennemi était du reste si faible et si incertain qu'on n'y répondit pas.

Kourchoumlia n'était pas encore à nous, mais elle n'était déjà plus aux Turcs. Tous ses habitants fuyaient. Samokov allait décider du sort de Kourchoumlia.

Nos troupes passèrent la nuit sur les positions enlevées à l'ennemi prêtes à attaquer le Samokov le lendemain.

Le matin de bonne heure nos troupes étaient sous les armes, lorsque les patrouilles annoncèrent que l'ennemi avait abandonné le Samokov et ses fortifications et s'était retiré dans les montagnes.

Nos troupes entrèrent dans Kourchoumlia, occupèrent Samokov et les dispositions furent prises tant pour la défense que pour la marche en avant.

On trouva sur le champ de bataille cent et quelques cadavres de soldats turcs qui furent enterrés. L'ennemi avait emporté avec lui ses blessés et un certain nombre de morts.

Nos morts au nombre de 15 furent inhumés suivant les usages de la religion.

Les blessés furent recueillis dans les ambulances.

Le butin consistait en 150 caisses de munitions pour fusils de divers calibres et de divers systèmes, 20 caisses de munitions d'artillerie, 17 grandes tentes, quelques vivres et du fourrage.

En terminant nous ne pouvons ne pas mentionner avec éloge le bataillon de Stoudénitza (brigade de Tchatchak) et son commandant le lieutenant Simon

Pétrovitch qui au moment critique sont accourus au secours des troupes engagées et ont décidé de l'issue du combat à notre avantage. Le chef de compagnie de ce bataillon, Arsène Zlatoviévitch, s'est distingué en cette occasion par son intrépidité. Le bataillon de Krouchévatz, 2-me classe, s'est aussi bravement comporté. Il était commandé par le capitaine Elie Tzvetkovitch qui a eu son cheval blessé sous lui.

V

INVESTISSEMENT, COMBATS ET CAPITULATION DE NISCH.

1. DÉPECHES DU THÉATRE DE LA GUERRE.

Alexinatz, le 6 (18) décembre 1877.

Ce matin de bonne heure nos troupes ont occupé Mramor que l'ennemi a abandonné sans combat à l'approche de forces supérieures.

Son Altesse le Prince, commandant en chef de l'armée, a inspecté aujourd'hui à Mramor les troupes occupant cette position fortifiée.

Alexinatz, le 7 (19) décembre 1877.

Hier à 3 heures de l'après-midi nos troupes ont pris et occupé Procouplié et ses fortifications. Sur tous les autres points la situation de nos troupes est des plus satisfaisantes.

De la Drina et du Yavor pas de nouvelles aujourd'hui, si ce n'est que nos avant-postes ont fait prisonniers quelques soldats turcs isolés.

Alexinatz, le 7 (19) décembre 1877.

Procouplié est tombé dans nos mains à la suite d'un combat d'artillerie. Nous n'avons eu aucune perte. Les Turcs ont laissé plusieurs morts sur le terrain. En se retirant ils ont mis le feu à la ville où une trentaine de maisons et de boutiques ont brûlé. Le reste a été sauvé par nos soldats. Avant de quitter la ville, les Turcs ont massacré trois des habitants chrétiens et en ont blessé dangereusement deux autres.

Alexinatz, le 9 (21) décembre 1877.

Son Altesse le Prince, commandant en chef de l'armée, a inspecté hier celles de nos troupes qui se trouvent sur le territoire ennemi à 5 et 6 lieues de la frontière serbe. Son Altesse a exprimé aux soldats sa reconnaissance pour la solidité et la bravoure dont ils ont fait preuve dans les marches pénibles et les manoeuvres exécutées pour l'occupation de fortes et vastes positions ennemies.

Le Prince a été accueilli par les troupes avec le plus grand enthousiasme. Son Altesse a visité les extrêmes avant-postes.

Tandis que le Prince était au milieu de ses troupes l'ennemi a tiré des coups de canon, mais il n'y a pas été répondu.

Le Prince est rentré hier soir tard à son quartier-général.

Trente-six villages des environs d'Adlié (Koula) ont fait leur soumission au Prince et rendent à nos troupes tous les services possibles.

Hier un détachement s'est emparé des retranchements turcs du pont de Tchétchina (sur la Morava) et a détruit le pont. Les communications de l'ennemi entre Nisch et Leskovatz sont interrompues.

Alexinatz, le 13 (25) décembre 1877.

Hier son Altesse le Prince, commandant en chef de l'armée, a parcouru les fortes positions que nos troupes occupent depuis le 4 dans les environs de Nisch. Notre artillerie a ouvert le feu en présence de Son Altesse contre Vinik et les autres fortifications de Nisch.

Alexinatz, le 17 (29) décembre 1877.

Hier 16 courant un escadron de la garnison de Nisch a tenté une petite sortie mais sans aucun succès. Quatre cavaliers turcs sont restés sur le terrain. Nous n'avons pas eu de pertes bien que l'artillerie turque tirât de Nisch et de Vinik. De l'autre côté de Nisch nos patrouilles ont pris un certain nombre de chevaux chargés de vivres.

Alexinatz, le 22 décembre 1877 (3 janvier 1878).

Sur la Drina et au Yavor même situation satisfaisante.

Dans les environs de Nisch ont lieu journellement des escarmouches qui se terminent à notre avantage. Depuis le 18 jusqu' à aujourd'hui il a été fait dans ces engagements une cinquantaine de prisonniers.

Jusqu' à présent 85 soldats turcs faits prisonniers à Pirot ont été amenés ici.

Sur tous les autres points l'état de nos troupes est tout-à-fait satisfaisant.

Alexinatz, le 29 décembre 1877 (10 janvier 1878).

Du 23 au 28 courant nous avons eu sur divers points des environs de Nisch des rencontres sérieuses et décisives et obtenu d'importants avantages. Nous avons enlevé à l'ennemi ses positions de Barbatovatz jusqu' à Berzibrod et Voutchii Dol, ainsi que plusieurs autres qui dominent Nisch, comme Markovo Kalé, Vlachko Berdo, et une grande partie des fortifications de Goritza, lesquelles sont d'une importance capitale pour le sort de la citadelle de Nisch, de Vinik, et en général pour nos opérations ultérieures.

Comparées à l'importance des combats livrés et des résultats obtenus, nos pertes ne sont pas grandes. Au nombre des morts se trouvent: le sous-lieutenant de cavalerie Sava Yoksimovitch, le lieutenant d'infanterie Simon Pétrovitch et un chef de compagnie de la milice; parmi les blessés: le lieutenant d'artillerie Jivoïne Bochkovitch (légèrement), le sous-lieutenant d'infanterie Miloutine Milovanovitch, les sous-lieutenants d'artillerie: Élie Yovanovitch et Milan Marinkovitch (grièvement) ainsi qu' un chef de bataillon.

DÉPECHE DU COMMANDANT EN CHEF.

Alexinatz, le 30 décembre 1877 (11 janvier 1878).

Le drapeau serbe flotte sur les remparts de Nisch. Nos braves troupes ont remporté une nouvelle et brillante victoire. Nisch est au pouvoir de notre vaillante armée.

Après avoir surmonté de grandes difficultés dans le passage des montagnes les fils de la Choumadia ont eu leur première rencontre avec les Turcs le 23 près de Voutchii Del, et ont pris position contre Nisch de Berzibrod à Bélotina par Barbatovatz. Ce jour-là les Turcs ont dirigé contre nos troupes deux violentes attaques, mais chaque fois ils ont été repoussés. Le jour suivant nos troupes ont occupé des positions plus proches de Nisch. Le 25 les Turcs firent une nouvelle attaque plus violente encore que les précédentes, mais sans succès. Le lendemain de Noël notre infanterie prit d'assaut Markovo Kalé que les Turcs défendirent opiniâtrement secondés par une puissante artillerie. Le même jour notre aile droite s'emparait de Vlachko Berdo. Le 27 notre artillerie transportée à grand peine pendant la nuit sur les positions conquises entretint toute la journée un feu violent contre les fortifications de Goritza. L'ennemi sortit de ses retranchements et tenta de reprendre les positions perdues, mais il fut repoussé par notre infanterie. Le 28 le combat d'artillerie recommença avec une nouvelle violence et le soir du même jour les Turcs, malgré leur défense héroïque, étaient chassés des retranchements de Goritza. Désormais Nisch était à la merci de notre armée. Pendant que le corps de la Choumadia livrait ces combats, une division du corps de la Morava de concert avec la brigade du Branitchévo faisait une démonstration contre Vinik et contre le fort Abdi pacha. Au corps de la Choumadia était dévolue la véritable attaque et il s'en est acquitté glorieusement.

A la suite de nos succès journaliers et à cause des pertes sensibles qu'ils avaient faites les Turcs, dont nous ne pouvons refuser de reconnaître la bravoure et l'habileté, ont été contraints de capituler.

Le texte de la convention de capitulation est le suivant :

„Entre le colonel d'état-major Leschianine, commandant du corps de la Morava et plénipotentiaire de Son Altesse le Prince de Serbie, Milan M. Obrénovitch IV, d'une part, et le commandant de la place de Nisch, Hallil pacha et le moutessarif Rachid pacha, d'autre part, il a été conclu la convention suivante pour la reddition de la forteresse et de la ville de Nisch :

1. Hallil et Rachid pacha rendent au Prince de Serbie la forteresse et la ville de Nisch avec tous les canons, munitions, bâtiments et autre matériel de tout genre appartenant au gouvernement, dans l'état où ils se trouveront au moment de la signature de la présente convention.

2. Tous les soldats devront déposer les armes mais ils ne seront pas considérés comme prisonniers de guerre. Ils seront conduits au-delà du rayon d'opération de l'armée serbe et mis en liberté.

3. En vue de la tranquillité et de la sécurité de la ville les habitants, aussi bien musulmans que chrétiens, livreront leurs armes. Celles qui leur appartien-

nent en propre leur seront rendues quand l'état normal aura été rétabli dans la ville.

4. Le Prince de Serbie garantit :

a) à chacun l'inviolabilité de ses biens, de son honneur et de sa personne;

b) aux habitants qui voudraient quitter la ville la faculté de le faire et des facilités.

Comme marque de son estime pour la bravoure des troupes Son Altesse le Prince de Serbie laisse leurs armes aux officiers et aux personnes de l'ordre civil qui en portent en temps ordinaire. Ces armes ne leur seront pas retirées.

Immédiatement après la signature de cette convention la reddition aura lieu de la manière suivante :

En premier lieu les troupes ottomanes se retireront de toutes les fortifications de Goritza et de Vinik, lesquelles seront occupées par des troupes serbes.

Ensuite les troupes ottomanes déposeront les armes bataillon par bataillon et se rendront sous le commandement de leurs officiers à l'endroit qui leur aura été assigné.

Des officiers désignés des deux parts s'entendront sur les détails de l'exécution.

Cette convention basée sur une entente préalable des deux parties sera signée et recevra son commencement d'exécution au plus tard le 28 décembre 1877 avant le lever du soleil.

Chacune des parties contractantes a une copie exacte de la présente convention".

Nos troupes ont déjà occupé toutes les fortifications de Vinik et la citadelle de Nisch.

L'acte de capitulation et la dépêche publiée dans le journal officiel du 31 décembre 1877 (№ 284) indiquent des dates différentes pour la capitulation.

En voici l'explication :

A la suite des combats livrés du 23 au 27 décembre (4—8 janvier 1878) le soir même du 27 (8) Nisch offrit de se rendre. Cette offre fut acceptée à la condition que la capitulation serait signée sur le champ, que le lendemain au lever du soleil les Turcs auraient arboré le drapeau blanc sur toutes leurs fortifications et que la garnison serait sans armes en dehors de la ville et des fortifications. Mais les Turcs se ravisèrent pendant la nuit et demandèrent une modification à la convention primitive, insistant pour que la garnison pût conserver ses armes.

Des pourparlers commencèrent à ce sujet.

Comme le 28 (9) au matin aucun drapeau blanc n'avait été arboré sur les fortifications de Nisch, notre armée continua l'attaque et l'on se battit toute la journée. Le 28 (9) au soir nos troupes avaient pris d'assaut Goritza et plusieurs de ses fortifications. Les Turcs n'avaient pas encore signé la convention. Notre délégué leur déclara alors catégoriquement que la garnison ne pouvait conserver ses armes et que, battue comme elle l'était, il ne lui restait plus que d'attendre les troupes serbes dans ses fortifications et de se rendre à discrétion.

Les Turcs n'ayant plus d'autre issue que de souscrire aux conditions de la convention telle que nous l'avons citée plus haut, la signèrent dans la nuit du 28 au 29 décembre (9 au 10 janvier), tandis qu'elle avait été écrite le 27 (8), jour dont elle porte la date. Nisch a été occupé par nos troupes le 29 décembre (10 janvier) après que la garnison turque en fut sortie sans armes.

---

2. RELATION.

Investissement, combats et capitulation de Nisch.

(du 8 au 29 décembre 1877.)

Depuis cinq siècles (1386) Nisch n'a cessé d'appartenir aux Turcs. Les regards des Serbes ont toujours été dirigés sur cette place, objet de leurs constantes aspirations. Ces voeux ont eu leur réalisation le 29 décembre 1877 (10 janvier 1878), lorsque les étendards tricolores serbes flottèrent en signe de délivrance sur les remparts de la „glorieuse Nisch".

Voici comment l'armée serbe a accompli cette oeuvre mémorable.

D'après le plan de campagne les hostilités devaient commencer contre Nisch le 3 décembre. Ce jour-là les corps de troupes suivants pénétrèrent sur le territoire ennemi dans la direction de Nisch.

1) Division de la Morava. 4 bataillons d'Alexinatz (2 de I-re et 2 de 2-me classe) avec la I-re batterie de campagne et la batterie de brigade de Krouchévatz, franchirent la frontière près de Katoun et gagnèrent les hauteurs de Topolnitza en passant par Drajévatz; la brigade d'Yagodina de 1-re classe, avec la IV-me batterie de campagne entra par Dobrouiévatz et se dirigea également vers les hauteurs de Topolnitza. Un escadron précédait ces troupes éclairant la marche. Elles étaient suivies par la brigade de Tioupria de 1-re classe avec la III-me batterie de campagne. Ces dernières troupes passèrent par Katoun. Sur les hauteurs de Katoun il ne se trouvait que quelques postes d'observation ennemis lesquels se replièrent à l'approche de nos bataillons. Les brigades d'Alexinatz et d'Yagodina prirent position sur la rive droite de la Topolnitza, la première formant l'aile droite, et s'y retranchèrent. La brigade de Tioupria s'établit en arrière en réserve.

2) Division de l'Ibar. La brigade de Krouchévatz de 1-re classe avait été concentrée entre Soupovatz et Gréiatch, avec deux batteries de campagne, un escadron de cavalerie et une compagnie de pionniers. Le bataillon combiné de l'Yochanitza, avec un peloton de cavalerie, franchit la frontière à 11 heures avant midi près de Soupovatz et occupa la position de Sétchanitza. En même temps

les deux bataillons de la Bougar-Morava, passant près de Golechnitza vinrent se placer à la hauteur du bataillon de l'Yochanitza. Le reste de la brigade resta près de Soupovatz.

3) Division du Danube. Cette division de trouvait groupée la veille entre Gramada et Derven. Le 3 décembre à l'aurore la brigade du Branitchévo passa la frontière et prit position près de Gramada avec trois bataillons, la IV-me batterie de campagne, un demi-escadron et une compagnie de pionniers, et à Kourilovo avec deux bataillons et la batterie de brigade du Branitchévo. La brigade de Pojarévatz avec la V-me batterie de campagne se plaça en arrière en réserve. Deux détachements de cavalerie furent immédiatement envoyés en reconnaissance par Oréovitza, Sitiévo et la route de Nisch jusqu' à Dolnii Matievtzi où ils rencontrèrent une patrouille turque de neuf cavaliers. Ils échangèrent quelques coups de fusil et les nôtres s'emparèrent d'un cheval. Vers 9 heures nos troupes occupaient une redoute turque abandonnée au-dessous du village de Matievtzi.

4 (16) décembre. Comme sur les hauteurs de Liouti Verh, Vertichté, Popova Glava et Tzerni Verh, qui dominaient quelque peu nos positions de Topolnitza, il ne se trouvait que des postes d'observation turcs, le commandant de la division de la Morava, colonel A. Oreschkovitch dirigea dans la nuit du 3 au 4 décembre un détachement de la brigade d'Alexinatz sur le Vertichté et la Popova Glava et un détachement de la brigade d'Yagodina sur le Tzerni et le Liouti Verh, pour en chasser par surprise les avant-postes ennemis. A l'approche des nôtres les Turcs se retirèrent sur la colline de Licinatz. Ils avaient construit des retranchements sur le Liouti Verh mais ils ne les défendirent pas. Les brigades d'Alexinatz et d'Yagodina se fortifièrent dans ces nouvelles positions et la brigade de Tioupria occupa celles de Topolnitza.

La brigade de Krouchévatz de 1-re classe et les bataillons de la Bougar-Morava se retranchèrent également dans leurs positions.

La brigade du Branitchévo prit position en avant de Kourilovo et au village de Gherbavtcha; la brigade de Pojarévatz s'établit sur le terrain entre Débeli Del et le village de Sitiévo avec sa réserve à Gramada.

5 (17) décembre. Au matin le bataillon du Lévatch de la brigade d'Yagodina occupa la colline de Licinatz (Tchamourlia) d'où les Turcs s'enfuirent à l'approche de nos troupes. Dans l'après-midi un détachement d'infanterie et de cavalerie, soutenus par l'artillerie de Vinik et de la citadelle de Nisch se dirigea vers le Licinatz soit pour le reprendre soit en simple reconnaissance. Notre infanterie laissa approcher les Turcs jusqu' à courte distance. Accueilli alors par une fusillade bien nourrie l'ennemi se retira vers la forteresse. Nos troupes commencèrent à élever des retranchements sur le Licinatz et l'ordre fut donné d'y transporter le parc de position d'Alexinatz.

La division de l'Ibar resta ce jour-là dans ses positions.

Division du Danube. Pendant que combattait la brigade d'Yagodina, la brigade du Branitchévo descendit de Kourilovo jusqu' à Kaménitza et Gornii Matievtzi, pour être à portée de lui prêter secours et plaça ses avant-postes au-delà de ces villages. Une batterie fut postée sur la hauteur rocailleuse de Téména, d'où l'on pouvait battre Vinik. La brigade de Pojarévatz fut également portée à la hauteur de la brigade du Branitchévo avec ses avant-postes à Sitiévo, Maltcha, Vrélo et Yacénovatz. La brigade du Branitchévo se reliait à l'aile gauche de la brigade d'Yagodina.

Ce même jour la brigade de Krouchévatz de 2-me classe passa la frontière à Yankova Klissoura avec une batterie de montagne, une batterie de position de petit calibre et un escadron de réserve, et s'avança jusqu' à Tchoutchalé.

6 (18) décembre. Dans le cas où les Turcs auraient renouvelé leur attaque contre la division de la Morava, le commandant de la brigade de Krouchévatz de 1-re classe avait l'ordre de faire une démonstration contre Mramor pour diviser l'attention de l'ennemi. De même les troupes de la division de la Morava devaient opérer sur le flanc des Turcs si ces derniers envoyaient des renforts importants à Mramor.

Dans ce but les deux bataillons combinés de la brigade de Krouchévatz (Yochanitza et Tersténik) et les deux bataillons de la Bougar-Morava (1-re et 2-me classe) de la brigade d'Alexinatz, sous le commandement du capitaine Jacob Maxitch, prirent position avant le lever du jour sur le bord du plateau de Mramor, près des villages de Bresnitza et de Kraïkovatz, et envoyèrent de fortes patrouilles en avant pour reconnaître le terrain. Les Turcs remarquant le mouvement tournant de nos troupes abandonnèrent l'importante position de Mramor et se replièrent sur Nisch, non sans avoir détruit deux des arches du pont sur la Morava, tout ayant sans doute été préparé d'avance pour cela. Les éclaireurs avançant toujours, les bataillons de Krouchévatz et de la Bougar-Morava se mirent en marche et à $9\frac{1}{2}$ heures ils occupaient Mramor et ses deux grands retranchements. De là des détachements furent envoyés pour occuper le pont de Mramor et la route de Procouplié.

Pendant ce temps Son Altesse le Prince, commandant en chef de l'armée, visita les troupes à Mramor et leur exprima sa satisfaction pour leur bon ordre et leur bonne tenue malgré un froid aussi rigoureux.

On se mit immédiatement à l'oeuvre pour fortifier cette importante position du côté de Nisch et pour réparer le pont.

La brigade de Tchatchak, 1-re classe, concentrée entre Voukania et Grébatz avec 1 batterie de campagne, 1 batterie de montagne, 1 escadron de cavalerie et 1 compagnie de pionniers, sous le commandement du major A. Yacovliévitch, passa la frontière à Grébatz et envoya des reconnaissances dans la direction de Procouplié. On avait appris qu'il n'y avait que peu de Turcs dans cette ville et qu'ils avaient l'intention de massacrer les chrétiens. Deux de nos bataillons avec deux pièces de montagne étant parvenus sans combat sur une hauteur qui domine Procouplié, virent les Turcs se retirer dans la direction de Leskovatz après avoir mis le feu à quelques maisons de Procouplié. Notre artillerie leur envoya quelques obus, puis la ville fut occupée sans aucune perte de notre part.

La division de la Morava reçut l'ordre de descendre du Liouti Verh et de se relier au village de Troupalo avec les troupes de Mramor.

Division du Danube. Lorsqu' elle plaça ses avant-postes en avant des villages de Kaménitza et de Matievtzi, dans la nuit du 5 au 6, l'infanterie turque les accueillit par son feu. L'ennemi tira aussi quelques coups de canon mais la brigade du Branitchévo n'y répondit même pas.

7 (19) décembre. La garnison de Mramor avait déjà construit deux batteries et creusé des fossés de tirailleurs. Elle avait aussi envoyé des patrouilles jusqu'à Corvingrad mais sans rencontrer d'ennemis nulle part. Le commandant du corps de la Morava donna l'ordre au commandant de la brigade de Kroucbévatz d'occuper le pont de Tchétchina et de couper les communications de l'ennemi entre Nisch et Leskovatz.

La division de la Morava descendit du Liouti Verh et prit en face de Vinik et de Nisch les positions suivantes: du monastère de St. Nicolas, (aile gauche) par Houm et Licinatz (centre), jusqu' à Troupalo (aile droite), avec avant-postes à Popovatz. A droite était la brigade d'Yagodina, au centre celle d'Alexinatz, à gauche celle de Tioupria.

La division du Danube se retrancha dans ses positions. Son commandant, le lieutenant-colonel Pierre Topalovitch, après avoir reconnu le terrain entre Vinik, Nisch et Gramada, ordonna à la brigade de Pojarévatz de se rapprocher le plus possible de Nisch et de la route d'Ak-Palanka, en se reliant étroitement avec la brigade du Branitchévo.

8 (20) décembre. Le détachement chargé de s'emparer du pont de Tchétchina se composait du bataillon combiné de l'Yochanitza, de 2 pièces de campagne (de la II-me batterie) et de deux sections de l'escadron de Kronchévatz, sous le commandement du lieutenant Elie Tchiritch. Il partit de Mramor à $6^1/_2$ et arriva sur la hauteur de Kotchane à midi. En avant du pont se trouvaient environ 400 soldats turcs et une pièce de montagne. Notre détachement se forma pour le combat sur la hauteur de Kotchane et l'infanterie déployée en tirailleurs commença à avancer sans tirer tandis que l'artillerie ouvrait le feu contre les Turcs. Ceux-ci tirèrent quelques salves mais intimidés par l'approche régulière de notre infanterie, ils lâchèrent pied et se mirent à fuir dans le plus grand désordre. La plupart battirent en retraite dans la direction de Leskovatz, une petite partie passa le pont et gagna le village de Tchétchina. Dans la poursuite notre cavalerie eut un homme blessé. A 3 heures tout était terminé.

Comme la défense de ce point était difficile, le chef d'état-major du corps de la Morava, major Jean Pétrovitch fit abattre une des arches du vieux pont et fit enlever au nouveau pont qui n'était pas encore achevé, les poutrelles du tablier. Le gros de la troupe resta sur la hauteur de Kotchane où elle se retrancha. Un détachement seulement gardait le pont de Tchétchina et Tzerkvichté (Komgniga) en face de Corvingrad, au confluent de la Toplitza.

Nisch était dès lors coupé de ses communications avec Leskovatz.

La division de la Morava resta dans ses positions de Tchamourlia. Son Altesse le Prince inspecta ce jour-là cette division et se rendit jusqu' aux extrêmes avant-postes du côté de Nisch. Pendant que Son Altesse était ainsi au milieu de ses troupes les Turcs concentrèrent comme intentionnellement le feu de leurs pièces sur le point de nos positions où le Prince se trouvait. Notre artillerie ne répondit pas à cette provocation, ménageant ses munitions pour de plus importantes occasions.

Division du Danube. La brigade de Pojarévatz occupa les positions suivantes: Sitiévo, Maltcha, Paciak, Vrélo, Yacénovatz, avec avant-postes à Knèze-Sélo et sur la hauteur de Détliak. Ses patrouilles allaient jusqu' au village de Gornia Bréjina. La V-me batterie de campagne et $1^1/_2$ bataillon restèrent à Gramada comme réserve générale.

9 (21) décembre. Le détachement du pont de Tchétchina envoya des patrouilles de cavalerie jusqu' à Leskovatz sans rencontrer d'ennemis. Les bataillons de la Bougar-Morava se rendirent de Mramor à Jitoradia pour couvrir les derrières des brigades de Tchatchak et de Krouchévatz (1 re classe) contre les Arnautes réfugiés dans les montagnes de Paciak.

Division de la Morava. Des pièces de position furent installées sur le Licinatz (Tchamourlia). A cette occasion les Turcs tirèrent quelques coups de canon. Le commandant de la division du Danube reçut l'ordre d'envoyer la brigade de Pojarévatz par Pandiralo à Babina Glava.

10 (22) décembre. On commença la construction d'une tête de pont à Mramor. En même temps on continuait à réparer le pont et à fortifier la position.

Un détachement turc en reconnaissance, sur la route de Leskovatz arriva jusqu' à Corvingrad où il échangea des coups de fusils avec nos soldats postés de l'autre côté de la Morava, à Tzerkvichté, sur la colline de Komgniga.

Le matin la brigade de Pojarévatz s'était mise en marche pour Babina Glava par la route de Gramada. Après son départ le commandant de la division du Danube n'eut plus sous son commandement que: la brigade du Branitchévo 1-re classe (5 bataillons), les batteries de campagnes IV et V, la batterie de brigade et l'escadron du Branitchévo. Ces troupes s'établirent à Knèze-Sélo, Gornii Matievtzi et Kaménitza, avec de petits détachements à Sitiévo et Maltcha.

11 (23) décembre. A la suite de nos reconnaissances dans la contrée de Leskovatz, l'insurrection chrétienne commença à s'organiser dans les environs de Leskovatz et de Vlastotintzi.

Comme on se préparait à attaquer le lendemain Ak-Palanka, le commandant en chef, pour faire diversion, donna l'ordre à la batterie de position du Licinatz (Tchamourlia) d'ouvrir le feu contre Nisch et Vinik, ce qui eut lieu en présence de Son Altesse le Prince.

Le commandant de la division du Danube s'établit avec son état-major à Knèze-Sélo.

Le 12 (24) décembre était le jour de l'attaque d'Ak-Palanka. Pour attirer l'attention des Turcs sur l'armée d'investissement et les empêcher d'envoyer du secours à Ak-Palanka, la brigade de Smédérevo (1-re classe) avait été appelée d'Alexinatz, dans le but de faire une forte démonstration contre Vinik et Nisch. Cette brigade passa la nuit sur les hauteurs de Topolnitza et y resta toute la journée du 12, un brouillard intense rendant toute opération impossible. La démonstration se réduisit à une faible canonnade et le soir la brigade de Smédérévo revint à Alexinatz. Ce jour-là l'armée serbe remportait deux victoires, l'une à Ak-Palanka et l'autre à Kourchoumlia que les Turcs abandonnèrent pendant la nuit et où nos troupes entrèrent le lendemain.

13 (25) et 14 (26) décembre. Les troupes continuèrent à se fortifier dans leurs positions devant Nisch et principalement du côté de Mramor. La tête de pont fut achevée et sur le front on creusa des trous pour les tirailleurs. Le pont de Mramor fut mis en état de permettre le passage des troupes. Des reconnaissances furent faites à Novo-Sélo, Tchokot et Dolnii Médiourovo.

La division du Danube sur l'ordre du commandant en chef, s'établit sur la ligne: Gornia Bréjina, Matievtzi, Kaménitza et Brénitza, afin de se relier plus solidement à la brigade d'Yagodina. La V-me batterie fut placée sur la hauteur de Brénitza. Sur l'ordre du commandant du corps du Timok, Maltcha et Sitiévo restèrent occupés pour empêcher l'ennemi d'envoyer des troupes à Ak-Palanka, car ce jour-là les troupes du corps du Timok manoeuvraient contre Pirot. Il était donc nécessaire que leurs derrières fussent assurés. Dans le même but Gornia Bréjina fut occupée par un bataillon et une batterie de brigade et on éleva au bord de la Nichava, à 1000 mètres de la route Nisch—Béla-Palanka, un retranchement qui la dominait entièrement. Trois sections de cavalerie qui faisaient des patrouilles dans diverses directions eurent plusieurs rencontres avec des détachements ennemis.

15 (27) décembre. La brigade du Branitchévo eut ce jour-là deux affaires avec les Turcs. A l'aile gauche un peloton d'infanterie et une section de cavalerie se rencontrèrent avec une centaine de fantassins turcs et 40 cavaliers. Les pertes furent insignifiantes. L'infanterie turque se retira par la vallée de la Koutina et les cavaliers rentrèrent à Nisch. Au centre de la ligne les avant-postes turcs échangèrent des coups de fusil avec les nôtres mais sans résultat. Pour raccourcir la ligne de nos avant-postes et relier plus solidement l'aile gauche aux autres positions, la hauteur de Bachéva Glava fut occupée et garnie de fossés de tirailleurs. Par là la ligne de Gornia Bréjina à Gornii Matievtzi devint beaucoup plus courte et gagna en force. Un pont de pontons fut jeté sur la Nichava près du village de Troupalo pour relier la brigade de Krouchévatz avec la division de la Morava.

Jusqu' à ce jour l'avis avait prévalu que Nisch devait être seulement cerné. L'investissement avait déjà été réalisé en grande partie le 8 (20) par l'occupation du pont de Tchétchina. Le 12 (24) la prise d'Ak-Palanka le compléta du côté de Pirot. Nisch n'avait plus dès lors une seule route libre pour communiquer avec le reste de l'empire.

On ne connaissait au début qu' approximativement la force de l'ennemi à Nisch, mais pendant l'investissement on eut des données exactes sur le chiffre de la garnison. Ainsi le commandant de la division du Danube apprit que Nisch renfermait 6000 soldats turcs, et le commandant du corps de la Morava manda que les Turcs avaient 3000 réguliers, environ 4000 yerlis (miliciens) et six batteries Krupp. Une lettre que le commandant de Nisch Hallil pacha, avait adressée „au Grand-Vizir, au commandant des troupes ottomanes en Roumélie, au gouverneur du vilayet et au ministre de la guerre“, — lettre qu'il expédia pour plus de sûreté par cinq directions différentes mais qui fut interceptée — faisait savoir que la garnison de Nisch n'était pas résolue à se défendre jusqu' à la dernière extrémité et Hallil pacha y disait entre autres „. . . . si nous ne recevons pas des renforts suffisants, notre état est difficile, précaire“ . . . .

Le Prince décida alors d'attaquer Nisch et de s'en emparer de vive force dès que l'expédition de Pirot serait terminée et que les troupes occupées de ce côté seraient devenues disponibles.

Ce jour-là se livraient les combats de Souvodol et de Boudine-Del qui décidèrent du sort de Pirot.

16 (28) décembre. Avec l'approbation du commandant en chef le bataillon de l'Yochanitza (brigade de Krouchévatz) fut envoyé de Kotchane à Leskovatz où il fut rejoint par la batterie de brigade d'Alexinatz, venant de Procouplié. Le bataillon de Koznik remplaça à Kotchane celui de l'Yochanitza.

Division de la Morava. Une section d'infanterie s'étant montrée sur la hauteur de Komren, provoqua le feu de l'artillerie turque de Vinik et de Nisch contre nos positions. Un escadron turc se mit à manoeuvrer autour de la colline. Notre détachement rentra dans ses lignes après avoir tué ou blessé quatre cavaliers turcs. Notre artillerie, postée à Tchamourlia, prit part à ce combat.

La division du Danube eut de même des rencontres de patrouilles où deux hommes furent blessés de notre côté.

Les 16, 17 et 18 (28, 29 et 30) décembre notre armée resta en repos autour de Nisch, attendant pour l'attaque décisive l'arrivée des troupes de Pirot. Le 17 (29) la brigade du Roudnik 2-me classe arriva à Mramor.

Le commandant du corps de la Morava avait distribué des fusils aux habitants des villages de Denska, Barbatovatz, Barbesch, Gherkinia, Bélotinatz, Tchaplinatz et Malochté. Des soldats choisis et des sous-officiers de l'armée permanente furent envoyés pour enseigner aux insurgés le maniement des armes et former des compagnies qui devaient inquiéter les Turcs dans toutes les directions.

19 (31) décembre. Un détachement de 25 cavaliers et une section d'infanterie se battirent contre une compagnie de soldats et quelques cavaliers turcs. Vers 10 heures ces derniers rentrèrent à Nisch, l'infanterie se retira à Koutina. Leur but était de protéger les moulins qui étaient en activité.

Nos troupes étant entrées à Pirot le 16 (28) décembre le commandant en chef donna aux corps du Timok et de la Choumadia les ordres suivants:

Le colonel Horvatovitch resterait à Pirot avec ses troupes et s'y fortifierait en attendant des ordres ultérieurs. Il devait tenir occupées les positions de Pirot, Ak-Palanka, Babina Glava et St. Nicolas. Le colonel Zdravkovitch et ses troupes étaient placés sous le commandement d'Horvatovitch.

Le corps de la Choumadia marcherait sur Nisch par Ak-Palanka et prendrait graduellement position à Berzi-Brod, Denska, Barbatovo et Knéjitza;

Le colonel Boutchovitch avec la brigade de Smédérévo occuperait la ligne de Tchapliinatz—Knéjitza, et se relierait au corps de la Choumadia, lequel devait lui céder la brigade de Belgrade avec sa cavalerie et son artillerie.

Le commandant du corps de la Morava devait faire avancer de Mramor les brigades de Krouchévatz (1-re classe) et du Roudnik (2-me classe), et relier le corps de la Morava aux troupes de la 1-re division de la Choumadia.

L'aile droite du corps de la Choumadia (II-me division) se relierait au-delà de la Nichava avec la division du Danube qui était placée elle-même sous les ordres du commandant du corps de la Morava.

Ces concentrations de troupes avaient pour but l'attaque de Nisch; notre principal effort devait avoir lieu par le sud-est de cette place du côté de Goritza, et des démonstrations simultanées devaient se faire sur les autres points principalement du côté de Vinik. Les diversions se répétèrent journellement jusqu' au 29 décembre (10 janvier).

D'après ces dispositions le rôle décisif incombait au corps de la Choumadia, tandis que les divisions de la Morava et du Danube ne devaient agir que démonstrativement. L'attaque et la prise de Nisch eurent lieu de la manière suivante:

20 décembre (1 janvier). Un détachement de cavalerie turque et une colonne d'infanterie firent une reconnaisance du côté des villages aux habitants desquels on avait distribué des fusils. Les insurgés aidés de ceux de nos soldats qu'ils avaient avec eux les attendirent de pied ferme près du village de Tchapliinatz et les repoussèrent. Les Turcs rentrèrent à Nisch. Pendant le combat l'ennemi était soutenu par son artillerie de Goritza.

21 décembre (2 janvier). Le commandant du corps de la Morava fit passer la Morava à deux compagnies du bataillon de Krouchévatz qui se postèrent à Malochté et à Barbesch. Un bataillon de Tioupria passa la Nichava et alla s'établir à Lalinatz pour relier la division de la Morava avec la brigade de Krouchévatz placée à Mramor. Un pont fut jeté sur la Morava près de Tchapliinatz afin d'assurer de meilleures communications entre la brigade de Krouchévatz et les troupes postées sur la rive droite de la Morava. Le matériel nécessaire fut envoyé au commandant de la division du Danube pour construire un pont sur la Nichava, près de Berzi-Brod, en amont de Nisch, afin de relier la division du Danube avec les troupes de la Choumadia qui allaient arriver.

22 décembre (3 janvier). Sur l'ordre du commandant du corps de la Morava le bataillon de Krouchévatz chercha à déloger les Turcs des vignes de Diourline. Le combat commencé à $7^1/_2$ heures du matin, se prolongea toute la journée et se termina par la retraite des Turcs. Pour aider le bataillon de Krouchévatz et attirer l'attention de l'ennemi sur un autre point, les détachements placés au village de Tchokot firent une démonstration contre Goritza (Boubagne). Deux pièces passèrent de Mramor sur la rive droite de la Morava et tirèrent contre les fortifications turques de Boubagne.

Dans la matinée du même jour un bataillon turc et un demi-escadron de cavalerie descendirent de Vinik et attaquèrent le village et la colline de Houm, occupées par la brigade d'Yagodina. L'artillerie de Vinik soutenait l'attaque qui fut repoussée. Les batteries de Houm et du Licinatz fonctionnèrent contre les assaillants qui furent pris en flanc par une compagnie de la brigade du Branitchévo envoyée de Brénitza.

Les Turcs firent en même temps une démonstration contre la brigade du Branitchévo en se dirigeant vers la hauteur de Tchagar. Ils furent repoussés par les avant-postes serbes. L'artillerie de Vinik tira aussi sur des détachements de la brigade du Branitchévo mais la nôtre ne jugea pas utile de répondre.

La brigade d'Yagodina eut 4 blessés, celle du Branitchévo un.

Pour assurer la concentration du corps de la Choumadia, trois bataillons de Pojarévatz et la batterie de brigade de Kragouiévatz partis d'Ak-Palanka prirent position près de Koutina, aux environs de Denska et de Barbatovo. Cette manoeuvre avait en même temps pour but d'intercepter sur ce point la dernière communication de Nisch avec l'extérieur et d'assurer l'approche et le déploiement du corps de la Choumadia.

D'après les ordres reçus du commandant en chef ce dernier corps s'était mis en mesure de rejoindre sous Nisch l'armée d'investissement. Le premier échelon composé de 5 bataillons de la brigade de Kragouiévatz, 3 batteries de campagne (du II-me régiment d'artillerie) et 1 escadron de cavalerie partit de Pirot et passa la nuit à Ak-Palanka.

Ce jour-là avait lieu la première rencontre de la brigade de Tchatchak avec les troupes d'Hafiz pacha sur le Samokov, début d'une série de combats sanglants qui n'ont pas été sans influence sur les opérations autour de Nisch.

23 décembre (4 janvier). Les trois bataillons de Pojarévatz et la batterie légère de Kragouiévatz descendirent par Bania dans la vallée de la Koutina et poussèrent leurs avant-postes sur la hauteur de Souvodol où les insurgés échangeaient des coups de fusil avec les Turcs. Ceux-ci battirent en retraite après un combat de deux heures avec le I-er bataillon de la Morava.

Pour établir les communications avec la brigade de Pojarévatz, une compagnie de la brigade du Branitchévo occupa le village de Berzi-Brod et une seconde compagnie celui de Dolnia Bréjina.

Le premier échelon du corps de la Choumadia arriva ce jour-là à Bania; le deuxième échelon, 4 bataillons du Roudnik, 1 escadron et le I-er régiment d'artillerie, partit de Pirot le matin et passa la nuit à Ak-Palanka.

Le commandant de la I-re division de la Choumadia marcha d'Alexinatz à Soupovatz, avec la brigade de Smédérévo et le bataillon de la Koloubara, pour se réunir au gros du corps de la Choumadia.

24 décembre (5 janvier). La I-re division de la Choumadia partie de Soupovatz atteignit Tchapliinatz. Le bataillon de l'Yacénitza et le II-me bataillon du Danube passèrent de l'autre côté de la Morava. Les autres troupes restèrent sur la rive gauche.

Le corps de la Morava et la division du Danube gardèrent leurs positions. Seulement le bataillon de Zvijd occupa le village de Dolnia Bréjina pour se relier solidement à la II-me division de la Choumadia.

Les bataillons de Pojarévatz avaient occupé les hauteurs de Voutchii-Del d'où ils furent délogés par les Turcs. Mais lorsque la batterie de Kragouiévatz eût pris position, le I-er bataillon de Pojarévatz et celui de la Mlava, soutenus par le feu de la batterie, revinrent à la charge et reprirent la hauteur. On creusa des fossés pour les tirailleurs et des épaulements furent élevés pour abriter les pièces.

Le bataillon de l'Yacénitza de la II-me division de la Choumadia avec l'escadron du Kosmaï firent, sous la conduite du chef d'état-major de la division, major R. Milétitch, une reconnaissance de la contrée située entre la rivière Koutina, la montagne Sélitchévitza et le ruisseau de la Denska. Vers le soir la batterie VI fut amenée sur la position qu' occupaient les bataillons de Pojarévatz.

Nos troupes se trouvaient alors disposées autour de Nisch de la façon suivante:

1. Corps de la Morava:

a) 1 bataillon de la brigade de Krouchévatz de 1-re classe à la tête de pont de Mramor, 1 bataillon à Mramor avec les batteries II et IV, 1 escadron et 1 compagnie de pionniers;

la brigade du Roudnik 2-me classe, autour de Mramor.

b) Division de la Morava: la brigade de Tioupria à Lalinatz (bataillon de la Réçava), Troupalo et Vertichté, avec avant-postes à Popovatz; la brigade d'Alexinatz (4 bataillons) et celle d'Yagodina (4 bataillons) avec 3 batteries de campagne et 1 de montagne faisant front contre Vinik, de Vertichté à Houm — sur le Licinatz (Tchamourlia) et à Houm.

c) la brigade du Branitchévo occupait en face de Vinik une ligne passant par: Bréniatz (où elle se rejoignait à la brigade d'Yagodina), Kaménitza, Matievtzi, Dolnia-Bréjina (où elle s'appuyait à la Nichava et se reliait à la division du Danube).

2. Corps de la Choumadia.

a) II-me division de la Choumadia. Le bataillon de l'Yacénitza à Voutchii-Del et au village de Berzi-Brod; le bataillon de Grodzka à Barbatovatz, en communication avec la I-re division de la Choumadia. Le I-er et le II-me bataillon de la Lépénitza au centre près de Voutchii Del; le bataillon de Kragouiévatz avec deux pièces de montagne en avant de Bania, comme réserve générale.

b) I-re division de la Choumadia: le bataillon de la Koloubara (brigade de Belgrade), le I-er bataillon du Danube et le bataillon d'Oraschié (brigade de Smédérévo) à Malochté.

Dans les environs de Diourline, sur la rive droite de la Morava se trouvait le bataillon de Krouchévatz (corps de la Morava) couvrant le déploiement de la I-re division de la Choumadia.

Le jour de l'attaque de Nisch approchait rapidement et tout avait été préparé pour le bombardement de la place. Le commandant du corps de la Morava offrit alors par l'entremise du prisonnier Latif aga, la capitulation au commandant de Nisch, le férik Halil-Zia pacha, en appelant l'attention de ce dernier sur l'insurrection des chrétiens dans la contrée environnante, sur l'investissement de la place qui n'avait plus aucune communication avec le reste de l'empire, sur la force imposante et la puissante artillerie de l'armée serbe, enfin sur l'insuffisance, le peu de sûreté des troupes de défense, etc. Il en appelait à ses sentiments d'humanité et l'invitait à des pourparlers en vue de la reddition de Nisch pour éviter une inutile effusion de sang.

25 décembre (6 janvier). En ce jour le corps de la Choumadia commença ses opérations contre Nisch sur le terrain situé entre la Nichava (rive gauche) et la Morava, où sa gauche s'appuyait (à Mramor) à la brigade de Krouchévatz. Ce corps faisait ainsi face au front sud de la ligne de défense, côté le plus faible de la place. L'autre moitié de la ligne de défense de Nisch, le côté nord, qui présente le front le mieux fortifié, avait en face le corps de la Morava, lequel occupait toute l'étendue de Mramor à Bréjina, entre les rives droites de la Morava et de la Nichava.

Avant de passer à l'exposé des opérations de ces deux corps, nous devons donner une courte description du terrain qui allait en être le théâtre.

Terrain. Nisch est située sur la Nichava à l'entrée de la vallée formée par cette rivière et à 8 kilomètres de son confluent avec la Morava. La ville proprement dite s'élève sur la rive gauche de la Nichava. Sur la rive droite se trouve la citadelle reliée à la ville par un pont à piles de pierre. En amont de la citadelle est situé le faubourg d'Yagodina, en aval celui de Belgrade. Le faubourg de Belgrade communique à son tour avec la ville par un étroit pont de bois pour piétons. La largeur de la Nichava entre la ville et la citadelle est de 65 mètres.

La citadelle est un polygone irrégulier composé de sept bastions de formes diverses séparés par des courtines de différente longueur. Deux bastions sont à l'est où passe la route d'Alexinatz, deux au nord vis-à-vis de Vinik, deux à l'ouest en face de Gramada, un au bord de la Nichava, tourné vers la ville. La citadelle a quatre entrées: celle du sud (Stamboul-Kapia) pour la communication avec la ville; celle de l'ouest (Belgrad-Kapia), sur la route de Belgrade; celle du nord-est (Vidin-Kapia) dans la direction de Gramada; enfin celle du sud-est (Sou-Kapia, la porte de l'eau) près de la Nichava. La citadelle de Nisch a pu avoir anciennement une grande valeur. Aujourd'hui il n'en est plus ainsi à cause de la longue portée et de la précision du tir de l'artillerie actuelle. Vinik et Goritza sont devenus les positions importantes de Nisch. L'armement de la citadelle de Nisch consistait en 77 pièces de calibres et de systèmes différents savoir: 3 pièces de position, longues, système Krupp, se chargeant par la culasse, calibre 24; 1 canon de position court, système Krupp, même chargement, calibre 24; 22 pièces rayées de divers calibres (5 se chargeant par la gueule); 30 pièces non rayées de divers calibres; 4 obusiers lisses et 17 mortiers lisses de calibres différents. Dans des batteries construites à l'extérieur de la citadelle étaient placées 8 pièces rayées, à chargement par la gueule (4 de bronze système autrichien, et 4 d'acier, de fabrique anglaise).

La ville de Nisch est située entre la Nichava et la colline de Goritza. Les rues en sont étroites et irrégulières, les maisons en bois et en torchis. Les routes qui partent de la ville sont les suivantes :

1. La route de Constantinople, à l'est, par Ak-Palanka (8 lieues).

2. La route de Leskovatz, au sud, conduisant par le pont de Tchétchina à Leskovatz (8 lieues).

3. La route de Procouplié, à l'ouest, (6 lieues), avec embranchement sur Soupovatz à Mramor.

4. La route de Belgrade, au nord, conduisant à Alexinatz (6 lieues) par Toplitza et Katoun ;

5) la route de Kniagévatz, au nord-est, conduisant à Kniagévatz (11 à 12 lieues) par Gramada (4 lieues).

Les trois premières routes sont des chaussées praticables aux voitures à toute époque de l'année. Les deux dernières étaient des chemins ordinaires presque impraticables à de lourds transports par le mauvais temps.

Dans la ville se trouve une double ligne de fossés avec parapets, qui servait autrefois à sa défense. Sur la rive droite de la Nichava à une distance variant de 1000 à 1500 mètres de la citadelle il a été construit cinq lunettes détachées à fort profil. Elles étaient anciennement pour la forteresse ce que sont aujourd'hui les forts de Vinik et les retranchements de Goritza. Ces ouvrages ont été réunis entre eux avant la seconde campagne par des tranchées brisées de profil moyen. Les Turcs en ont fait autant sur la route d'Ak-Palanka et ont ainsi fermé l'accès de Nisch entre la Nichava et Goritza. Les principaux édifices de la ville sont la grande caserne (servant d'hôpital) au pied de la colline de Goritza, près de la route de Leskovatz ; l'hôpital près de Tiélé Koulé (tour des crânes) sur la route de Pirot ; la grande église située dans la partie méridionale de la ville.

Mais ce qui aujourd'hui donne à Nisch son importance militaire, comme lieu de rassemblement, comme solide point de défense et comme pivot pour l'offensive contre la Serbie, ce sont les positions fortifiées de Vinik et de Goritza.

V i n i k est une colline allongée, élevée de 200 mètres au-dessus de la Nichava et située à 1800 mètres environ au nord de la citadelle. La longueur de la colline à son sommet est de 1300 mètres. Vinik est isolé de tous les côtés. Au nord seulement il est relié par un col de peu d'élévation avec le Popadik et la chaîne des montagnes qui au nord se rattachent au Kourilovo et plus loin à la Dévitza planina. Le versant de Vinik du côté de Gramada a de tous la plus faible inclinaison. Les trois autres côtés offrent une pente fort raide et principalement le versant occidental du côté d'Alexinatz. Vinik commande entièrement la citadelle et tous ses environs, dans un rayon de 4000 mètres. Les avantages militaires et la position géographique de Vinik avaient attiré la sérieuse attention de Midhat pacha lorsqu'il était gouverneur de Nisch. De 1862 à 1864 il y fit élever sur les principaux points des ouvrages détachés fermés, de fort profil, avec des réduits en maçonnerie. Ces réduits solidement construits sont de forme circulaire et à double étage. L'étage inférieur sert de magasin à munitions, l'étage supérieur percé de meurtrières est le dernier refuge de la garnison. Ces réduits sont couverts d'un toit ordinaire en tuiles et n'offrant pas de résistance. C'est là une défectuosité de ces forts du reste solidement construits et habilement disposés. Vinik en compte quatre: K o m a n d a r - T a b i a sur le sommet occidental, Z o u a v-T a b i a, au milieu de la face nord-ouest, N i z a m-T a b i a, à l'angle septentrional, M i d h a t p a c h a-T a b i a à l'extrémité sud-est. Les trois premiers ouvrages font front à une attaque venant d'Alexinatz; les deux derniers (3 et 4) à une attaque venant de Gramada. Les trois premiers occupent le sommet de la colline et sont parfaitement à la même hauteur. Le 4me est à mi-hauteur, sur une élévation qui termine la colline au sud-est. Les trois premiers forts se flanquent réciproquement. Les deux derniers tiennent sous un feu croisé la route de Gramada. Les intervalles des forts sont garnis de tranchées et de fossés de tirailleurs habilement disposés. Ces ouvrages flanquent les forts de tous les côtés et leurs feux se croisent partout. Sur le point culminant de la colline de Vinik, au milieu des forts, s'élève un ouvrage central destiné à recevoir la réserve et formant la dernière défense de cette remarquable position.

L'armement de Vinik se composait de 14 bouches à feu de divers genres (7 canons de 6 ℔ à chargement par la culasse, 2 de 5 ℔ à chargement par la gueule, 3 mortiers lisses et 2 obusiers lisses).

G o r i t z a est un massif de collines qui s'étend au sud de Nisch entre la Sélitchévitza planina et la Nichava, parallèlement à cette rivière. Le sommet de Goritza est à 160 mètres au-dessus de la Nichava. Du côté de la ville et de la rivière de Gabrovatz, Goritza présente des pentes rapides. Du côté de Mramor l'inclinaison est très-faible. Goritza est reliée au sud par des collines à la Sélitchévitza et plus loin vers l'est à la Souva planina. Son sommet forme un plateau assez large de 3500 à 4000 mètres de long. La route de Leskovatz passe par-dessus la croupe occidentale, appelée Boubagne; à son point le plus élevé elle contourne le fort Abdi pacha, ouvrage de même construction que ceux de Vinik. Ce fort est à 2500 mètres de la citadelle et à 7000 mètres du pont de Mramor. Il commande la route de Mramor, celle de Leskovatz et la vallée de la Nichava dans la direction d'Alexinatz. En avant de ce fort à 1500—2000 mètres et sur le bord de cette croupe plate (Boubagne) les Turcs ont creusé une série de tranchées admirablement disposées et se flanquant réciproquement. Les feux de ces ouvrages se croisent sur la route de Mramor et rendent une attaque très-difficile de ce côté. Sur le sommet même de Goritza les Turcs ont construit quatre redoutes et plusieurs retranchements de campagne ouverts. Ces derniers ouvrages n'ont été exécutés que lors de notre offensive contre Béla-Palanka, les Turcs ayant reconnu alors le danger qui les menaçait de ce côté. Si la position de Goritza, qui est d'une importance capitale pour la défense de Nisch n'avait pas été fortifiée antérieurement c'est que les Turcs n'avaient pas prévu une attaque de côté, mais seulement des côtés de Mramor, de Topolnitza et de Gramada. A 1500 et 2000 mètres au sud-est des redoutes de Goritza se trouvent la hauteur de M a r k o v o-K a l é et les v i g n e s d e D i o u r l i n e, où des avant-postes ennemis étaient installés. Markovo Kalé est relié à Goritza et aux vignes de Diourline mais ces dernières sont séparées de Goritza par un profond ravin. Markovo Kalé est situé entre Goritza et la Sélitchévitza; les vignes de Diourline entre

Markovo Kalé et la route de Leskovatz. Markovo Kalé a la même hauteur que Goritza (160 mètres). Les vignes de Diourline sont moins élevées (120 m.). Lors de l'attaque de Nisch, Goritza était armée de onze pièces de 6 à chargement par la culasse. Toutes ces pièces étaient attelées de manière à pouvoir se porter partout où besoin serait.

Après Vinik et Goritza la position la plus importante pour Nisch est la colline de Gabrovatz. Elle est située à l'ouest de Goritza entre la rivière de la Koutina (à l'est), le ruisseau de Gabrovatz (à l'ouest) et la route de Pirot (au nord). Une crête, déprimée à Voutchii Del et à Ochtra Tchouka, relie les hauteurs de Gabrovatz à la Sélitchévitza et à la Souva planina. A partir de Voutchii Del cette crête présente deux ramifications qui s'étendent vers Nisch dans la direction du nord-ouest. Celle de droite, plus haute et plus importante que celle de gauche, se termine à Tiélé Koulé, près de l'hôpital. La plus haute sommité du Gabrovatz (Vélika Kamara) a la même élévation que Vinik. La dernière sommité du côté de Nisch (Mala Kamara) a 180 mètres de hauteur et elle est distante de 1500 mètres de la précédente. C'est à la position de Gabrovatz que les Turcs avaient donné le moins d'attention et ce n'est que pendant les combats qui s'y livrèrent qu'ils pratiquèrent quelques fossés de tirailleurs sur la Mala Kamara ainsi que sur la sommité moyenne. La position de Gabrovatz est très-favorable pour le bombardement de la ville (2500 mètres) et de la citadelle (3500 mètres) bien qu'il soit difficile d'y installer des batteries. C'est là le côté le plus faible de la défense de Nisch.

Vinik, Goritza, Markovo Kalé, Gabrovatz sont dépourvus de forêts, mais ils sont couverts de vignobles. Le terrain de Boubagne est nu et tout-à-fait découvert. Ces collines sont reliées entre elles par de mauvais chemins à forte inclinaison. Les forts de Vinik et celui d'Abdi pacha (Boubagne) communiquaient avec la citadelle par des fils télégraphiques.

On voit par cette courte description que les principales fortifications de Nisch étaient du côté de Mramor et d'Alexinatz; que la défense était un peu moins forte du côté de Gramada, et que les fronts les plus faibles étaient du côté d'Ak-Palanka et de la Sélitchévitza, c'est-à-dire au sud-ouest et au sud.

C'est pour cette raison que le corps de la Choumadia eut à prendre position de ce côté, car c'était là que l'attaque offrait le plus de chance de succès.

La configuration du terrain et la disposition des fortifications turques déterminèrent la part d'action des différents corps. Aux troupes de la Choumadia incomba le rôle actif, la véritable attaque, tandis que celles de la Morava n'avaient, comme nous l'avons dit, qu'un rôle démonstratif.

Les opérations pour l'attaque proprement dite de Nisch commencèrent le 25 décembre (6 janvier).

Les bataillons de la 1-re division de la Choumadia venus d'Alexinatz passèrent tous sur la rive droite de la Morava et se dirigèrent: le I-er bataillon du Danube sur le village de Tchapliinatz, celui de l'Yacénitza sur Knéjitza et Diourline, celui de la Koloubara sur Barbatovatz; le II-me du Danube et le bataillon d'Oraschié s'arrêtèrent à Malochté. Le commandant de la division, colonel Const. Boutchovitch, fit immédiatement la reconnaissance du terrain et des positions ennemies pour déterminer les points d'attaque.

II-me division de la Choumadia. La brigade du Roudnik et le reste de la cavalerie étaient arrivés la veille au soir à Bania Ces troupes furent dès le lendemain matin dirigées sur Voutchii Del pour prêter main forte aux trois bataillons de Pojarévatz qui s'y battaient depuis trois jours. Aidés par les compagnies de pionniers de Kragouiévatz et du Roudnik ces bataillons s'étaient retranchés pendant la nuit dans leurs positions, ce qui leur permit de résister avec plus d'efficacité à l'attaque désespérée que les Turcs dirigèrent contre eux le matin. Cette attaque était soutenue par de l'infanterie venue de Nisch, par l'artillerie de Goritza, par deux canons placés à Tiélé Koulé et par une pièce de 24 de la citadelle. Sur ces entrefaites la brigade du Roudnik déboucha sur la position de Voutchii Del. La VI-me batterie de campagne avait déjà pris position à côté de celle de Kragouiévatz. Le feu réuni de l'infanterie et de l'artillerie repoussa les Turcs lesquels, reconnaissant tout le danger qui résultait pour eux de notre mouvement enveloppant, cherchaient à tout prix à l'arrêter.

Nos troupes restèrent maîtresses de Voutchii Del et les Turcs se replièrent sur la Vélika Kamara (le point plus élevé de Gabrovatz). Ce jour-là, 25 décembre (6 janvier), le lieutenant Sava Yoksimovitch, officier à la VI-me batterie, fut tué d'une balle à Voutchii Del. Au nombre des blessés était le sous-lieutenant d'artillerie Ilia Yovanovitch, adjudant du II-me régiment.

La brigade du Roudnik releva les bataillons de Pojarévatz lesquels furent retirés et placés en réserve. Les pertes de ces bataillons pendant les trois journées de combat étaient:

	morts	*blessés*	*disparus*
I-er bataillon de la Morava	9	28	2
bataillon de la Mlava	2	24	—
total	11	52	2

Parmi les morts se trouvait le chef de compagnie Nicolas Vouitchitch, qui s'était distingué par sa conduite dans le combat du 24. Au nombre des blessés le 24 décembre étaient le lieutenant d'infanterie Grouitza Tzoukavatz, commandant du bataillon de la Mlava; il avait eu d'abord son cheval tué sous lui; Pierre Nénadovitch, chef du bataillon de la Morava, et Marko Ognianovitch, adjudant du bataillon de la Mlava.

Pendant l'attaque des Turcs sur les hauteurs de Gabrovatz, le commandant du corps de la Morava ordonna à la division de la Morava de faire une démonstration contre Vinik, pour attirer sur elle une partie des forces turques et soulager d'autant les troupes de la Choumadia. Les Turcs accueillirent nos bataillons par un feu violent de l'artillerie de Vinik et de la citadelle. Néanmoins notre infanterie gagna la hauteur de Komren et y prit position. Nos tirailleurs s'avancèrent jusqu' au pied de Vinik, mais comme l'ordre n'avait pas été donné d'attaquer, ils revinrent sur la colline de Komren. Notre infanterie était appuyée par l'artillerie du Licinatz.

L'ordre étant parvenu trop tardivement à la division du Danube, elle ne prit pas part à l'affaire. Toutefois son aile droite soutint la brigade d'Yagodina dans sa démonstration.

Une diversion fut faite aussi du côté de Mramor au moyen d'un bataillon, d'une section d'artillerie et d'un détachement de cavalerie.

Les avant-postes de Mramor furent poussés jusqu' à un kilomètre des retranchements ennemis de Boubagne et on commença la construction d'une batterie en face de cette dernière position ainsi qu' à Popovatz, pour bombarder Nisch.

Le pont sur la Nichava fut transporté de Troupalo à Popovatz.

A l'offre de capitulation qui lui avait été faite la veille, le commandant de Nisch répondit qu' il ne pouvait entrer en pourparlers avant d'en avoir référé à la S. Porte. Dans ce but il remit une dépêche chiffrée en priant qu'on l'expédiât à Constantinople.

Le commandant du corps de la Morava n'accéda naturellement pas à la prière du pacha et les opérations contre Nisch suivirent leur cours régulier.

Pendant ce temps Hafiz pacha, à la tête d'un corps de troupes assez nombreux, s'était mis en marche de Prichtina sur Kourchoumlia et avait repoussé du Samokov nos détachements avancés. Le commandant du corps de la Morava fit partir cette nuit même pour Kourchoumlia le bataillon de Tersténik et celui de la Racina (brigade de Krouchévatz) avec quatre pièces de la II-me batterie de campagne. Un bataillon de la brigade de Tioupria fut placé à Novo Sélo et le bataillon de Krouchévatz à Tchokot et Médiourovo.

Ce jour-là l'état-major du corps de la Choumadia se trouvait à Barbatovatz, celui du corps de la Morava était à Kroupatz.

26 décembre (7 janvier). Le jour précédent avait été employé à prendre des dispositions, à faire des reconnaissances et à s'orienter, de manière à indiquer à chaque troupe son objectif. Le 26 commença l'approche dans les directions assignées.

Le commandant de la I-re division de la Choumadia envoya d'abord en reconnaissance forcée le bataillon de l'Yacénitza (brigade de Smédérévo). Celui-ci se mit en marche à 4 heures du matin en deux colonnes, la colonne de droite (deux compagnies) se dirigeant de Péroutina, par le village de Vlaci, sur Markovo Kalé; celle de gauche, sur les vignes de Diourline, par le village de même nom. Les Turcs occupant les deux points, l'une et l'autre colonne rencontrèrent l'ennemi et le combat commença. Après une courte fusillade les Turcs étaient délogés de leurs positions. La colonne de gauche occupa les hauteurs de Diourline, celle de droite un mamelon en face de Markovo Kalé et peu après Markovo Kalé lui-même. Les Turcs se retirèrent dans leurs retranchements de Goritza où nos détachements étaient trop faibles pour les attaquer. Le sous-lieutenant Miloutine Milovanovitch, commandant de la colonne de droite, tenta l'attaque des fossés de tirailleurs turcs, mais il fut lui-même blessé et ses deux compagnies, s'établirent sur la dépression de terrain qui sépare Markovo Kalé de Goritza.

Le commandant de la division voyant que sur les deux points le combat devenait sérieux, dirigea sur Markovo Kalé le bataillon de la Koloubara (brigade de Belgrade) qui y arriva à 11 heures, au moment où les Turcs attaquaient les deux compagnies de Smédérévo. Celles-ci secondées par le bataillon qui venait d'arriver repoussèrent les Turcs et s'emparèrent du premier fossé de tirailleurs. L'ennemi se retira alors dans la grande redoute de Goritza et dans la profonde tranchée creusée en avant de la redoute.

Le II-me bataillon du Danube s'engagea à 9 heures dans l'intervalle des deux détachements aux prises avec l'ennemi et, après un combat de courte durée, s'empara d'une hauteur d'où il tint les Turcs en échec.

A l'instant où ceux-ci entreprenaient avec leurs forces réunies l'attaque contre l'aile gauche du bataillon de l'Yacénitza, le bataillon d'Oraschié entrait en ligne. Il était 4 heures de l'après-midi. Les Turcs furent repoussés et l'on occupa quelques hauteurs qui enlevaient à l'ennemi la liberté de ses mouvements. L'aile droite (Markovo Kalé) fut renforcée par le bataillon de Grodzka envoyé par le commandant du corps de la Choumadia pour relier les deux divisions.

De notre côté l'infanterie seule (4 bataillons) avait pris part au combat; les Turcs avaient eu en ligne outre deux ou trois bataillons, 6 à 8 pièces Krupp et ils étaient en outre soutenus par le feu des pièces de 24 ℔ de la citadelle.

Les bataillons des brigades de Smédérévo et de Belgrade n'en réussirent pas moins complétement dans leur mouvement et s'établirent solidement à Markovo Kalé ainsi que sur les hauteurs de Diourline, d'où l'on pouvait agir contre les principales positions turques de Goritza.

Son Altesse le Prince qui avait suivi attentivement de Mramor les péripéties du combat adressa au commandant de la I-re division, colonel Const. Boutchovitch, le télégramme suivant pour le féliciter de la courageuse conduite de ses troupes:

„*Monsieur le colonel*,

„Me trouvant aujourd'hui à proximité de votre division, j'ai assisté au combat que vous avez livré avec les braves troupes de Smédérévo et le bataillon de la Koloubara, de la brigade de Belgrade. Mes remerciements à vous et à tous ces soldats qui ont si glorieusement réalisé les espérances que je leur avais exprimées. Que Dieu continue à leur être en aide ainsi que les prières de tous les coeurs serbes.

„Mes cordiales félicitations à vous et à tous ceux qui ont combattu aujourd'hui sous vos ordres.

O № 523.

26 décembre 1877.

MILAN M. OBRÉNOVITSCH IV.
Prince de Serbie
Commandant en chef.

Tandis que ces événements se passaient à l'aile gauche du corps de la Choumadia, les Turcs dirigeaient une attaque contre Voutchii Del qu' occupait la brigade du Roudnik (4 bataillons). La solidité de cette troupe et le feu convergent de l'artillerie qui mettait constamment de nouvelles pièces en batterie, firent échouer les efforts de l'ennemi pour reconquérir la position. La brigade du Roudnik gagna au contraire du terrain sur la droite et s'y retrancha. A la fin de la journée quatorze pièces d'artillerie étaient déjà installées sur cette position.

Le commandant du corps de la Choumadia, général J. Béli-Marcovitch, avait reconnu à l'aide d'éclaireurs que la principale position turque et la plus fortement occupée était Goritza; que là était la clef de l'ensemble des positions ennemies de ce côté ainsi que de Nisch elle-même et que par conséquent c'était là que devait se porter tout l'effort de l'attaque. Aussi ordonna-t-il encore pendant le combat l'envoi de renforts de son aile droite (II-me divis. Choumadia) à son aile gauche (I-re divis. Choumadia). Le commandant de la II-me division, colonel L. Ivanovitch, dépêcha en partie de son propre mouvement, d'abord deux compagnies du bataillon de la Lépénitza (brigade de Kragouiévatz), puis vers le soir le reste du bataillon, les dirigeant directement sur Markovo Kalé, qui était le point le plus important sur le front du corps de la Choumadia. Dans le même but on envoya le soir à Markovo Kalé quatre pièces de campagne et un peu plus tard six autres appartenant toutes au 2-me régiment d'artillerie (batt. VI et VII).

Le commandant de la division du Danube pour venir en aide aux troupes de la Choumadia entreprit sur l'ordre du commandant du corps de la Morava une démonstration contre Vinik.

A 8 heures du matin au moment où le combat devenait de plus en plus vif à Goritza et à Voutchii Del, les batteries IV et V ouvrirent le feu du Téméni Verh et de Brézitza. Vers 11 heures ces batteries augmentèrent la rapidité de leur tir et à midi l'infanterie commença son mouvement en avant. Le bataillon de Zvijd se dirigeait de Dolnia Bréjina vers le fort Midhat pacha. A sa droite et suivant la même direction marchait le bataillon de Rham, parti de Gornii Matievtzi, où il avait laissé deux compagnies en réserve. De Dolnii Matievtzi le bataillon de Goloubatz se dirigeait contre les forts Nizam et Midhat pacha. Le bataillon de la Mlava descendait de la colline de Tchagar, vers le même objectif. Enfin le bataillon de l'Omolié venant de Brénitza et de la colline Popadika marchait contre Nizam-Tabia.

Les Turcs ne tardèrent pas à ouvrir de leurs retranchements un feu violent d'artillerie et d'infanterie sur les assaillants. Deux canons de Nizam-Tabia battaient Brénitza et l'aile gauche de la brigade d'Yagodina. Une pièce placée dans la redoute centrale de Vinik tirait sur le bataillon de Rham. Enfin trois ou quatre pièces du fort Midhat canonnaient le bataillon de Zvijd que la citadelle prenait également sous son feu.

Malgré cette canonnade nos bataillons avancèrent hardiment jusqu' au pied de la colline et obligèrent les Turcs à se retirer dans leurs redoutes. Le bataillon de Zvijd bien qu' exposé à un feu croisé poursuivit son attaque jusque sous le fort et pénétra même dans les premiers fossés. Les deux compagnies du bataillon de Rham en firent autant. Mais on ne disposait pas de troupes fraîches pour continuer l'attaque dans l'intervalle des forts Midhat et Nizam et les Turcs voyant le danger, se hâtèrent de diriger sur ce point leur réserve (de l'infanterie et quelques cavaliers) réunie dans le grand ouvrage central. Ces troupes contraignirent les nôtres à se retirer. Dans ce mouvement elles durent abandonner sous le fort même le chef de compagnie Sréten Maximovitch et un soldat, tous deux grièvement blessés. Un instant après les cavaliers turcs massacraient impitoyablement ces malheureux. Les bataillons regagnèrent leurs positions. Ils avaient perdu:

	morts	*blessés*	*disparus*
le bataillon de Zvijd	3	33	—
„ de Rham	6	14	—
„ de Goloubatz	1	24	1
„ de la Mlava	—	2	—
„ de l'Omolié	—	10	—
Brigade du Branitchévo	10	83	1

Au nombre des blessés se trouvaient: le sous-lieutenant Théodore Diouritch, commandant du bataillon de Zvijd et Militch Kouzmanovitch, chef du bataillon de Goloubatz.

Son Altesse le Prince s'étant rendue le même jour à Mramor pour suivre en personne le combat, donna l'ordre de faire une démonstration contre Boubagne pour faciliter autant que possible le déploiement de la I-re division de la Choumadia. Cette fausse attaque fut exécutée par le bataillon de la Réçava et un peloton de cavalerie. Trois hommes furent blessés.

Le commandant du corps de la Morava avait aussi donné l'ordre à la division de la Morava de faire une démonstration contre Vinik en même temps que la division du Danube. Les batteries du Licinatz ouvrirent leur feu et des détachements des brigades d'Yagodina et d'Alexinatz avancèrent contre Vinik. Ceux d'Yagodina eurent 11 hommes hors de combat, dont 2 morts, ceux d'Alexinatz n'eurent que 3 blessés. La IV-me batterie tira de Popovatz sur Nisch.

Dans la journée des emplacements furent choisis pour des batteries de position à Popovatz et près de Boubagne.

Ce jour-là nos troupes abandonnaient Kourchoumlia devant un ennemi supérieur en forces. Les progrès d'Hafiz pacha dans la direction de Nisch provoquèrent, comme on va le voir, certains changements dans la disposition des troupes.

27 décembre (8 janvier). Sur la demande du commandant de la 1-re division de la Choumadia et pour frayer la voie à l'attaque de notre infanterie placée à Markovo Kalé, le général, commandant du corps de la Choumadia, avait dirigé sur cette position toute l'artillerie disponible de manière qu'elle pût entrer en action dès le lendemain matin. Pour parvenir à l'endroit assigné cette artillerie dut passer de nuit la rivière de Gabrovatz et gravir la pente de la

montagne, escarpée et couverte de glace. Cette manoeuvre fut exécutée au prix de grands efforts et avec beaucoup d'intelligence. Le major Milovan Pavlovitch, commandant du I-er régiment d'artillerie de la Choumadia, réussit dans cette nuit du 26 au 27 décembre (7 au 8 janvier) à construire les ouvrages qu'il fallait pour placer 26 bouches à feu. Au point du jour ces pièces se trouvaient toutes en position prêtes à ouvrir le feu contre les retranchements de Goritza. La grande batterie de Markovo Kalé se composait de 6 pièces cédées par les batteries VI, VII et VIII du II-me régiment, à raison de 2 par batterie; de 4 pièces de la VIII-me batterie; de 2 canons de la batterie légère de Kragouiévatz et enfin des batteries I, III et VI du I-er régiment. C'était la première fois qu' une masse aussi considérable d'artillerie se trouvait réunie sous un même commandement et prête à agir concentriquement contre un but éloigné de 1500 mètres.

De grand matin l'infanterie turque engagea le combat et l'artillerie ne tarda pas à la soutenir. La nôtre ne répondit pas immédiatement, mais elle reçut bientôt l'ordre de le faire. Quoique l'on n'eût prévu pour la journée qu'un engagement d'artillerie, — le feu de la nôtre devant avoir pour but de préparer le mieux possible l'attaque du lendemain, — le combat d'infanterie avait déjà pris à midi de grandes proportions. L'ennemi se sentant une certaine supériorité à son aile droite entreprit une attaque contre la gauche de la brigade de Smédérévo. Aussitôt le commandant de la division envoya de Malochté deux compagnies du I-er bataillon du Danube et dirigea vers la gauche deux compagnies du bataillon de l'Yacénitza pour soutenir cette partie de la ligne si le besoin s'en faisait sentir. Mais l'ennemi ne fit qu'une simple démonstration et n'osa pas accentuer son attaque. Notre infanterie se rapprocha de la redoute centrale de Goritza et se couvrit en creusant un fossé. L'artillerie fut aussi plus avantageusement disposée et s'abrita mieux.

Ce jour-là prirent part au combat : trois bataillons et demi de la brigade de Smédérévo (II-me du Danube, Yacénitza, Oraschié et deux compagnies du 1-er bat. du Danube) et deux bataillons de la brigade de Belgrade (Grodzka et Koloubara). Sur la ligne de Goritza à Boubagne les Turcs avaient onze pièces Krupp et environ quatre bataillons d'infanterie.

Le sous-lieutenant d'artillerie Milan Marinkovitch, adjudant du I-er régiment d'artillerie fut blessé de deux balles à Markovo Kalé.

Malgré le tir rapproché et convergent de notre artillerie, les Turcs tenaient bon dans leurs retranchements et répondaient régulièrement à notre feu. C'était la preuve qu'ils n'étaient pas encore ébranlés et que le terrain n'était pas suffisamment préparé pour l'assaut. Le bombardement devait donc continuer le lendemain. Pour mieux assurer l'attaque des retranchements de Goritza, le général Béli-Marcovitch donna sur le champ de bataille l'ordre au commandant de la II-me division d'envoyer encore trois et demi de ses bataillons au commandant de la I-re division.

La brigade du Roudnik s'était déjà emparée de la plus haute sommité de la colline de Gabrovatz (Vélika Kamara), et la batterie de montagne du Roudnik y prit position dans la nuit du 26 au 27, à 500 mètres de l'ennemi.

Pendant que l'on se battait à Markovo Kalé et à Goritza, le commandant de la II-me division de la Choumadia, colonel L. Ivanovitch, ordonna à toute son artillerie de diriger son feu contre la Mala Kamara (Diuvik) et en avant de cette position. Peu à peu la fusillade s'engagea aussi; mais l'ennemi se maintint dans ses fossés de tirailleurs. Les nôtres parvinrent à gagner la hauteur de Délisko Branichté, y creusèrent des fossés pendant la nuit et élevèrent des abris pour une batterie. Vers le soir deux bataillons et demi de la brigade de Kragouiévatz furent dirigés avec l'état-major de la brigade sur Markovo Kalé pour concourir à l'attaque de Goritza, arrêtée pour le jour suivant. Cette troupe parvint à son poste le lendemain matin à 4 heures, en traversant les pentes escarpées et glissantes de la vallée de Gabrovatz.

Le commandant du corps de la Morava avait ordonné une nouvelle démonstration de la division de la Morava contre Vinik. Elle fut exécutée avec le concours de l'artillerie par des bataillons d'Yagodina et d'Alexinatz. Les premiers eurent 1 mort et 11 blessés, les seconds 1 mort et 1 blessé. La batterie installée à Popovatz tira sur la citadelle et sur la ville de Nisch. De ce côté les Turcs ne répondirent que par quelques coups de canon.

Le feu de notre artillerie concentré de tous les côtés contre Nisch, l'investissement complet de cette place et les attaques énergiques de nos troupes, déterminèrent le commandant de cette forteresse à envoyer un parlementaire au commandant du corps de la Morava pour lui faire savoir que, puisqu'on ne l'autorisait pas à expédier une dépêche à la S. Porte, il consentait à entrer en pourparlers sur l'offre précédemment faite de capitulation et proposait dans ce but une trêve de soixante-douze heures ou au moins de vingt-quatre.

Le colonel Leschianine lui répondit catégoriquement par le même parlementaire qu'il repoussait cette proposition et que le bombardement de la citadelle et de la ville continuerait.

Cette réponse ne manqua pas son effet. Immédiatement après le départ du parlementaire, il en vint deux autres apportant la déclaration suivante de la part des pachas militaire et civil :

„Comme la fortune des armes nous a abandonnés, nous consentons à déposer les armes et à mettre fin aux hostilités à la condition que l'honneur et la propriété des musulmans et des non-musulmans seront protégés; que non seulement ceux des habitants qui voudraient quitter la ville pourront le faire librement, mais qu'on le leur facilitera; enfin qu'il soit permis aux fonctionnaires civils de s'en aller où ils voudront.

Le commandant de l'armée de Nisch
(s.) **Hallil.**

Le moutessarif de Nisch
(s.) **Rechid.**

Les parlementaires qui remirent cette déclaration au commandant du corps de la Morava étaient Tahir aga, yuzbachi, et Moustapha effendi. Si les conditions étaient acceptées le combat devait cesser immédiatement.

A la suite de cette démarche et sur l'autorisation du commandant en chef, le commandant du corps de la Morava rédigea une convention aux termes de laquelle les troupes turques avaient à se rendre avec tout le matériel de guerre et tout ce qui appartenait à l'Etat. Cette convention fut portée au commandant de la forteresse par les parlementaires serbes et turcs, qui eurent à ajouter que si le lendemain matin au point du jour la capitulation n'était pas signée, le bombardement de la ville et de la citadelle recommencerait. La convention fut envoyée à 2 heures, dans la nuit du 27 au 28 décembre (8 au 9 janvier). Elle a été publiée à la page 34.

Comme Kourchoumlia avait été abandonnée et qu'on présumait qu' Hafiz pacha allait marcher sur Nisch, le commandant en chef ordonna :

que le commandant du corps du Timok laissât à Tern, Pirot et Ak-Palanka les garnisons indispensables et marchât rapidement sur Nisch avec les troupes disponibles pour y relever celles du corps de la Choumadia ;

que le commandant du corps de la Choumadia acheminât ses troupes sur Procouplié à mesure qu'elles seraient relevées par celles du corps du Timok ;

que les commandants des corps de la Choumadia et du Timok dirigeassent immédiatement sur Procouplié le plus de renforts possible.

L'intention était de marcher à la rencontre d'Hafiz pacha avec des forces supérieures aux siennes et d'autre part de prendre Nisch de vive force ou de contraindre la place à capituler, car on remarquait que la défense faiblissait.

Le moment décisif approchait et il s'agissait d'en profiter.

En exécution de ces dispositions le commandant du corps de la Morava donna l'ordre au commandant de la brigade de Krouchévatz de se rendre (de Tchokot et Kotchane) le jour même à Procouplié avec deux de ses bataillons, un escadron et une compagnie de pionniers. Ces troupes arrivèrent à Procouplié à 3 heures de l'après-midi. A la nuit deux bataillons de la brigade d'Alexinatz (I-re classe) partirent de Mramor pour la même destination avec la VI-me batterie de campagne.

En comprenant ces derniers renforts, ils se trouvait concentrés entre Procouplié et Kourchoumlia (aux environs de Totchane) : 11 bataillons de I-re classe, 5 de 2-me classe, 2 escadrons, 2 batteries de montagne, 3 de campagne et 2 compagnies de pionniers. Il avait été ainsi paré de notre part à toute éventualité. Ces forces suffisaient en effet amplement pour arrêter la marche d'Hafiz pacha sur Nisch, mais ce général ne jugea pas opportun ou se vit dans l'impossibilité de l'entreprendre.

Pour remplacer les bataillons de Krouchévatz à Tchokot et à Kotchane, on y envoya un bataillon de la brigade de Tioupria (I-re classe) et un bataillon du Roudnik (2-me classe).

Telle était la situation de l'armée serbe sous Nisch au matin du

28 décembre 1877 (9 janvier 1878).

Ce jour a été pour l'armée serbe le dernier jour de lutte sanglante autour de Nisch, lutte dont le prix fût la conquête glorieuse de cette forteresse qui a fait tant de mal à la chrétienté.

Les parlementaires qui avaient porté la convention aux pachas étaient chargés de leur dire qu'en signe d'adhésion le drapeau blanc devait être arboré le matin sur les remparts et sur la ville, et les troupes rangées sans armes en dehors des fortifications.

Mais les pachas s'étaient ravisés et ils envoyèrent une convention modifiée d'après laquelle la garnison devait conserver ses armes sans munitions.

Les Turcs ne cherchant par là qu' à gagner du temps, il fut décidé que le corps de la Choumadia ferait une nouvelle attaque, décisive, tandis que les batteries du corps de la Morava bombarderaient la ville.

Comme la I-re division de la Choumadia avait envoyé trois bataillons (Koloubara, Grodzka et II-me du Danube) à Procouplié et que les bataillons de la I-re division qui devaient les remplacer n'étaient pas encore arrivés, l'attaque ne put avoir lieu le matin. Du reste on s'attendait à la capitulation de la place.

Les Turcs se maintenaient dans leurs principales fortifications de Goritza ainsi que dans la lunette et les fossés de tirailleurs de la Mala Kamara (Gabrovatz) au-dessus de Tiélé-Koulé. A Markovo Kalé même se trouvaient trois bataillons de la brigade de Kragouiévatz et un demi-bataillon de celle de Smédérévo ; un peu à gauche deux bataillons de la brigade de Smédérévo et un de celle de Belgrade. Sur les hauteurs de Gabrovatz étaient trois bataillons du Roudnik et trois de la brigade de Pojarévatz. Deux autres bataillons étaient en marche. Une partie de ceux de Belgrade était encore à Vlastotintzi.

Voyant que les Turcs ne faisaient pas encore mine de se rendre, le général Béli-Marcovitch ordonna à ses deux divisions de commencer à 3 heures après-midi le feu de l'artillerie et d'exécuter à 5 heures l'attaque générale au moyen de l'infanterie.

Le commandant de la I-re division plaça en réserve à Markovo Kalé le I-er bataillon de la Grouja et en arrière de son aile gauche deux compagnies du I-er bataillon du Danube. La droite devait fournir l'attaque principale, tandis que la gauche ne devait guère agir que démonstrativement, en épiant pourtant les moments favorables pour attaquer.

A 3 heures notre artillerie ouvrit son feu contre les ouvrages de Goritza. La canonnade d'abord lente devint de plus en plus rapide. L'infanterie et l'artillerie ennemie ripostaient, entreprenant de petites attaques tantôt à gauche, tantôt à droite. En même temps l'artillerie de la II-me division prenait pour but de ses coups la Mala Kamara et les retranchements situés au-dessus de l'hôpital.

„Sur les deux points le feu de l'artillerie et de l'infanterie était de plus en plus violent. Le tir contre Goritza était si bien dirigé et si efficace que par moments la garnison était réduite au silence et obligée d'attendre pour tirer les intervalles qui se produisaient dans notre feu. Nos bataillons se rapprochaient peu à peu des tranchées turques. A mesure qu' ils avançaient le tir de l'infanterie turque devenait plus rapide, de sorte qu' à la tombée de la nuit une ligne de feu presque non-interrompue se dessinait à l'horizon". C'est ainsi que le commandant du corps de la Choumadia décrit ce moment de la bataille.

Pendant ce temps le corps de la Morava entretenait un feu violent contre Vinik, la citadelle et la ville. Dans ce but on avait groupé à Popovatz:

7 pièces de 12 ℔ rayées,
1 „ Krupp de 4 ℔ se chargeant par la culasse,
2 „ système suisse de 4 ℔ se chargeant par la culasse,
12 „ de 4 ℔ de campagne (batt. I et IV).

Une partie de ces pièces avait déjà fonctionné le 26, mais la batterie ne fut complète que le 28. Placée sous le commandement du major K. Milovanovitch, elle dirigeait son feu contre la citadelle et contre la ville principalement en vue de l'effet moral. De temps en temps elle tirait sur les retranchements turcs de Goritza afin de détourner le feu que les batteries ennemies de Boubagne dirigeaient contre celles du corps de la Morava et de faciliter l'approche des troupes de la Choumadia. Le bombardement se prolongea ainsi jusqu' à la nuit. Les Turcs y répondaient assez régulièrement tant de la citadelle que de Goritza.

Cette canonnade dirigée de toutes parts contre Nisch et ses fortifications produisit un grand effet sur la population, laquelle à son tour exerça une forte pression sur le commandant dans le sens de la capitulation. Les bataillons turcs eux-mêmes se démoralisaient. On le remarquait à la confusion qui s'introduisait dans la défense, celle-ci faiblissant de plus en plus.

L'heure de la reddition était proche.

Pour accélérer les pourparlers au sujet de la capitulation et éviter une plus grande effusion de sang des deux côtés, le colonel Leschianine envoya à 3 heures de l'après-midi à Hallil pacha, avec les parlementaires turcs, son chef d'état-major, le major J. Pétrovitch, en l'autorisant à faire, si c'était nécessaire, certaines concessions au sujet de la reddition des fusils et à signer provisoirement la convention si le pacha y adhérait.

Pendant ce temps le combat était engagé à Gabrovatz et à Goritza, où l'on se battait chaudement.

Vers 5 heures du soir le commandant de la I-re division de la Choumadia ordonna à son infanterie de Markovo Kalé de s'avancer contre la redoute centrale de Goritza. Mais l'ennemi dirigeait sur les nôtres un feu meurtrier qui ralentissait les progrès de la colonne d'attaque.

Alors trente volontaires pour la plupart soldats de l'armée permanente, choisis dans les bataillons de Kragouiévatz et conduits par le sergent-major Jivoïne Voukosavliévitch, prirent la tête pour entraîner les autres par leur exemple.

Pendant ce temps les troupes du Roudnik et de Pojarévatz combattaient à Gabrovatz avec acharnement. L'attaque des positions turques du Diuvik (Mala Kamara) une fois préparée par l'artillerie, les bataillons s'étaient portés en avant, ceux du Roudnik à droite et au centre, ceux de Pojarévatz à gauche.

Le bruit de la canonnade et de la fusillade déchirait l'air. On aurait dit d'un roulement continuel du tonnerre au milieu duquel se distinguaient les pièces Krupp de 24 ℔. Leur détonation, leur longue portée et la précision de leur tir imposaient à nos troupes.

A 5½ heures le combat était dans toute sa violence et le colonel Boutchovitch donna le signal de l'assaut. La musique de la brigade de Kragouiévatz accompagnait la troupe. L'artillerie redoubla quelques instants son feu contre les tranchées... Mais l'assaut n'eut pas au premier moment la vigueur nécessaire pour produire le résultat voulu. On dût le renouveler plusieurs fois.

A ce moment décisif le capitaine P. Radivoiévitch arrivait à Markovo Kalé avec le II-me bataillon de la Grouja. Le colonel Boutchovitch le dirigea immédiatement au centre de la ligne de bataille.

Le bruit des clairons sonnant la charge et les hourrahs des soldats remplissaient l'air.

„Il faisait déjà nuit, dit le colonel Boutchovitch dans sa relation, lorsque je fis renouveler l'assaut au moyen des signaux de trompettes et de la musique. La ligne de bataille renforcée du bataillon de la Grouja se précipita sur les tranchées turques et s'en empara à la baïonnette".

Ceux des Turcs qui avaient survécu à ce sanglant assaut s'enfuirent dans les autres retranchements situés en arrière. Il était 6 heures du soir.

A peu près au même moment les bataillons du Roudnik emportaient les retranchements turcs de la Mala Kamara, affaire dans laquelle se distingua le bataillon du Katcher.

La prise de ces ouvrages décidait du sort de Nisch. „La chute de Goritza et de Gabrovatz à notre aile droite ouvrait la place à nos troupes. Il n'y avait plus de position pour la défense mais seulement des positions pour bombarder la ville". (Relation du corps).

Les deux commandants de division ordonnèrent immédiatement des reconnaissances pour savoir jusqu' où l'ennemi s'était retiré et firent placer de l'artillerie sur les positions conquises pour procéder dès le lendemain matin au bombardement de Nisch.

Cette nuit même on construisit à Goritza des abris pour 18 canons. Une batterie placée sur la Mala Kamara envoya encore dans Nisch quelques obus.

Dans la journée du 28 ont été blessés: le lieutenant d'artillerie Jivoïne Boschkovitch, d'un éclat d'obus, à Markovo Kalé; le sous-lieutenant d'artillerie Vladislav Karanovitch, d'une balle, à Voutchii Del (il mourut trois jours après); le sous-lieutenant Simon Radoçavliévitch, d'une balle, à Délisko Branichté.

Les batteries serbes de Goritza, de la Mala Kamara et de Tchagar étaient éloignées de la ville et de la citadelle de 1500—2000 mètres; les batteries de Houm, Brénitza et Popine-Grob étaient distantes de Vinik de 2500—3500 mètres; celles du Licinatz et de Popovatz étaient à 4000—5000 mètres. Goritza — qui domine entièrement Nisch — était aux mains de nos troupes. Nisch à la merci de notre artillerie et de notre infanterie n'avait plus qu' à se rendre.

Les Turcs le comprenaient bien mais ils n'avaient pas encore perdu toute espérance. Ils persistaient à demander que leur infanterie conservât ses fusils sans munitions, ce à quoi le major Pétrovitch ne pouvait souscrire d'autant moins qu'il se rendait compte de la portée du succès que les troupes de la Choumadia venaient de remporter. Laissant les choses dans cet état d'indécision, il revint à 2 heures de la nuit, avec les parlementaires turcs, auprès du commandant du corps de la Morava et lui fit son rapport sur le résultat de sa mission.

Mais après la prise de Goritza le moment des négociations était passé; l'armée serbe n'avait plus qu' à ordonner. Le colonel Leschianine le comprit et renvoya les parlementaires turcs à Nisch, les chargeant de dire au pacha que la convention du 27 décembre devait être signée sans aucune modification, sinon que l'attaque et le bombardement continueraient.

Le 29 décembre (10 janvier) a été un jour de gloire et de réjouissance.

Le commandant de la I-re division ordonna à 4 heures du matin une reconnaissance forcée qui signala la retraite de l'ennemi sur plusieurs points. Près d'une tranchée en face de la Mala Kamara un bataillon de Kragouiévatz qui flanquait l'aile droite échangea quelques coups de fusil avec les Turcs qui se replièrent. Vers 6 heures le II-me bataillon de la Lépénitza enveloppa un ouvrage turc à gauche de la grande redoute centrale. Trois compagnies qui l'occupaient mirent bas les armes. Les Turcs étaient en proie au découragement. D'une part la perte de leur plus importante position et d'autre part les pourparlers dont le bruit était déjà parvenu aux oreilles des soldats, disposaient tout le monde en faveur de la capitulation ou d'une retraite. Au milieu des hésitations et du désordre une batterie de cinq pièces Krupp de 6 ℔ se rendit avec 23 artilleurs, 50 chevaux et 2 avant-trains.

Le commandant du corps de la Morava avait ordonné qu' une partie de ses troupes et la division du Danube attaquassent vigoureusement Vinik et que la brigade de Tioupria avançât contre les ouvrages de Boubagne et s'en rendît maître de gré ou de force.

A 7 heures du matin les troupes se mettaient en marche en ordre de bataille, lorsque Moustapha effendi arriva de Nisch avec un drapeau blanc apportant au colonel Leschianine la convention du 27 décembre (8 janvier) signée par les pachas. Nisch se rendait au Prince de Serbie et à son armée.

Après vingt-cinq jours d'efforts immenses par le froid et par la neige, après tant de sang versé et tant de sueurs, l'oeuvre était couronnée d'un brillant succès : après 590 années d'esclavage sous les Turcs Nisch faisait retour aux Serbes.

La prise de Nisch restera toujours une page brillante dans les annales de l'armée serbe. Chefs et soldats, les uns par leurs sages dispositions et pour avoir bien conduit leurs troupes, les autres par leur résistance aux fatigues, leur solidité et leur bravoure, tous se sont montrés à la hauteur de leur tâche. L'artillerie et l'infanterie ont rivalisé de dévouement. Le nombre des officiers d'artillerie mis hors de combat prouve assez combien cette arme a dû s'exposer. Le personnel de santé avec ses ambulances a été souvent au milieu du feu. Les bataillons de la Choumadia par leur hardiesse et leur intrépidité, ceux de la Morava et du Danube par leur fermeté à toute épreuve, ont fait honneur à leur souverain et à leur pays. Dignes descendants des Obilitch et des Obrénovitch, ils ont vengé les héros qui succombèrent à Tchagar le 19 Mai 1809 et dont les têtes furent murées à Tiélé Koulé. La mort du voïvode Stéphan Singhélitch et de ses braves de la Réçava a été glorieusement vengée.

Des commissions spéciales furent désignées sur le champ pour reconnaître le matériel militaire de tout genre que les Turcs laissaient à Nisch. Les troupes turques furent désarmées dans la citadelle en présence du chef d'état-major du corps de la Morava. Les bataillons désarmés étaient escortés un à un par une compagnie d'infanterie et un peloton de cavalerie, et conduits à la caserne sous Goritza, où ils étaient installés dans les baraques.

La ville fut occupée par la brigade d'Yagodina et par deux compagnies de la brigade de Tioupria. A Goritza et à Gabrovatz étaient des troupes du corps de la Choumadia. La brigade du Branitchévo prit possession de Vinik à 11 heures avant midi. Boubagne et le fort Abdi pacha furent occupés chacun par un bataillon de la brigade de Tioupria.

Il ne se produisit ni désordre ni violences.

Le 31 décembre (12 janvier) les troupes du corps de la Choumadia firent leur entrée triomphale à Nisch. L'évêque de Nisch accompagné d'un grand nombre de citoyens vint à la rencontre des troupes.

Il se trouvait à Nisch lors de la capitulation :

6 bataillons (tabors) réguliers (rédifs et nizams) ;
2 batteries de campagne avec pièces Krupp ;
1 escadron de nizams ;
400 artilleurs et quelques détachements d'autres armes spéciales.

En outre il y avait un assez grand nombre de bachi-bozouks et d'yerlis (miliciens) qui prirent aussi part aux combats ; en tout plus de 5000 combattants. Une centaine de pièces avaient fonctionné parmi lesquelles 26 canons Krupp de divers calibres.

Au dernier jour les troupes serbes concentrées autour de Nisch étaient les suivantes :

division de la Morava	10	bataillons
„ du Danube	8	„
I-re division de la Choumadia	3	„
II-me division de la Choumadia	9	„
Total	30	bataillons

C'étaient environ 15.000 hommes, avec 6 escadrons de cavalerie et 102 bouches à feu (la plupart pièces de campagne de 4 ℔). De ces pièces trois étaient à chargement par la culasse (1 Krupp et 2 suisses). Un canon de 24 ℔ n'a pas fonctionné mais il était en position le 29 prêt à bombarder Nisch si cette forteresse ne s'était pas rendue.

Aux termes de la convention les troupes turques désarmées quittèrent Nisch sous escorte.

Le 31 décembre (12 janvier) trois bataillons (1085 soldats et 75 officiers) sous l'escorte d'un escadron et de deux compagnies d'infanterie, furent dirigés sur Radomir par la route de Pirot.

Le 1 (13) janvier trois autres bataillons (2257 hommes parmi lesquels 84 officiers) furent expédiés sous l'escorte de deux compagnies d'infanterie.

Le 2 (14) janvier on renvoya le reste des soldats turcs avec les pachas; la moitié fut dirigée sur Vrania, l'autre moitié sur Kourchoumlia.

Les pachas Hallil-Zia, commandant militaire et Mehmed-Réchid, moutessarif (préfet) de Nisch partirent pour Vrania avec leur escorte.

Un grand nombre des Turcs mis ainsi en liberté prirent part aux combats subséquents, notamment à Vrania et à Kourchoumlia.

La reddition de Nisch fit tomber aux mains de nos troupes:

1°.	pièces de divers systèmes et calibres	267	
2°.	fusils de divers systèmes et calibres	13.047	
3°.	revolvers et pistolets	780	
4°.	yatagans	117	
5°.	trompettes et tambours	137	
6°.	havre-sacs	3147	
7°.	cartouchières (gibernes)	2150	
8°.	poudre de la meilleure qualité	150.000	ocques
9°.	plomb	3500	„
10°.	cartouches diverses	7,799.135	
11°.	divers obus	20.232	
12°.	boîtes à mitraille	2089	
13°.	shrapnels	1054	
14°.	cartouches pour canons	8555	
15°.	fusées de projectiles	6060	
16°.	étoupilles	18.040	
17°.	capsules	1,851.500	

etc., etc.

en outre beaucoup de vivres ; enfin un hôpital avec tout son matériel et des médicaments pour une valeur approximative de 16.000 florins. L'hôpital renfermait 384 blessés et malades turcs qui furent immédiatement soignés par nos médecins.

Du 7 au 10 janvier on évacua suivant leur désir ceux qui pouvaient supporter le transport. Trente-six restèrent à la charge de notre personnel sanitaire.

Les pertes de l'armée serbe sous Nisch ont été les suivantes :

		DIVISION	CORPS	Morts			Blessés			TOTAUX
				OFFICIERS	CHEFS DE MILICE	SOLDATS	OFFICIERS	CHEFS DE MILICE	SOLDATS	
1	Brigade de Belgrade. . . .	I-re Choumadia	Choumadia			16			113	129
2	„ „ Smédérevo. . .					33	1	6	138	178
3	I-er Régt. d'artillerie . . .					2	1		7	10
4	Brigade du Roudnik . . .	II-me Choumadia				22	1	3	185	211
5	„ de Kragouiévatz					11		1	140	152
6	II-me Régt. d'artillerie . .			2		4	2	1	10	19
7	Génie									
8	Brigade de Krouchévatz	Ibar				1			2	3
9	Brigade d'Alexinatz. . . .	Morava	Timok						4	4
10	„ d'Yagodina. . . .				2	2		1	22	27
11	„ de Tioupria . . .								2	2
12	„ du Branitchévo.	Danube			1	10	1	5	86	103
13	„ de Pojarévatz . .				1	13	1	2	52	69
14	Cavalerie								4	4
	Totaux . .			2	4	114	7	19	765	911

A ces chiffres il faudrait ajouter un assez grand nombre de soldats qui ont eu des membres gelés en passant les nuits sur la neige exposés à un froid exceptionnellement rigoureux, ou dans des tranchées pleines d'eau et de glace.

Le grand nombre des soldats morts ou blessés durant ce siége montre combien la prise de Nisch a été difficile et il faut tenir compte de ces pertes dans l'appréciation de ce fait militaire.

Paix à la cendre de ces braves et que leur souvenir vive au milieu de nous ! Honneur aux vivants qui ont pris part à cette lutte héroïque !

De leur sang est née la liberté de Nisch et de ses habitants opprimés. Les noms de ces braves seront répétés avec fierté par le peuple serbe et les générations futures.

Son Altesse le Prince de Serbie a fait le 3 (15) janvier 1878 son entrée dans la ville de Nisch où l'armée victorieuse l'a accueilli avec enthousiasme. Ce jour-là le quartier général de l'armée serbe fut transféré d'Alexinatz à Nisch.

VI

COMBATS SUR LE YAVOR, LA RACHKA, LE TIMOK ET LA DRINA.

1. NOUVELLES DU THÉATRE DE LA GUERRE.

Ivagnitza, le 3 (15) décembre 1877.

Nos troupes se sont emparées de hauteurs situées en avant de Rachka, sur le territoire turc, ainsi que de Yankov Verh et d'Ogoriévatz en face du Yavor. Les Turcs se sont repliés devant nos bataillons jusqu' à Novi Bazar sans défendre leurs fortifications de Golitzé.

La population de plusieurs villages de la Vieille Serbie s'est soulevée et se réunit à nos troupes. Ce matin les insurgés se sont emparés de la hauteur de Gradina, sur la rive gauche de l'Ibar, vis-à-vis de Yarigné. Toute la région de Yarigné à Borié est entre nos mains. Nos troupes se fortifient sur les positions occupées. L'esprit de l'armée est excellent.

Alexinatz, le 11 (23) décembre 1877.

Un détachement de nos troupes a occupé hier Adlié (Koula).

Alexinatz, le 11 (23) décembre 1877.

De tous les côtés et sur toutes nos positions la situation est bonne.

Le corps du Yavor a envoyé le 7 courant des patrouilles et effectué des reconnaissances dans la direction de Kladnitza. Ces troupes ont rencontré à Kladnitza un détachement ennemi, mais les Turcs n'ont pas résisté longtemps à notre attaque et ont abandonné la position que les nôtres ont immédiatement occupée.

Alexinatz, le 17 (29) décembre 1877.

De nombreuses députations arrivent de divers points des contrées occupées par nos troupes. Les habitants des villes et des villages viennent assurer le Prince de leur dévouement et mettre à sa disposition leurs biens et leur vie; ils demandent des armes pour coopérer eux-mêmes à l'œuvre de leur affranchissement.

---

2. RELATION.

Nous allons compléter les relations précédentes en racontant les engagements que nos troupes ont eus avec les Turcs sur ces différents points.

1. Corps du Yavor. Le 7 (19) décembre deux compagnies d'infanterie ont été dirigées en reconnaissance vers le village arnaute de Kladnitza. L'aile droite a passé par la position turque de Kalipolié, le centre a descendu l'Ogoriévatz, l'aile gauche a pris sa route par la montagne du Leskovatz. Le détachement du centre a rencontré l'ennemi au village de Kladnitza. Après une fusillade d'une heure l'ennemi qui avait défendu chaque maison, fut délogé du village et se retira sur une hauteur située en contre-bas. Là il fut pris en flanc par le détachement qui avait franchi le Leskovatz et se mit à fuir, laissant six morts sur le terrain et emportant avec lui beaucoup de blessés. Nous n'avons eu que six blessés. Le butin consiste en six fusils, quelques munitions, des yatagans, divers objets d'équipement et beaucoup de vivres.

2. Troupes de la Rachka. Du 3 (15) au 7 (19) décembre nos troupes ont enlevé aux Turcs les positions de Kouti—Golitza—Zmiiniak et, de cette date au 25 décembre (6 janvier), les positions Sokolovitza—Glavotch, sur la rive gauche de la Déjéva. Dans leurs divers engagements avec les Turcs, les 8 (20), 12 (24), 13 (25) et 25 décembre (6 janvier), nos troupes ont eu trente soldats hors de combat.

La lutte a été particulièrement vive le 13 (25) décembre, Hafiz pacha ayant attaqué notre position de Paressié avec quatre bataillons et deux pièces de montagne. Il fut repoussé le soir par le bataillon de Ternava et d'autres détachements. En même temps le bataillon de Karanovatz attaquait les Turcs dans leur position de Tzokovitch (rive droite de la Rachka) pour attirer leur attention sur ce point. Il réussit à s'emparer d'une tranchée. Ce jour-là nous eûmes 8 soldats tués et 10 blessés. Les Turcs partout où ils ont pénétré, ont incendié les maisons des chrétiens et leurs récoltes.

La rencontre la plus sanglante a eu lieu le 1 (13) janvier. Trois demi-bataillons qui avaient pris position sur la colline de Sokolovitza, devant Novi Bazar, furent attaqués par une colonne turque forte de 2500 fantassins, 150 cavaliers et trois pièces de montagne. Notre infanterie se défendit bravement dans ses fossés de tirailleurs, tandis que l'artillerie tirait sur les colonnes ennemies. Mais, débordés sur leurs deux ailes par des forces supérieures, les nôtres durent céder le terrain. Ils s'arrêtèrent dans leur retraite à Golitza, où ils prirent position et où les Turcs n'osèrent pas les attaquer. Nous eûmes ce jour-là une centaine d'hommes hors de combat. Les Turcs qui assaillaient nos retranchements eurent des pertes au moins doubles des nôtres. A cette occasion ils mutilèrent horriblement selon leur habitude nos morts et nos blessés. En outre ils brûlèrent les villages serbes qui se trouvent dans ces parages.

Le 3 (15) janvier les insurgés eurent un engagement sanglant à Orlitch, mais ils se maintinrent dans la plupart de leurs positions. Celle de Knéjévo Berdo toutefois dût être abandonnée et ils se replièrent sur Granitchane avec une perte d'une centaine d'hommes, tant tués que blessés et prisonniers. Les insurgés reprirent cette position le 4 (16) janvier.

3. Division de Zaïtchar. Ces troupes eurent le 27 décembre (8 janvier) un engagement au village de Kaloudier, sur le Véliko Plandichté, en prenant position devant Belgradjik. L'ennemi avait reconnu l'importance de cette position qui dominait ses retranchements de Stolovi et fit des efforts désespérés pour la reprendre. Mais le bataillon de la Kraïna (2-me classe) repoussa tous les assauts des Turcs et les mit en fuite.

Nos troupes restèrent sur la position conquise. Elles avaient eu 8 hommes hors de combat (1 tué, 5 blessés et 2 disparus). Les Turcs emportèrent avec eux un grand nombre de morts et de blessés.

4. Corps de la Drina. Le 14 (26) janvier à 8 heures du matin les Turcs déployés en tirailleurs attaquèrent notre position retranchée de Batinské Gnivé près de Mali Zvornik. La fusillade dura jusqu' à midi. Le feu de nos retranchements arrêta l'ennemi, lequel, pris à revers par deux compagnies descendant le long de la Rakovitza, fut mis en déroute et perdit beaucoup de monde. Nous n'eûmes aucune perte. De notre côté quatre compagnies avaient été engagées, soit une de chacun des bataillons de la Radiévina, d'Azboukovitza (2-me classe), de la Drina et de la Koloubara (2-me classe).

Il n'y a eu de ce côté aucune autre rencontre sérieuse, bien qu' à plusieurs reprises des préparatifs d'attaque aient été faits, surtout du côté des Turcs.

VII

COMBATS AUTOUR DE KOURCHOUMLIA.

du 22 au 31 décembre 1877 (3 au 12 janvier 1878).

1. NOUVELLES DU THÉATRE DE LA GUERRE.

Alexinatz, le 29 décembre 1877 (10 janvier 1878).

Nos troupes ont abandonné Kourchoumlia devant un ennemi supérieur en forces.

---

2. RELATION.

Après la prise de Kourchoumlia (12 (24) décembre) la marche de nos troupes dans la direction de Prichtina fut suspendue jusqu' à ce qu'on en eût fini avec Nisch. Nous ne devions pas affaiblir notre front de l'ouest en lui donnant trop d'étendue. Aussi se borna-t-on à des reconnaissances dans les environs de Kourchoumlia.

Mais tandis que se livraient les combats qui allaient décider du sort de cette place, Hafiz pacha, commandant de Novi Bazar et de Nova Varosch, se porta en hâte sur Kourchoumlia avec toutes les troupes qu'il avait pu rassembler, dans le but de marcher de là sur Nisch et de dégager cette ville.

Aussi, pendant que le corps de la Choumadia combattait autour de Nisch avec les divisions de la Morava et du Danube, et tandis qu'une partie du corps du Timok était dirigée sur Radomir pour prendre les Turcs à revers par Scoplié et Prichtina, la division de l'Ibar avait à soutenir de meurtriers combats contre les troupes d'Hafiz pacha.

Les engagements qui eurent lieu sont les suivants :

Le 22 décembre (3 janvier) nos détachements rencontrèrent un parti d'Arnautes et de nizams sur la montagne située entre les rivières de la Bania et de la Koçaonitza. Le combat engagé à 8 heures du matin se prolongea jusqu' à trois heures de l'après-midi et se termina par la retraite des Turcs dans leurs positions de Dabinovatz, Précoradia et Podouiévo.

De notre côté avaient pris part au combat les bataillons de I-re classe de Stoudénitza, Ternava et Karanovatz. Ils eurent 7 morts, 10 blessés et 3 disparus.

Afin de se rendre compte des forces dont Hafiz pacha disposait dans ses positions et de la direction qu'il avait l'intention de prendre (le bruit courait qu'il marchait au secours de Nisch avec 6000 hommes), le colonel Leschianine ordonna au commandant de la division de l'Ibar d'exécuter une reconnaissance forcée sur la route de Prichtina. Cette reconnaissance donna lieu aux combats suivants :

25 décembre (6 janvier). La brigade désignée pour cette opération fut celle de Tchatchak (I-re classe), avec trois pièces de montagne. Elle devait s'avancer par la route de Prichtina, son aile droite (bataillon du Dragatchévo) suivant la vallée de la Bania et son aile gauche (bataillon de Karanovatz) celle de la Koçaonitza. Le centre formé par les bataillons de Stoudénitza et de Ternava (celui-ci en réserve) prit par la montagne du Samokov.

Les colonnes partirent de Kourchoumlia à 11 heures avant midi et deux heures après elles rencontraient l'ennemi. Le combat s'engagea d'abord avec les patrouilles turques, puis, l'ennemi déployant peu à peu ses forces, la fusillade devint générale. Elle dura deux heures et pendant ce temps nos pièces firent aussi quelques décharges. Notre infanterie logée dans des fossés de tirailleurs repoussa plusieurs fois les attaques des Turcs. Le brave bataillon de Stoudénitza se distingua dans cette affaire. Mais quand de nouvelles colonnes ennemies commencèrent à se montrer, notre infanterie dut se replier et abandonner les tranchées que les Turcs occupèrent. L'ennemi ne fit pas de poursuite.

Nos pertes n'étaient pas insignifiantes. Parmi les morts se trouvait le lieutenant Simon Pétrovitch, commandant du bataillon de Stoudénitza lequel s'était fait remarquer par son intrépidité dans la précédente guerre. Son corps fut retrouvé plus tard sans tête et dépouillé de ses vêtements. Son identité a été établie par le témoignage des soldats qui s'étaient trouvés près de lui pendant le combat.

Les pertes de l'ennemi nous sont inconnues mais elles ont dû dépasser les nôtres, parce qu'il assaillait nos tranchées à découvert et fut plusieurs fois repoussé. Il avait amené au combat environ quatre bataillons d'infanterie régulière et un grand nombre d'Arnautes. Toutefois ces derniers seulement et un bataillon de nizams prirent part à l'affaire. Les trois autres bataillons restèrent en réserve.

Combat du 26 décembre (7 janvier) près de Kourchoumlia. Après s'être retirées du Samokov, nos troupes se groupèrent autour de Kourchoumlia sur la rive gauche de la Toplitza, en conservant seulement des avant-postes sur les montagnes du Samokov et du Batioglava. Toute la position de Madlika et Vrélo jusqu' au-dessous de Kourchoumlia était occupée par les quatre bataillons de la brigade de Tchatchak (I-re classe), quatre bataillons de Krouchévatz (II-me classe), quatre pièces de campagne et deux batteries de montagne. Les Turcs continuant leur mouvement sur Kourchoumlia, leurs colonnes rencontrèrent à 1 heure après midi sur le Samokov et le Batioglava nos avant-postes qui ne tardèrent pas à se replier. Une longue et épaisse chaîne de tirailleurs, formée par les Arnautes, précédait les colonnes serrées des troupes régulières.

Les Arnautes avançaient rapidement en poussant d'immenses clameurs. L'impression encore vivante du combat de la veille et la vue de ce grand nombre d'ennemis qui descendaient les montagnes de tous côtés, produisaient un fâcheux effet sur le moral de notre infanterie et amenèrent un désordre qui nous obligea bientôt à la retraite. En lâchant pied l'infanterie entraîna avec elle l'artillerie précisément au moment où son action aurait été le plus efficace contre les masses ennemies. En moins de deux heures la bataille était perdue et avec elle Kourchoumlia.

C'est la seule fois dans le cours de la campagne que notre infanterie ait perdu momentanément la présence d'esprit. Exemple frappant de ce qui manque à une armée dont l'éducation militaire n'a pas été longue et sévère! Il suffit d'un moment de faiblesse pour qu'une troupe de milices cède le terrain à l'ennemi et que les conséquences les plus graves se produisent. Ce n'est qu'une troupe régulière qui peut avoir une constante solidité.

Cependant quand on connait le caractère noble et généreux du soldat serbe aux prises avec un adversaire barbare et féroce, quand on sait à quel degré de préparation militaire en était l'armée serbe au commencement de la guerre (il ne faut pas oublier qu'elle est une milice nationale et non pas une troupe régulière), quand on sait aussi tenir compte des conditions différentes qui faisaient l'avantage de l'armée turque et de la supériorité de l'armement chez cette dernière, on s'expliquera facilement la défaillance des troupes serbes, unique du reste dans le cours de cette campagne.

Les Turcs ne mirent pas à profit leur succès momentané et ne poursuivirent pas. Ils avaient mis en ligne cinq à six bataillons de nizams, trois à quatre mille Arnautes, deux escadrons de cavalerie et deux pièces de montagne.

Les pertes de notre côté furent moindres que la veille. Elles se montaient pour les deux jours au total de 23 morts, 75 blessés et 10 disparus.

Au nombre de ces derniers était le sous-lieutenant Vladimir Machitch, commandant du bataillon de Tersténik de 2-me classe. Les officiers qui s'étaient trouvés à peu de distance de lui affirment qu'il fut entouré et pris vivant par les Arnautes. Lors de la reprise de Kourchoumlia la tête de Machitch fut trouvée parmi les autres fixée sur un pal. Tel était le sort des prisonniers qui tombaient aux mains des Turcs.

Pour jeter plus de jour sur ces combats et en permettre une appréciation plus exacte, nous extrayons ce qui suit du rapport qu' Hafiz pacha, commandant de la division de Novi-Bazar, a adressé au ministre de la guerre ottoman.

Le 15 (27) décembre, Hafiz pacha mande que les Serbes ont pris Procouplié et Kourchoumlia et qu'il a envoyé de Mitrovitza à la rencontre de l'ennemi une forte colonne d'infanterie avec plusieurs canons. „Ces troupes, dit le rapport, passeront la nuit dans la plaine de Bab-Moussa, devant la mosquée du

Sultan Mourad à Kossovo". Depuis lors Hafiz pacha n'avait cessé de concentrer ses troupes, de les organiser et de se fortifier dans la région qui sépare les bassins du Lab et de la Toplitza, aux environs de Prépolatz.

Kourchoumlia étant tombée au pouvoir de ses troupes, Hafiz pacha mande au séraskier :

„Après une bataille sanglante qui dure depuis deux jours, Kourchoumlia a été reprise ce soir par les troupes impériales. Je passerai la nuit dans la place. Les révoltés ont fait des pertes considérables, les nôtres insignifiantes. Demain je ferai connaître les détails de l'affaire".

Dans ce rapport détaillé Hafiz pacha raconte comment au début il a fait fortifier tous les points importants de la route qui mène à Kourchoumlia, et exécuté des reconnaissances offensives (22 décembre); puis qu'il a placé en avant-garde entre ses fortifications et Kourchoumlia plusieurs milliers de bachi-bozouks de Pétch (Ipek), de Diakova et de Prizren, etc.

„Kourchoumlia a été prise à 2½ heures après un combat opiniâtre et sanglant. Il est resté sur le champ de bataille des officiers serbes. Sept Serbes ont été faits prisonniers et ont été envoyés au chef-lieu du Vilayet de Kossovo".

Il constate qu' outre les Arnautes, un bataillon de nizams, envoyé par le brigadier Ali pacha, et deux canons ont participé à l'affaire.

D'après le rapport d'Hafiz pacha les Turcs ont eu 12 morts et 71 blessés. C'est là ce qu' ils avouent.

Nous avons fait ces citations pour donner une idée des appréciations turques sur ces combats, et du degré de confiance que ces rapports méritent.

Après la perte de Kourchoumlia nos troupes se retirèrent sur les hauteurs situées sur la rive droite de la Toplitza et de la Gabrovnitza, près de Tchotchane, et sur la crête des montagnes entre le ruisseau de Gourgourovatz et la Toplitza, au-dessous de Plotchnik. Une lieue et demie plus bas on fortifia les hauteurs où devait se livrer le combat décisif dans le cas où Hafiz pacha tenterait de se rapprocher de Nisch. Pourquoi ne le fit-il pas ? Est-ce que ses forces n'étaient pas suffisantes? Est-ce que son adversaire qui reçut bientôt des renforts, lui a paru trop fortement retranché ? Ces deux ordres de considérations ont-ils pesé à la fois sur sa décision ?

C'était cependant pour Hafiz pacha le moment de marcher sur Nisch pour la dégager à tout prix. Au lieu de le faire il se borna à de petites escarmouches et éleva des retranchements dans les environs de Kourchoumlia.

Pendant ce temps Nisch serrée de plus en plus près et bombardée, succomba. La capitulation avait été signée dans la nuit du 28 au 29 et le drapeau tricolore serbe flottait dès lors sur les murs de la place. A partir de ce moment Hafiz pacha n'avait plus à songer à l'offensive; il ne lui restait qu' à se défendre.

Déjà le 25 décembre (6 janvier) au soir deux bataillons de la brigade de Krouchévatz (I-re classe) et quatre pièces de campagne avaient été envoyés de Mramor au secours de l'armée de Kourchoumlia et chacun des jours suivants on expédia des renforts afin de parer à toute tentative d'Hafiz pacha de se frayer chemin jusqu' à Nisch. Onze bataillons de 1-re classe, cinq de 2-me classe, deux escadrons, trois batteries de campagne et deux de montagne, telles étaient les forces que nous opposions au général turc.

Les jours qui suivirent l'abandon de Kourchoumlia il n'y eut que quelques affaires d'avant-postes. Dans une escarmouche qui eut lieu le 27, sur la rive droite de la Gabrovnitza, nous eûmes un homme tué et 12 blessés.

Dans le but de diminuer le développement de notre front Gabrovnitza—Pérounika et pour se rendre compte de la situation et des forces de l'ennemi, le commandant de la division de l'Ibar ordonna une reconnaissance forcée et l'occupation des hauteurs de Matchkovatz et de Novo Sélo. C'est à cette occasion que fut livré le

combat du 31 décembre (12 janvier). Le commandant de la brigade de Krouchévatz, major Lioubomir Ostoïtch, partant de Régoline, se mit en marche à 8 heures du matin avec le bataillon de Koznik, celui de Krouchévatz (I-re classe), une batterie de montagne, une compagnie de pionniers et un escadron de cavalerie. A midi et demi il atteignit le village de Matchkovatz. Le bataillon de Koznik s'établit sur la position, celui de Krouchévatz restant en réserve.

Le gros des forces ennemies était sur la rive gauche de la Toplitza, sur le Samokov et le Batioglava, sur la rive droite il n'y avait que des avant-postes installés sur les hauteurs les plus proches de Kourchoumlia.

Tandis que le bataillon de Koznik plaçait ses avant-postes, un détachement turc se présenta et ouvrit le feu contre nos sentinelles, mais il se retira une heure après.

Vers 3 heures comme un assez grand mouvement de troupes se faisait remarquer chez l'ennemi, on prit les dispositions pour repousser l'attaque qui semblait se préparer.

Les Turcs assaillirent en effet notre droite avec un bataillon et un escadron. A $3^1/_2$ heures le combat était dans toute sa force et s'étendait jusqu' à notre centre.

A ce moment le lieutenant Milan Pétrovitch arriva avec une compagnie du bataillon de la Racina et aida par son concours énergique à arrêter momentanément les progrès de l'ennemi. Mais les Arnautes arrivaient de toutes parts et attaquaient avec furie. Alors notre aile droite céda au nombre et plia. Dans sa retraite elle fut rejointe par le bataillon de Tersténik qui arrivait sur le lieu du combat. Les nôtres purent alors regagner leurs positions primitives sans être poursuivis par l'ennemi qui rentra lui-même dans ses retranchements.

Nos pertes étaient relativement fortes. Nous avions 14 morts, 41 blessés et 11 disparus. Ces derniers furent presque tous mis à mort par les Turcs.

Parmi les morts se trouvaient le lieutenant Milan Pétrovitch, commandant du bataillon de la Racina et le chef de la 4-me compagnie du bataillon de Koznik, Miat Tzernoglavatz, connus tous les deux pour la bravoure et l'esprit militaire qu'ils avaient montrés dans la campagne précédente. Il a été prouvé par des témoignages dignes de foi que l'un et l'autre étaient restés blessés sur le champ de bataille. Les Arnautes les massacrèrent et leur coupèrent la tête. Les deux cadavres ont été retrouvés et enterrés avec les honneurs militaires à Bégoline. Lors de la reprise de Kourchoumlia, le 7 (19) janvier, les têtes de ces malheureux furent retrouvées sur des pals et inhumées.

Les pertes des Turcs bien qu' inconnues ne sauraient avoir été inférieures aux nôtres, leur attaque ayant eu lieu sur un terrain découvert exposé au feu de notre infanterie et de notre artillerie.

Ici se termine momentanément l'activité de la division de l'Ibar, dont la tâche était d'occuper de ce côté les Turcs pendant le siége de Nisch, en attendant qu'une nouvelle concentration de troupes pût avoir lieu pour les opérations ultérieures. Nous exposerons plus loin le rôle actif de cette division de concert avec celle de la Morava (voir „Combats autour des fortifications du Samokov").

VIII

COMBATS DE GREDÉLITZA ET DE VRANIA.

1. NOUVELLES DU THÉATRE DE LA GUERRE.

Nisch, le 20 janvier 1877 (1 février 1878).

Après la prise de Nisch une partie de notre armée reçut la mission de débarrasser d'ennemis le défilé de Gredélitza et de s'emparer de Vrania. Les combats auxquels a donné lieu cette opération ont été livrés dans l'ordre suivant :

Le 8 (20) janvier commença la marche générale en avant conformément aux dispositions arrêtées. Tandis qu'une de nos colonnes tournait la montagne de la Yastrébitza, la brigade de Smédérévo eut à soutenir un sérieux combat près du village de Kopachnitza. Les Turcs avaient réussi à s'emparer d'un de nos canons sans avant-train, mais les nôtres le reprirent. Les soldats ennemis qui se trouvaient près de ce canon furent tués jusqu' au dernier. La victoire est restée à nos troupes. Un drapeau a été pris.

En même temps notre aile droite se battait contre les Arnautes près du village de Mirouchevtzi et les dispersait.

Le détachement des volontaires parti de Vlastotintzi rencontra aussi l'ennemi et le culbuta après un vif engagement.

Les Turcs ont été ainsi battus sur tous les points et les gorges de Gredélitza sont restées en notre pouvoir.

Après la perte de leurs positions les Turcs abandonnèrent le Derven (défilé) et allèrent s'établir en avant de Vrania. Là notre armée avait de nouveaux sacrifices à faire.

Jusqu'au 17 (29) janvier nos colonnes se groupèrent en vue de l'attaque de la position de Vrania.

Le 18 (30) janvier avant que nos troupes se fussent mises en mouvement, elles furent attaquées par un régiment de cavalerie venant de Vrania. Notre artillerie laissa approcher l'ennemi jusqu' à mille mètres et le fit reculer en désordre. Peu après les Turcs tentèrent une attaque générale, mais ils furent repoussés et les nôtres passèrent alors à l'offensive. Cette lutte qui a été des plus sanglantes a eu pour résultat la retraite de l'ennemi qui nous laissa le champ de bataille. Pendant la nuit les Turcs abandonnèrent aussi la ville de Vrania qui fut occupée le lendemain par nos troupes.

Les différentes armes se sont toutes brillamment conduites. Les volontaires méritent des éloges particuliers.

Nos pertes se montent à environ trois cents hommes hors de combat. Parmi les blessés on compte un assez grand nombre d'officiers. L'artillerie s'étant beaucoup exposée a éprouvé des pertes relativement fortes.

Cette occasion est une de celles où nos troupes ont remporté un incontestable et glorieux succès.

L'ennemi fuit dans la direction de Koumanovo poursuivi par notre cavalerie.

Les Turcs avaient, comme nous l'avons appris, dix bataillons de nizams, un grand nombre d'Arnautes, huit canons et de la cavalerie.

Nisch, le 21 janvier (2 février) 1878.

A l'affaire de Vrania nos troupes ont fait prisonniers quatre bataillons de nizams, soit 1682 soldats et 48 officiers. Parmi ces derniers se trouvent plusieurs officiers supérieurs et Rassim pacha. Le butin consiste en fusils, munitions et divers objets militaires.

Le mérite de cette victoire revient surtout à la Ire division de la Choumadia.

---

2 RELATION.

Nous avons maintenant à exposer les opérations de l'armée serbe dans la région méridionale du cours de la Morava (Kriva Morava) et les brillantes victoires des troupes de la Choumadia, — la prise du fameux défilé de Gredélitza et de la ville de Vrania.

Déjà au début de la campagne l'état-major serbe avait fixé son attention sur cette contrée et, dès le 16 (28) décembre, le bataillon de la Yochanitza avait été envoyé à Leskovatz avec la batterie légère d'Alexinatz. Cette première apparition des troupes libératrices avait produit dans la contrée un grand enthousiasme.

Les Turcs n'avaient pas de forces imposantes du côté de Gredélitza et de Mazouritza. Il ne s'y trouvait guère alors que le bataillon qui s'était retiré à Leskovatz, le 8 (20) décembre, du pont de Tchétchina, et les Arnautes des villages de l'une et l'autre rive de la Morava.

Le détachement serbe suffisait donc pour protéger Leskovatz et Vlastotintzi et empêcher l'armée d'investissement de Nisch d'être inquiétée de ce côté.

Mais comme les Turcs qui se retiraient de Sofia sur Kustendil et Koumanovo venaient continuellement grossir les forces ennemies à Gredélitza et à Vrania, il fallut renforcer aussi le détachement serbe de Leskovatz.

Le 22 décembre (3 janvier) furent envoyés à Vlastotintzi: $1^1/_2$ bataillon de la brigade de Belgrade (batail. du Kosmaï et $^1/_2$ de la Save), 1 bataillon de la brigade de Pojarévatz (Rham I) et la batterie de montagne de Kniagévatz, avec une section de cavalerie, sous les ordres du lieutenant-colonel J. Popovitch. Ces troupes eurent dès l'abord quelques escarmouches avec les Arnautes. Un engagement plus important eut lieu le 24 décembre (5 janvier) à l'occasion d'une reconnaissance faite dans la direction du défilé par $1^1/_2$ bataillon et 1 batterie venant de Vlastotintzi et de concert avec le bataillon de la Yochanitza établi à Leskovatz. L'ennemi ayant amené au combat un bataillon de nizams et 2 à 3000 Arnautes, les nôtres se replièrent devant ces forces supérieures. Nous eûmes 12 tués ou disparus et 9 blessés. A partir de ce jour le détachement de Vlastotintzi, trop faible pour agir, se renferma dans un rôle passif. Le 27 décembre (8 janvier) les bataillons de Belgrade ayant reçu une autre destination, un second bataillon de Pojarévatz arriva d'Ak-Palanka à Vlastotintzi, où il fut rejoint le 2 (14) janvier par les volontaires venant de Pirot et par le colonel Vlaïkovitch qui prit le commandement de tout le détachement réuni à Vlastotintzi. Ces troupes se composaient de deux bataillons de Pojarévatz (Rham I et Morava II) deux bataillons de volontaires, environ deux cents insurgés et la batterie de montagne de Kniagévatz.

A cette date environ 5000 Turcs s'étaient déjà rassemblés à Gredélitza. Ils comptaient quatre bataillons de nizams, avec un canon, et d'autres troupes continuaient à rejoindre.

Notre détachement avait de fréquentes rencontres avec les Arnautes qui sortaient du défilé de Gredélitza et attaquaient Vlastotintzi pour y mettre le feu et piller. Mais ils ne purent y réussir.

Suivant les ordres donnés le 29 décembre (10 janvier) par le commandant en chef, c'est-à-dire immédiatement après la capitulation de Nisch, les trois corps de la Choumadia, du Timok et de la Morava avaient à se concentrer sur un nouveau front d'opérations pour avancer dans la direction de Kossovo Polié (plaine de Kossovo).

Le corps de la Choumadia devait se rendre maître des gorges de Gredélitza et se concentrer sur la ligne Mirouchevtzi—Gredélitza en vue des nouvelles opérations. Voici comment il s'y prit:

Après que les brigades eurent employé quelques jours à se reposer de leurs fatigues et à se compléter au moyen des bataillons de dépôt, les troupes de la Choumadia se mirent en marche dans l'ordre suivant: La I-re division de la Choumadia quitta Nisch le 4 (16) janvier et la II-me le 5 (17), l'une et l'autre dans la direction de Leskovatz. L'état-major du corps partit lui-même de Nisch le 5 (17) janvier. Le lendemain 6 (18) toutes ces troupes étaient réunies à Leskovatz. Elles furent réparties comme suit:

La I-re division de la Choumadia prit place en première ligne et assura ses cantonnements au moyen d'avant-postes dans la direction de Lébane, Vrania et Vlastotintzi. Cette ligne d'avant-postes passait par Koukalovatz, Priétchine, Gabrovitza et le pont de Vlastotintzi sur la Morava. Elle avait une longueur de 5 à 6 lieues sur un rayon d'$1^1/_2$ à 3 lieues. Son centre était à Leskovatz.

La II-me division de la Choumadia s'établit à Leskovatz.

Le parc d'artillerie du I-er régiment prit place en avant et celui du II-me régiment en arrière de la ville.

Le lieu général de rassemblement était sur la route de Vrania en avant de Leskovatz.

Le général Béli-Marcovitch, commandant du corps de la Choumadia, après avoir étudié le terrain et recueilli les données nécessaires sur la position des forces ennemies, groupa de la manière suivante les troupes de ses deux divisions.

La I-re division prit position entre la route de Leskovatz—Vrania et la rivière la Nakriva, sur la ligne Kopachnitza—Toulova.

La II-me division se plaça entre les villages de Voutcha et de Mirouchevtzi s'étendant à gauche jusqu' à la Nakriva, pour se relier à la I-re division, et à droite jusqu' à Igrichté et Choumane, pour se relier au corps du Timok.

Le détachement de Vlastotintzi était sur les hauteurs de Kossovik et de Séanik, faisant front contre la Morava et le village de Gredélitza.

Voici quelle était la composition et la force des troupes avec lesquelles le général avait à opérer.

1. La I-re division, commandant colonel Nicéphore Yovanovitch, comprenait: huit bataillons (quatre de Belgrade et quatre de Smédérévo), trois batteries de campagne du I-er régiment, une batterie de brigade, une de montagne, un escadron de cavalerie et une compagnie de pionniers.

Le lendemain elle fut rejointe par un bataillon de Pojarévatz et le surlendemain par un du Roudnik.

2. La II-me division, commandant colonel Lioubomir Ivanovitch, comptait: cinq bataillons de Kragouiévatz, deux batteries de campagne (VI et VIII), trois escadrons du II-me régiment de cavalerie et un demi-bataillon de pionniers (deux compagnies). Le lendemain on lui envoya encore une section de la batterie de montagne du Roudnik, mais ces pièces n'arrivèrent pas à temps.

3. Le commandant du détachement de Vlastotintzi, colonel Vlaïkovitch, avait deux bataillons de la brigade de Pojarévatz, deux bataillons de volontaires, la batterie de montagne de Kniagévatz, une demi-batterie du Roudnik

et environ deux cents insurgés, paysans de la contrée. Le surlendemain le bataillon de Pojarévatz fut envoyé sur l'ordre du commandant du corps pour renforcer la I-re division.

4. La réserve générale, sous le commandement immédiat du général Béli-Marcovitch, était à Leskovatz et se composait de quatre bataillons de la brigade du Roudnik, une batterie de campagne et une batterie de brigade.

Ainsi la I-re division formait le centre de la ligne, la II-me division l'aile droite et le détachement de Vlastotintzi l'aile gauche; la réserve générale était placée sur la route en arrière du centre de la ligne de bataille.

Terrain. La contrée où le corps de la Choumadia était appelé à opérer est le bassin méridional de la Morava, laquelle coule du sud au nord et porte dans cette partie de son cours le nom de Kriva Morava ou de Bintch Morava. De Vrania à Leskovatz cette rivière traverse presque sans discontinuité des gorges de montagnes, qui de Vladika-Han à Gredélitza forment un étroit défilé (en turc: Derven) de huit lieues de longueur. Sur toute cette étendue la vallée est extrêmement resserrée et bordée de hautes parois de rochers interrompues çà et là par le lit de quelque torrent. La Mazouritza et la Bania sont les seuls cours d'eau un peu considérables. Une bonne chaussée suit le fond de la vallée. De Leskovatz à Vrania elle compte quatorze lieues et traverse deux fois la Morava sur des ponts, à Gredélitza et à Djep. De Vrania à Bouianovatz la vallée de la Morava s'élargit, puis le défilé recommence (à Kontchoula) dans la direction de Ghiliane, région où se trouvent les sources de la Kriva Morava. Cette dernière contrée forme un bassin circulaire dont Ghiliane est le centre. La route de Vrania à Ghiliane suit les gorges de Kontchoula et conduit à Prichtina par les montagnes de Koznik (bassin de la Sitnitza et de l'Ibar); la route de Koumanovo (bassin de la Ptchinia et du Vardar) se détache de la précédente près de Bouianovatz et passe par Biliatch. Le bassin de la Morava est bordé à gauche et à droite par de hautes montagnes les unes rocheuses et nues, les autres couvertes de forêts, et entrecoupées par les vallées profondes et encaissées de la Véternitza, de la Voutchana, de la Nakriva, de la Grabovnitza et de la Kopachnitza. Les trois premières de ces rivières se réunissent en une seule qui traverse la ville de Leskovatz, les deux autres se déversent séparément dans la Morava au-dessus de Leskovatz. Toutes sont sur la rive gauche de la Morava Les meilleurs chemins sont celui qui mène de Leskovatz à Vrania par Drénovatz, en remontant la vallée de la Véternitza, et celui qui de Vrania conduit à Egri-Palanka par Klioutch et la vallée de la Bania.

Toute la contrée a un caractère abrupte et sauvage.

Le champ de bataille de Gredélitza est partagé en deux parties inégales par la Morava. Sur la rive droite se trouvent les hauteurs de Dobrotine, vis-à-vis du confluent de la Kopachnitza; celles de Béloutak, Kossovik et Gredélitza, sur la rive droite de la Kozara, et celle de Séanik à gauche. Les hauteurs de Kossovik et de Séanik sont situées en aval du village de Gredélitza et forment la paroi de droite du défilé de ce nom. Elles commandent la route, le pont sur la Morava ainsi que les Hans, et sont couvertes de taillis clair-semés. Le détachement de Vlastotintzi qui occupait les hauteurs en avant de ce village, pouvait descendre vers la Morava en suivant la crête des collines et sans traverser de ravin. L'ennemi était établi sur des hauteurs un peu au-delà du village de Gredélitza.

Sur la rive gauche de la Morava sont situées les montagnes de la Gabrovnitza, de la Kopachnitza, du Karamanovo et de l'Oravitza, qui se dirigent vers la Morava par le nord-est, et sont séparées les unes des autres par les profondes vallées de la Grabovnitza, de la Kopachnitza (Karachitza) et de la Berza. Ces montagnes présentent du côté de Leskovatz des pentes rapides et sont çà et là couvertes de forêts. Les points culminants se trouvent du côté qui était occupé par l'ennemi et nos troupes pour les attaquer dans leurs positions avaient à gravir les flancs escarpés de ces montagnes et à traverser de profonds ravins, ainsi que les vallées de la Grabovnitza et de la Kopachnitza.

Tel est le terrain sur lequel la I-re division avait à manoeuvrer. L'ennemi s'était établi le plus fortement sur la montagne de la Kopachnitza (rive droite de la rivière de même nom) et ses lignes s'étendaient sur la crête de la Grabovnitza entre les rivières la Grabovnitza et la Kopachnitza. De ses positions il dominait tout le terrain d'approche. Il avait sur son front un profond ravin aux bords escarpés; son aile droite s'appuyait au défilé de Gredélitza et sa gauche à des montagnes élevées. C'était la principale position ennemie, position aussi redoutable à cause des avantages du terrain qu'en raison du nombre des défenseurs. Plus loin, sur la gauche des lignes turques, des masses d'Arnautes défendaient les abords des gorges de la Voutchana et de la Véternitza à leur débouché dans la vallée de la Morava. Ils occupaient notamment les villages de Gorina et Mirouchevtzi, ainsi que Stablié, Igrichté et Vina. Une particularité du terrain est qu' à l'endroit où les rivières ci-dessus entrent dans la vallée de la Morava en sortant des montagnes, celles-ci descendent en pente rapide vers la plaine et ne présentent ensuite que de légères ondulations couvertes d'épais taillis de jeunes chênes qui interceptent la vue et rendent le passage très-difficile.

Tel était le champ d'action de la II-me division. On voit par ce qui précède que le centre du front d'attaque et son aile droite étaient sur la rive gauche de la Morava et que sur la rive droite de cette rivière il ne se trouvait que le détachement de Vlastotintzi.

L'ensemble de l'opération était une bataille à livrer à l'entrée du défilé, la I-re division et le détachement de Vlastotintzi agissant concentriquement vers le même objectif, Gredélitza, et la II-me division opérant essentiellement pour couvrir l'aile droite et l'empêcher d'être tournée par l'ennemi.

La tâche la plus difficile et en même temps la plus importante était dévolue à la I-re division.

Ces dispositions prises par le commandant du corps, général Béli-Marcovitch, toutes les troupes s'ébranlèrent dans les directions assignées le 8 (20) janvier à 8 heures du matin. Leur déploiement donna lieu au centre à l'affaire connue sous le nom de:

Combat de la Kopachnitza. En première ligne marchait la brigade de Belgrade, fournissant les avant-gardes. Le bataillon de la Koloubara devait occuper sur la gauche de la position ennemie le village de Tchoukliénik et celui du Kosmaï le village de Toulovo. Les bataillons de Grodzka et de la Save devaient prendre place sur la route de Vrania, en face du village de Grabovnitza.

La brigade de Smédérévo formait la seconde ligne et avait à se concentrer avec la III-e batterie de campagne, une batterie de montagne et la batterie légère de Yagodina près du village de Grabovnitza, manoeuvre qui fut terminée à 10 heures.

Après qu' on eut donné du repos aux troupes et terminé la reconnaissance des positions ennemies, une colonne formée de trois bataillons (Grodzka et Save de la brigade de Belgrade et Danube I de la brigade de Smédérévo), de quatre pièces de campagne et d' une section de cavalerie, commença à gravir les premières pentes de la Grabovnitza. L'ennemi placé sur des hauteurs de la rive gauche de la Kopachnitza, lesquelles se relient directement au terrain sur lequel s' avançaient nos troupes, se mit en mouvement et se porta à la rencontre des nôtres, tandis que ceux-ci cherchaient à atteindre des hauteurs dominant l'aile gauche de l'ennemi.

Le bataillon de la Save marchait à droite, dans la direction du village de Gornia Kopachnitza; celui de Grodzka à gauche, et celui du Danube en réserve. Les Turcs avançaient rapidement de sorte que nos troupes n' eurent pas le temps de se déployer. A peine réussit-on à mettre en position deux pièces de campagne. La configuration du terrain était telle que notre ligne se heurta obliquement contre le front ennemi. Devant elle se trouvaient les hauteurs dominantes où les Turcs étaient parvenus les premiers, en arrière était la rivière la Grabovnitza (Mochtanitza). La situation était très-défavorable.

L'ennemi sut mettre à profit ces avantages et sa supériorité numérique. Il se précipita sur notre ligne qui n' était pas encore suffisamment formée et qui, vu sa position oblique, offrait peu de résistance. Néanmoins nos troupes se maintinrent jusqu' à trois heures en faisant même quelques progrès. Mais à ce moment l'ennemi reçut des renforts et réussit à se rapprocher jusqu' à cinq cents pas de notre aile gauche où étaient placés nos deux canons.

Prise à droite en écharpe et en danger d' être coupée de sa ligne de retraite par la gauche, notre infantérie faiblit et se replia sur des hauteurs situées en arrière. Dans ce moment on ne put retirer les deux pièces de leur position et l'une d' elles resta aux mains des Turcs.

Deux bataillons (celui du Danube et celui d' Oraschié) avaient été envoyés de la seconde ligne pour renforcer les troupes engagées, mais lorsqu' ils arrivèrent celles-ci avaient déjà abandonné leurs premières positions.

La réjouissance des Turcs autour du canon conquis ne dura pas une demi-heure; c'était pour les Serbes le moment de se piquer d' honneur.

Le colonel divisionnaire, Nic. Yovanovitch, ordonna immédiatement à la batterie de montagne et à la batterie légère de se placer sur la hauteur qui de la rive droite de la Grabovnitza fait face à celle que nos troupes venaient d'abandonner. Les trois bataillons qui se repliaient s'arrêtèrent, s'appuyant les uns aux autres, et cinq pièces de campagne prirent position sur la route de Vrania.

Ces treize pièces croisèrent à la fois leur feu contre la ligne ennemie. Ainsi soutenus, les deux bataillons du Danube et d' Oraschié commencèrent à avancer hardiment, le premier de front, le second sur la droite de l'ennemi, pour reconquérir la position perdue. Le bataillon de la Yacénitza reçut l'ordre de les appuyer. A voir la marche résolue de ces troupes on sentait qu' elles voulaient vaincre ou mourir. Une mêlée sanglante s'engagea corps à corps autour du canon serbe. Mais les Turcs ne purent résister à l'élan des assaillants et s'enfuirent aussi rapidement qu' ils étaient venus. Le canon fut repris. Autour de lui gisaient par monceaux les cadavres des Turcs et des Serbes qui se l'étaient disputé. On pouvait lire sur la figure des vainqueurs la satisfaction et la joie d' avoir pris leur revanche et lavé l'honneur militaire des troupes serbes. Le sort de la journée était décidé.

L'ordre d' avancer fut alors donné sur toute la ligne. A gauche marchait le bataillon du Danube, à droite celui de la Save; dans l'intervalle les bataillons de Grodzka et d' Oraschié. Trois bataillons restaient en arrière en réserve. La batterie de brigade passa la rivière Grabovnitza et prit position sur la montagne de même nom. L'ennemi battait en retraite précipitamment. Il abandonna les hauteurs sur la rive gauche de la Kopachnitza et se retira sur la rive droite où il prit position à la hauteur de Gredélitza. Le village même de Kopachnitza fut occupé par les nôtres.

Presque toutes les troupes de la I-e division passèrent la nuit du 8 au 9 janvier sur le champ de bataille, occupées à élever des abris pour les batteries et à creuser des fossés de tirailleurs. Une petite partie seulement fut cantonnée au village de Kopachnitza.

Tandis qu'on se battait au centre, la II-e division, partie de Leskovatz, se déployait à la droite de la I-e en marchant par les villages de Souchitza, Radoiévitza et Bounosch. De là on envoya la cavalerie en reconnaissance par Todorovatz, dans la direction de Mirouchevtzi et dans celle d' Igrichté par les villages de Dervodeil et Slavlié, où nos patrouilles échangèrent des coups de fusil avec les embuscades arnautes. Il fut constaté que l'ennemi occupait les villages de Slavlié, Igrichté, Mirouchevtzi, Boukova Glava et Gorina; que le terrain dans la direction de Mirouchevtzi était praticable pour toutes les armes, mais que dans la direction de Stavlié l'épaisseur de la forêt ne permettait guère l'emploi de la cavalerie et interdisait absolument le passage de l'artillerie.

Sur ces renseignements, le colonel Ivanovitch ordonna que le bataillon de Grodzka occuperait Voutcha et les hauteurs au débouché de la Voutchana, pour se relier avec la I-e division; que le bataillon de Kragouiévatz occuperait la hauteur de Kititza en avant du village de Bounisch; le bataillon de la Lépénitza, le village de Todorovatz, en étendant son front jusqu' à Kititza, et que le bataillon de la Yacénitza prendrait position à droite de Kititza, en face de Stavlié et d' Igrichté. Le I-er escadron devait rester à Todorovatz et un demi-escadron devait chercher à relier l'extrême droite au corps du Timok. A Bounisch et St. George se trouvaient en réserve le bataillon de la Lépénitza, les troupes du génie, les deux batteries de campagne et le reste de la cavalerie.

Telle était la disposition de la II-e division pour la journée du lendemain.

Le détachement de Vlastotintzi (aile gauche) avait occupé la position qui lui était assignée au-dessous de Gredélitza au moyen de sept compagnies de volontaires, des insurgés et de la batterie de montagne de Kniagévatz. La droite était sur la hauteur de Dobrotine, en avant du village de Ladovitza, le centre sur celle de Kossovik et l'aile gauche sur celle de Séanik. La réserve était dans le ravin formé par la Kozara. Les bataillons de Pojarévatz (dont l'un fut envoyé à la I-e division pendant l'affaire) étaient restés avec deux pièces de la batterie de montagne du Roudnik près de Vlastotintzi pour soutenir en cas d'insuccès les troupes engagées. En outre, de petits détachements furent envoyés à Djep et à Lioutèje pour inquiéter l'ennemi avec l'aide des habitants et pour protéger ceux-ci contre les Arnautes.

Pendant le combat de la Kopachnitza le détachement de Vlastotintzi n'attaqua pas, car il n' en avait pas l'ordre. Il se borna à se fortifier dans les positions qu' il venait d'occuper. Un corps de troupes turques se présenta et fit mine d'attaquer, mais le violent combat qui se livrait de l'autre côté de la Morava le détourna de son intention. Notre détachement tint en échec les troupes ennemies qui lui étaient opposées, mais ne prit pas part au combat de la Kopachnitza.

C o m b a t d e G r e d é l i t z a , 9 (21) j a n v i e r. L'intention du commandant du corps de la Choumadia était d'attaquer de front la droite et le centre des Turcs et de tourner leur aile gauche. Toutefois les circonstances modifièrent le plan primitif.

„Le 9 janvier au matin", dit le rapport de la I-e division, „la brigade de Smédérévo, forte de quatre bataillons et d'une batterie de montagne, passa par le village de Kopachnitza et remontant la rivière de ce nom, chercha à tourner l'ennemi par les villages de Nesvrata, Yastrébitza et Létovichté pour l' obliger à abandonner le défilé."

Mais ce mouvement ayant été exécuté à trop courte distance des positions turques, la tête de nos détachements se heurta bientôt à l'ennemi. Il était dix heures du matin. La brigade de Smédérévo dut alors se frayer la route en combattant et se déploya sur la rive gauche de la Kopachnitza. La batterie de montagne prit position et ouvrit le feu.

Pour seconder la brigade de Smédérévo, on envoya le bataillon de la Save renforcer son aile gauche. Il eut pour objectif le cimetière (situé de l'autre côté de la Kopachnitza) où les Turcs s'étaient établis. La batterie de brigade et deux pièces de montagne prirent immédiatement position en face du cimetière pour préparer l'attaque de l'infanterie.

Pendant ce temps un bataillon turc assaillait la droite du détachement de Vlastotintzi. Les deux compagnies de volontaires placées en cet endroit furent refoulées jusqu' au village de Ladovitza mais, ayant reçu du renfort et soutenues par deux pièces de montagne, elles ramenèrent les Turcs. Au même moment des forces ennemies beaucoup plus considérables attaquaient le centre des volontaires les culbutaient et enlevaient deux tranchées.

Il était trois heures de l'après-midi. Le bataillon de la Save qui se trouvait au centre de notre ligne fut renforcé par le bataillon du Katcher puis par un bataillon de Pojarévatz, et tous ensemble se portèrent en avant. Le terrain était très-accidenté et nos troupes avaient à gravir une pente très-escarpée. A chaque instant nos soldats étaient obligés d'interrompre le feu et de s'aider de leurs fusils pour escalader la montagne. En outre l'ennemi les battait de front et de flanc.

„Je contemplais du centre de nos lignes avec une satisfaction militaire" dit le commandant du corps dans son rapport „les progrès constants de nos hardis tirailleurs et des soutiens qui gagnaient peu à peu du terrain au-delà du village de Kopachnitza et sur la gauche des Turcs, sans se laisser arrêter ni par la profondeur de la neige, ni par l'escarpement de la montagne, ni par le terrain découvert, ni par le feu violent que l'ennemi entretenait de ses positions abritées, car les hauteurs qu' il occupait sont couvertes de bois épais. On n'entendait que le crépitement de la fusillade et les cris habituels des Arnautes. De temps en temps les nôtres poussaient tous ensemble un hourra, puis continuaient leur marche en silence, signe certain de la confiance qu' ont en eux-mêmes les soldats habitués au feu. L'aile droite turque qui s'appuyait à la Morava, se mit à battre en retraite, mais les Turcs se maintenaient opiniâtrement entre le cimetière et la route contre les attaques de la brigade de Smédérévo.

Sur ces entrefaites le commandant du détachement de Vlastotintzi renforça le centre de sa ligne au moyen d' une compagnie et donna l'ordre de marcher en avant. Cette manœuvre ainsi que la situation critique de l'ennemi de l'autre côté de la Morava, firent que les Turcs cédèrent le terrain et que les volontaires purent reprendre possession de leurs tranchées. L'ennemi avait aussi tenté une attaque contre l'aile gauche des volontaires mais l'artillerie l' avait repoussée.

Les Turcs ne purent résister à l'attaque de la brigade de Smédérévo, ni à celle des trois bataillons qui assaillaient leur aile gauche, attaques appuyées par un feu d'artillerie à courte distance. Ils abandonnèrent leurs positions et se mirent à fuir dans le plus grand désordre.

La I-e division de la Choumadia s'installa sur la rive droite de la Kopachnitza et passa la nuit sur les positions conquises. Dans cette affaire le bataillon du Katcher de la brigade du Roudnik se distingua particulièrement. Deux autres bataillons de la même brigade, envoyés de Leskovatz comme renfort par le commandant du corps, ne prirent pas part au combat.

Les troupes du détachement de Vlastotintzi poursuivirent les Turcs qui se retiraient en désordre, leur prirent leurs retranchements et atteignirent le village de Gredélitza ainsi que le pont, qui fut attaqué et enlevé vers six heures du soir. L'ennemi qui se retirait sous le feu de notre artillerie, rencontra des détachements venant de la vallée de la Kozara et sa retraite dégénéra en déroute complète.

A six heures du soir les Turcs étaient totalement battus. Ils avaient perdu toutes leurs positions et fuyaient dans la direction de Vrania, laissant plus de trois cents morts sur le champ de bataille.

De notre côté ont pris part au combat de Gredélitza: dix bataillons dont deux de volontaires, six pièces de campagne et douze pièces de montagne et de brigade. Les Turcs avaient cinq bataillons de nizams et de rédifs, environ 3000 Arnautes et deux canons. Mais ils avaient l'avantage de la défensive dans des positions dominantes. C' est là ce qui donne à cette journée une grande importance.

Dans l'après-midi le commandant de la II-e division avait donné l'ordre d'attaquer sur toute la ligne. Il avait auparavant renforcé son aile droite d'un demi-escadron et avait fait prendre position à son artillerie près de Todorovatz, d'où elle devait agir contre Mirouchevtzi et Gorina.

Les Turcs qui défendaient le village de Slavlié, abordés de front et de flanc par notre infanterie et menacés d'être pris à revers par notre cavalerie, s'enfuirent au village d' Igrichté. Le bataillon de la Grouja prit Gorina et les Turcs se retirèrent à Boukova Glava. Ils abandonnèrent aussi leurs autres positions avancées et se replièrent dans la direction de Mirouchevtzi sur une position où ils se retranchèrent, se préparant à une défense opiniâtre. Mais l'approche de notre infanterie appuyée par le feu de l'artillerie jeta parmi les Arnautes un désordre extrême. Notre cavalerie se précipita sur les fossés de tirailleurs et les Turcs s'enfuirent sans songer à s'arrêter nulle part. Notre aile droite avait eu à faire à plus de 1600 Arnautes. Ceux-ci laissèrent sur le terrain quelques-uns de leurs morts.

Nos troupes occupèrent le soir même l'entrée des gorges de la Voutchana et de la Véternitza.

La victoire était complète sur tous les points et le résultat qu'on avait eu en vue se trouvait atteint.

Le butin de ces deux journées consistait en: 5 drapeaux de compagnie, 2 drapeaux de bataillons Arnautes, 42 caisses de munitions d'infanterie, 20 caisses de projectiles d'artillerie, une grande quantité d'ustensiles de cuisine, de biscuit, de vivres de tout genre et de bétail; enfin plus de 20.000 ocques de vin trouvés dans les hans de Gredélitza. Les prisonniers dépassaient le nombre de cinquante.

Nos pertes dans les journées du 8 (20) et du 9 (21) janvier étaient de:

		BRIGADE	DIVISION	Morts			Blessés			TOTAUX
				OFFICIERS	CHEFS DE MILICE	SS-OFFICIERS ET SOLDATS	OFFICIERS	CHEFS DE MILICE	SS-OFFICIERS ET SOLDATS	
1	Bataillon de la Save ...	de Belgrade	I-re de la Choumadia			8			15	23
2	„ de Grodzka ...					2	1		27	30
3	„ du Danube I .	de Smédérévo				8			25	33
4	„ du Danube II					3			26	29
5	„ de la Yacénitza					3			35	38
6	„ d' Oraschié . .					4	1		28	33
7	„ du Katscher . .	du Roudnik				1			51	52
8	„ de Rham. . . .	de Pojarévatz	du Danube			—			2	2
9	Volontaires	détachement de Vlastotintzi				25			25	50
10	Artillerie					1			3	4
11	Cavalerie					—			4	4
	Totaux .					55	2		241	298

Pour mettre à profit la victoire, le commandant du corps de la Choumadia ordonna immédiatement l'occupation de tout le défilé de Gredélitza.

Le 10 (22) janvier dans l'après-midi le détachement de Vlastotintzi s'avança par la chaussée à travers le défilé et parvint le soir à Djep.

La brigade du Roudnik (trois bataillons, celui de la Tzerna-Gora étant resté en garnison à Leskovatz) placée momentanément sous les ordres du commandant de la I-re division de la Choumadia, prit sa direction par les villages d' Orahovitza, Grahovo et Répichté, sur la rive gauche de la Morava, afin de couvrir le flanc de la colonne principale qui suivait la route et de prendre position à Djep où se trouve un pont sur la Morava. Elle atteignit le soir Répichté.

La brigade de Smédérévo continua sa route sur Litovichté en remontant la Kopachnitza.

La brigade de Belgrade avec le I-er régiment d' artillerie se répartit dans les différents hans d' Orahovitza et de Gredélitza.

Le bataillon de la Koloubara se rendit de Tchoukliénik à Toulova, et celui du Kosmaï qui était à Toulova rejoignit sa brigade.

Un escadron de cavalerie de la II-e division de la Choumadia sous le commandement du capitaine Kersta Chétiovitch remonta les défilés de la Véternitza pour reconnaître le terrain et les positions des Arnautes. Il arriva le soir à Polianitza sans avoir vu d'ennemis nulle part. Tous les Arnautes des villages environnants avaient abandonné leurs demeures et s'étaient retirés à Vrania.

D'autres détachements de cavalerie poussèrent des reconnaissances dans la vallée de la Voutchana et vers les villages d' Igrichté et de Mirouchevtzi. Nulle part il ne fût signalé d'ennemis.

11 (23) janvier. Les troupes du corps de la Choumadia marchèrent dans les directions assignées et se trouvaient le soir échelonnées comme suit:

a) l'avant-garde (deux bataillons de volontaires, deux bataillons de Pojarévatz et la batterie de montagne du Roudnik) près de Vladika Han. Un détachement composé de volontaires et d'insurgés était resté sur la rive droite de la Morava dans le but de protéger le flanc gauche contre les Arnautes.

b) la brigade de Smédérévo se trouvait près de Litovichté et devait occuper l'issue du défilé de Gredélitza à Vladika Han.

c) la brigade du Roudnik était parvenue vers midi à Tergovichté, au-dessus de Djep; elle y choisit une position favorable pour la défense et s'y établit.

d) colonne principale; la brigade de Belgrade, avec le I-er régiment d'artillerie, était échelonnée dans le défilé Le bataillon de la Koloubara quitta Toulova pour prendre place entre les brigades de Smédérévo et de Kragouiévatz.

e) la brigade de Kragouiévatz était près du village de Mirouchevtzi avec un escadron en observation à Polianitza. Ce détachement de cavalerie arriva dans la journée à Polianitza et Dévotine, au pied même de la Pliatchkavitza et du Kerstatz, positions occupées par les Turcs, qui lui barrèrent le passage.

f) la réserve formée de deux bataillons (Lépénitza de la brigade de Kragouiévatz et Tzerna Réka du Roudnik) et toute l'artillerie du II-e régiment était à Leskovatz où se trouvait aussi tout l' état-major du corps.

Quatre bataillons de nizams avec trois canons Krupp étaient arrivés ce jour-là à Vladika-Han, mais à l'approche de nos troupes il se replièrent et allèrent prendre position devant Vrania à Dva Brata. C'est là que les Turcs résolurent de livrer le combat décisif. Un millier d' Arnautes et un bataillon de nizams qui se trouvaient à Massoura se retirèrent aussi sur Vrania. Après avoir vu que les prisonniers étaient traités avec humanité les Arnautes des villages de Lougoïnitza, Loukavitza, Prékodolatz, Jitoradia, Sourdoulitza et autres, avec les beys Abdul-Rachman et Osman à leur tête, commencèrent à faire leur sonmission.

12 (24) janvier. Le détachement de cavalerie de Polianitza escarmoucha avec les Arnautes aux environs des villages de Bilianitza et de Dévotine.

Les troupes qui remontaient en reconnaissance les gorges de la Voutchana se trouvèrent après trois heures de marche dans une région déserte, absolument impraticable, et durent revenir sur leurs pas.

La I-e division de la Choumadia envoya deux pièces d' une batterie légère à la brigade du Roudnik et l'autre section de la batterie au corps des volontaires.

La brigade de Smédérévo occupa l'issue du défilé à Vladika Han et jeta un bataillon et demi au-delà de la Morava.

L' avant-garde (détachement de Vlastotintzi) qui avait atteint Priboï envoya des patrouilles dans toutes les directions pour s' éclairer et pour soulever les habitants des villages. Ceux de ces derniers qui se distinguèrent le plus sont les Serbes de Polianitza.

Le reste des troupes prirent du repos dans les positions qu' elles occupaient.

Telle était la situation de ce côté lorsque parvinrent de nouveaux ordres (du 11 janvier O№ 863) du Quartier Général. D' après ces nouvelles dispositions les corps du Timok et de la Morava devaient opérer concentriquement contre Hafiz-Pacha et le corps de la Choumadia recevait la mission de s'emparer de Vrania. Après cela les trois corps devaient déboucher dans les plaines de Kossovo et livrer tous ensemble bataille aux Turcs pour se rendre maîtres de Prichtina.

Il était laissé au commandant du corps de la Choumadia de juger s' il devait attaquer immédiatement Vrania ou seulement tenir l'ennemi en échec. Il avait à se régler sur les dispositions des Turcs ainsi que sur les forces dont ils disposaient, et dans tous les cas ne devait pas s'exposer à trop de risques.

Le général Béli-Marcovitch a réussi à s'acquitter de cette tâche et a ainsi obtenu, comme nous allons le voir, de grands avantages pour son pays.

Tout fut préparé pour l'attaque de Vrania.

13 (25) janvier. Une compagnie de volontaires tirés de la brigade de Kragouiévatz et placée sous le commandement du sous-lieutenant Stépane Stépanovitch, se rendit à Polianitza pour y former un bataillon avec les habitants de la localité. On leur donna des fusils à percussion. Ce bataillon devait seconder les éclaireurs du capitaine Chétiovitch.

Pour relier ce détachement au gros de la II-e division et assurer la route contre les entreprises des Arnautes, un bataillon de Kragouiévatz fut envoyé au village de Barié.

Le 14 (26) janvier une compagnie de volontaires rencontra une compagnie de nizams et environ deux cents Arnautes, les repoussa et préserva ainsi les villages avoisinants de l'incendie et du pillage. En même temps les volontaires occupèrent Bania et s'emparèrent du pont sur la Morava. Cette compagnie fut aussitôt renforcée de manière à pouvoir se maintenir au pont.

Les deux bataillons de Pojarévatz rejoignirent le corps du Timok auquel ils appartenaient et l'avant-garde se trouva réduite d'autant. On envoya aussi au corps du Timok la batterie de montagne du Roudnik, parce que la région où il allait opérer exigeait de l'artillerie qui pût partout accompagner l'infanterie.

Le 15 (27) janvier le commandant de la brigade de Kragouiévatz se dirigea sur Polianitza avec le bataillon de la Lépénitza II et celui de Kragouiévatz, deux compagnies de pionniers et deux pièces de montagne de la batterie de Kniagévatz. Le chemin que suivait cette colonne remonte la Véternitza qu' il traverse plus de cinquante fois jusqu' au village de Drénovatz. L'eau avait deux à trois pieds de profondeur et le vent avait accumulé la neige par énormes amas qui empêchaient l'infanterie d' avancer. On fut obliger de prendre par la crête de la montagne et c'est avec peine que la colonne put arriver ce soir-là à Okrouglitza en passant par Barié et Lalintzé. Cette contrée n'a pas de routes, mais seulement de mauvais sentiers de montagne, qui avaient disparu sous l'épaisse couche de neige. Un brouillard intense augmentait encore la difficulté de la marche. Cette colonne continua le lendemain sur Polianitza précédée par les pionniers qui déblayaient la voie. Pour se garantir contre les Arnautes qui commençaient à revenir du Goliak où ils s'étaient retirés, on envoya une compagnie au village de Vlaci, une section à Ochtra Glava et une dizaine d' hommes à Lalintzé.

Le II-e régiment d'artillerie, et le bataillon de la Lépénitza I partirent de Leskovatz et s'engagèrent dans le défilé de Gredélitza. Le bataillon de la Tzerna Gora rallia sa brigade (Roudnik).

L'état-major du corps de la Choumadia se transporta à Vladika Han où se trouvait celui de la I-e division.

Les ordres avaient déjà été donnés aux divers commandants en vue des nouvelles opérations.

Le 16 (28) janvier les trois brigades de Smédérévo, du Roudnik et de Belgrade, avec la cavalerie et l'artillerie de la I-e division, se concentrèrent autour de Priboï. La brigade de Smédérévo se relia aux volontaires qui occupaient le pont de Mochtanitza. Un bataillon et demi de cette brigade se trouvait à la même hauteur sur la rive droite de la Morava. Le bataillon de la Koloubara reçut l'ordre d'aller à Drénovatz et de s'y arrêter.

Une colonne de troupes eut la mission de tourner l'ennemi et de le prendre à revers, surtout s'il ne disposait pas de forces trop considérables. A cet effet le bataillon de la Lépénitza II, celui de Kragouiévatz (brigade de Kragouiévatz) et celui de la Koloubara (brigade de Belgrade) furent mis avec une batterie de montagne sous le commandement du major Rad. Milétitch, chef d'état-major de la II-e division de la Choumadia. „Il devait tourner la position turque de la Pliatchkavitza et menacer les derrières de la ligne ennemie. Cette colonne ne devait partir de Drénovatz et commencer son mouvement que lorsque le corps principal aurait accentué son attaque."

Ce jour-là la position des troupes composant le corps de la Choumadia était la suivante, d'après le rapport du commandant du corps:

„1°. L'avant-garde à Priboï avec détachements à Masouratié. La ligne des avant-postes s'étendait du pont de Mochtanitza, au-dessous de la crête de la Mochtanitza, dans la direction du village de Bounovatz. Aux volontaires et aux deux bataillons de Smédérévo placés près du pont sur la rive droite de la Morava, vinrent se joindre les insurgés de Tern et de Vlastotintzi sous le commandement du lieutenant Sokolov.

2°. Le gros. Les brigades de Smédérévo, du Roudnik et de Belgrade étaient concentrées entre Priboï et Stoublié. Derrière elles avaient pris place les deux régiments d'artillerie du corps et la cavalerie de la I-e division.

3°. De son côté la colonne de la Véternitza qui devait tourner la position turque, avait atteint Polianitza, dans la direction de Drénovatz, après une marche des plus pénibles.

L'état-major du corps était à Stoublié." — Comme l'ennemi paraissait résolu à livrer bataille dans ses positions de Dva Brata — Pliatchkavitza, l'ordre fut donné à toute l'avant-garde de se grouper au village de Masouratié, et aux brigades de se concentrer près de Priboï, afin d'être plus rapprochées des positions qu' il s'agissait d'attaquer. La ligne des avant-postes fut portée sur la crête de la Mochtanitza dans la direction du pont de la Morava à Bounovatz.

Terrain. Le terrain sur lequel opéraient les troupes serbes et turques appartient au bassin méridional de la Morava. La plus grande partie des troupes serbes se trouvaient sur la rive gauche. Sur la rive droite étaient, comme nous l'avons vu, un bataillon et demi de Smédérévo, les volontaires et les insurgés.

Entre la Morava (rive gauche) et la source de la Véternitza est située la montagne de la Pliatchkavitza, laquelle fait partie de la ligne de partage des eaux, qui s'étend de la Koukavitza au Goliak et au-delà. Cette crête sépare les petits affluents nord de la Morava (la Véternitza et la Yablanitza) de ceux du sud (Kriva Réka). Les montagnes qui s'étendent à l'ouest de la Pliatchkavitza, par le Kerstatz, sont à cette époque de l'année presque infranchissables pour des personnes isolées et ne permettent par conséquent aucune opération militaire. A l'est de la Pliatchkavitza le terrain forme, en s' abaissant vers la Morava, quatre ramifications: celle de la Mochtanitza, entre les ruisseaux de Mochtanitza et de Bresnik; celle de Bresnik entre les ruisseaux de Bresnik et de Ranoutovatz; celle de Ranoutovatz entre les ruisseaux de Ranoutovatz et de Souvodol, enfin celle de Souvodol entre le ruisseau de ce nom et la rivière de Vrania.

Les crêtes de ces montagnes sont peu élevées, mais leurs versants sont escarpés et dénudés. Il n'y a de forêts qu' entre les villages de Bounovatz et de Mochtanitza, et autour du village de Ranoutovatz.

Position turque. Les Turcs s'étaient établis entre la Morava et la montagne du Kerstatz, leur aile droite appuyée à la Morava, sur la hauteur appelée „Dva Brata", l'aile gauche sur le Kerstatz.

Le Kerstatz et la Pliatchkavitza barraient donc le chemin par où la position pouvait être tournée, en remontant la Véternitza. Le Dva Brata, la hauteur de Ranoutovatz et la Tchéverliouga fermaient la vallée de la Morava.

La clef de l'ensemble de la position était la montagne de la Pliatchkavitza; celle des positions qui fermaient la vallée était le monticule de Tchéverliouga. Le Dva Brata, hauteur qui commande la chaussée de Vrania, sur la rive gauche de la Morava, était le point le moins élevé de la ligne turque dont il formait l'extrême droite.

Au Dva Brata et près du village de Ranoutovatz les Turcs avaient des fossés de tirailleurs; la Tchéverliouga et la Pliatchkavitza étaient de plus couronnées par des redoutes. La lisière du bois près de Ranoutovatz avait aussi été utilisée pour la défense. Tout le terrain d'approche était ainsi exposé aux feux croisés de l'ennemi et tous les mouvements devaient se faire à découvert sous ses yeux. L'attaque de front était donc très-difficile.

Mais à côté de ces avantages, la ligne avait le défaut d' être très-étendue (5 à 6000 mètres) et les troupes de défense étaient mal reliées entre elles tant à cause des distances que des coupures profondes et escarpées du terrain. La partie Tchéverliouga-Dva Brata avait 2000 mètres d' étendue et constituait à elle seule un ensemble solide. La partie Pliatchkavitza-Kerstatz, par suite de son éloignement et de ses escarpements, formait un tout distinct.

De la Pliatchkavitza il était difficile de secourir le Dva Brata, surtout avec des troupes aussi peu mobiles que les troupes turques. D' autre part la Pliatchkavitza et le Kerstatz étaient séparés par un énorme précipice qui empêchait toute communication directe, bien que les Turcs eussent cherché à remédier à ce défaut par l'occupation du village de Dévotine en avant de leur ligne et de Markov Grad en arrière.

En outre les Turcs avaient commis une grande faute. Ils avaient négligé de s'assurer de la colline de Koumarévo sur la rive droite de la Morava, vis-à-vis du Dva Brata. De cette hauteur qui dominait leur position les Turcs étaient battus de flanc. Notre état-major mit aussitôt à profit cette circonstance qui eut pour l'ennemi des conséquences fatales.

Le 17 (29) janvier, après que la reconnaissance des positions ennemies eut été faite, notre état-major choisit les hauteurs de Bresnik et de Mochtanitza pour la première formation en vue de l'attaque. „Du pont de la Morava la ligne de bataille passait par les hauteurs de Bresnik, puis, contournant à droite une éminence occupée par les Turcs, elle traversait le ruisseau et le village de Bresnitza, remontait sur la crête de la Mochtanitza et se dirigeait vers la hauteur de Straja où notre aile droite était placée. La longueur de notre front d' attaque était de près de trois kilomètres. En outre comme la colline de Koumarévo, sur la rive droite de la Morava, forme dans la direction de celle du Dva Brata une crête d' où la position turque pouvait être avantageusement battue de flanc, il faut la comprendre dans l'ensemble de notre ligne, mais comme position de flanc distincte". (Relation du corps).

Après que le commandant eut expliqué aux différents chefs ses intentions pour la journée du lendemain, on prit les dispositions suivantes:

1°. Les volontaires et les deux bataillons de Smédérévo devaient s'établir sur la rive droite de la Morava près du pont et sur la hauteur de Koumarévo; les pièces placées sur une crête en contre-bas du sommet de la colline. Les deux autres bataillons de la brigade de Smédérévo entre le pont et le village de Mochtanitza sur la rive gauche.

2°. La brigade de Belgrade à gauche de celle de Smédérévo, entre les villages de Mochtanitza et de Bresnitza.

3°. La brigade du Roudnik en réserve au village de Masouratié.

4°. Le I-er régiment d'artillerie à Masouratié; le II-e régiment entre Priboï et Stoublié.

5°. La cavalerie également entre Priboï et Stoublié.

6°. La colonne de la Véternitza devait tourner, comme nous l'avons vu, la position turque de la Pliatchkavitza.

7°. Tout le train restait en arrière de Priboï.

Ces dispositions devaient être exécutées le 17 (29) au soir; les batteries devaient prendre position et construire leurs abris pendant la nuit, pour ne pas attirer l'attention des Turcs et trahir le plan de l'attaque.

Comme la position de l'ennemi était forte et que des bruits divers étaient répandus sur le nombre de ses troupes, une grande circonspection avait présidé aux dispositions de l'attaque. En cas d'insuccès il avait été choisi en arrière de la ligne, près de Masouratié, une position favorable pour le ralliement.

Ce jour-là le bataillon de la Lépénitza II marcha de Polianitza à Drénovatz avec les deux compagnies de pionniers et les deux pièces de montagne.

Pour renforcer nos avant-postes devant la Pliatchkavitza, trois compagnies du bataillon de Kragouiévatz et soixante insurgés furent envoyés à Bilianitza. Sur la hauteur de Dévotine prirent place les insurgés et quelques cavaliers auxquels on adjoignit une section de pionniers pour creuser des fossés de tirailleurs en avant de Dévotine. Le reste de la troupe resta en réserve à Drénovatz.

Le bataillon de Kragouiévatz était arrivé au village de Vlaci et le bataillon de la Koloubara avait porté ses avant-postes au-delà de la Ravna Réka, à deux lieues et demie en arrière du village de Bilianitza. Il reçut l'ordre de se rendre à Drénovatz et y arriva le lendemain.

Combat de Vrania

18 et 19 (30 et 31) janvier.

Le 18 (30) janvier au matin les troupes serbes étaient rangées dans l'ordre suivant dans la vallée de la Morava:

a) Brigade de Smédérévo. Le bataillon de la Yacénitza sur la hauteur de Koumarévo et celui du Danube II au village de Bania. Une compagnie de ce bataillon était détachée en avant pour occuper un col de montagne. Pendant la nuit des fossés de tirailleurs avaient été creusés pour défendre la route et le bord de la Morava. Sur la rive gauche (aile droite): le bataillon d'Oraschié était posté au-dessus de la route sur le bord du ruisseau de la Bresnitza; le bataillon du Danube I se tenait en réserve au village de Mochtanitza.

b) Brigade de Belgrade. Le bataillon de Grodzka à gauche de celui d'Oraschié, et à droite, sur une élévation appelée „Kamen", le bataillon du Kosmaï et un détachement de volontaires. Plus à droite encore, en face de la Pliatchkavitza, se trouvait le bataillon de la Save.

c) Artillerie. La I-re batterie de campagne à gauche de la route de Vrania, entre cette dernière et la Morava; la IV-me batterie sur une hauteur près du ruisseau de la Bresnitza, entre la route et le bataillon d'Oraschié; la III-me batterie en réserve au-dessous du village de Mochtanitza.

d) Brigade du Roudnik. Trois bataillons se trouvaient au village de Mochtanitza et le quatrième en arrière de l'aile gauche, formant la réserve générale.

Le reste des troupes restait en-deçà de Priboï. Telle était la formation dans laquelle nos troupes attendaient le signal de l'attaque. Celle-ci était fixée pour midi, mais les Turcs ne l'attendirent pas. Ils avaient remarqué nos préparatifs et prévinrent notre attaque en engageant eux-mêmes le combat.

A $10^1/_2$ heures les masses ennemies commencèrent à descendre du village de Ranoutovatz en s'avançant contre nos lignes, tandis que quelques escadrons venaient par la route dans l'intention de jeter dès le début le désordre parmi nos troupes. L'artillerie turque se mit à fonctionner des hauteurs de Ranoutovatz et de Tchéverliouga. La cavalerie avança rapidement jusqu'à un millier de pas de nos lignes mais, accueillie par quelques décharges d'artillerie, elle tourna bride et disparut.

L'infanterie turque continuait sa marche en avant. Il n'y avait pas de temps à perdre. Le commandant de la I-re division ordonna alors à son artillerie d'ouvrir le feu sur toute la ligne et, pour ne pas laisser aux Turcs tout l'avantage de l'offensive, il lança l'infanterie à leur rencontre. Un feu nourri éclata sur tout notre front de Koumarévo à Straja. Au début notre ligne était trop faible et ne pouvait guère prendre le dessus. Aussi nos troupes firent-elles halte sur les positions où elles se trouvaient et durant trois heures repoussèrent par leur feu les colonnes turques qui s'avançaient de tous les côtés. A la fin, ne pouvant résister au feu convergent de l'ennemi, notre centre dut plier et à deux heures les Turcs emportaient la hauteur de Kamen, sur la rive droite de la Bresnitza. Nos bataillons du centre se replièrent sur la crête de la Mochtanitza, mais notre gauche tenait encore bon, soutenue efficacement par le feu des pièces de Koumarévo qui prenaient en enfilade les positions turques.

Pour regagner le terrain perdu et arrêter les progrès des Turcs, le commandant de la division appela de la réserve le IIe bataillon de la Grouja et celui du Danube I. Le premier fut dirigé à l'aile droite, le second vers la gauche et le centre. La IIIe batterie de campagne, tirée également de la réserve, alla prendre place sur la rive gauche de la Bresnitza, au-dessous de la colline de Straja et en face de Kamen, où s'était porté l'effort des Turcs.

Ces réserves défilèrent d'un pas assuré devant le commandant de la division, se hâtant d'aller au secours de leurs frères sur le champ de bataille. Leur attitude ferme et sérieuse inspirait l'assurance du succès.

Dès qu'elles entrèrent en ligne les Turcs cessèrent d'avancer.

Comme il importait de savoir si l'ennemi avait encore des réserves disponibles pour repousser une attaque décisive, le chef d'état-major du corps, lieutenant-colonel D. Diouritch fut envoyé à Koumarévo pour s'en assurer personnellement. Arrivé sur ce point, il commanda aux troupes qui s'y trouvaient d'attaquer le pont de Zlatokop, où les Turcs avaient deux bataillons et deux canons pour protéger leur ligne contre un mouvement tournant.

Cette reconnaissance fournit la certitude que les Turcs avaient engagé leur dernière réserve. D'autre part on reconnut que la clef de la position turque sur le front principal était la hauteur de Tchéverliouga.

Le commandant du corps ordonna alors de concentrer l'attaque sur ce point et de chercher à rompre la ligne turque au-dessous de cette éminence.

La brigade du Roudnik dut envoyer son bataillon de la Morava pour renforcer l'aile droite de la brigade de Smédérévo et le feu de l'artillerie se concentra contre la Tchéverliouga où étaient placées quatre pièces ennemies. Les Turcs avaient aussi de l'artillerie à Ranoutovatz et au pont de Zlatokop.

L'ennemi, arrêté dans sa marche en avant, se maintenait néanmoins sur les points dont il s'était emparé. Mais vers 4 heures de l'après-midi, ébranlé par le feu convergent de notre artillerie, il commença à céder et à se replier. Notre infanterie le suivit de près et entreprit l'assaut des positions ennemies. La marche de nos intrépides soldats avançant sans relâche sur le versant nu et escarpé de la montagne, exposés à feu meurtrier, offrait un spectacle admirable. Ni la glace, ni les obstacles du terrain, ni la fermeté de l'ennemi, ni son feu, ne les arrêtèrent.

A 5 heures de l'après-midi le II-me bataillon de la Grouja et les volontaires emportaient d'assaut la Tchéverliouga, clef de la position turque; d'autre part le bataillon de la Morava (brig. du Roudnik), avec ceux de Belgrade et de Smédérevo prenaient le village de Ranoutovatz. Les Turcs se défendirent encore quelque temps sur le „Dva Brata" mais le sort de la bataille était décidé, la victoire était à nous.

Ce jour-là le bataillon de la Save eut une escarmouche avec les Turcs qui occupaient la Pliatchkavitza.

Le commandant du corps donna aux troupes l'ordre de se fortifier pendant la nuit sur les positions conquises et à l'artillerie de s'y transporter; d'envoyer encore deux pièces au détachement de Koumarévo; de former, sous le commandement du major R. Poutnik, une avant-garde composée des volontaires, d'un bataillon du Roudnik, de deux pièces de brigade et d'un escadron, pour poursuivre l'ennemi et tirer tout le parti possible de la victoire; puis, les troupes une fois réunies, de laisser des forces suffisantes sur les positions et d'entrer avec le reste à Vrania.

Tandis que cette affaire avait lieu sur le front principal, le combat s'était également engagé à l'aile droite avec les Turcs qui occupaient la Pliatchkavitza, Dévotine et le Kerstatz.

Ce même jour (18) les Turcs avaient attaqué nos avant-postes au village de Dévotine. La 1-re compagnie du bataillon de la Lépénitza II fut envoyée sur la colline de Gotch. La 2-me compagnie devait rejoindre la 1-re en passant par Dévotine. Les deux autres compagnies du bataillon avec deux compagnies de pionniers et deux pièces de la batterie de montagne de Kniagévatz, se trouvaient déjà à Bilianitza où nos avant-postes étaient aussi engagés. La neige était profonde sur les collines de Gotch et de Douga Lazina. Nos tirailleurs en avaient presque jusqu' à mi-corps et une compagnie entière devait travailler pour frayer chemin aux pièces. Celles-ci durent être démontées et hissées à bras sur la position. Les caisses à munition durent aussi être transportées par les soldats. Malgré ces difficultés le premier canon était à 9 heures en position, au-dessus du village de Bilianitza, et il ouvrit le feu sur les Turcs postés sur le Gotch, au-dessus de Dévotine.

La compagnie de volontaires choisis dans la brigade de Kragouiévatz, avec les insurgés de Polianitza, conduits par le sous-lieutenant Stépan Stépanovitch, attaquèrent le Gotch, et deux compagnies du bataillon de la Lépénitza II, commandées par le sous-lieutenant George Stoïtchévitch prirent les Turcs de flanc et à revers près du village de Dévotine. Après une résistance opiniâtre l'ennemi abandonna le Gotch et Dévotine à 10 heures et battit en retraite par une gorge de montagne dans la direction de Vrania.

Dans ce combat le sous-lieutenant George Stoïtchévitch tomba mortellement blessé en conduisant ses soldats à l'assaut. Il expira le lendemain.

Paix à la cendre de ce jeune et brave officier! Sa mort a épargné la vie d'un grand nombre de ses frères. Sa bravoure et l'intrépidité des hommes qui combattaient sous ses ordres, retinrent les Turcs sur la Pliatchkavitza et les empêchèrent d'aller secourir les leurs à Tchéverliouga. Si les Turcs n'avaient pas été si vivement poussés à Dévotine la prise de la Tchéverliouga nous eût coûté beaucoup plus de monde.

A ce moment la canonnade et la fusillade se faisaient aussi entendre dans la vallée de la Morava. On désigna alors pour l'attaque de la Pliatchkavitza la 3-me et la 4-me compagnie du bataillon de la Lépénitza II, une compagnie venant de Dévotine et une compagnie de pionniers. Les deux canons de campagne furent mis en position, ainsi que deux pièces légères du I-er régiment. Ces pièces furent placées à Douga Lazina à 1200 mètres de la Pliatchkavitza.

Le bataillon de Kragouiévatz se trouvait en marche de Vlaci à Drénovatz; le bataillon de la Koloubara, venant de Ravna Réka, faisait aussi diligence pour atteindre Drénovatz.

L'attaque de la Pliatchkavitza avait à s'exécuter par une crête étroite, Douga Lazina, couverte en partie de forêts et présentant une dépression où la neige avait trois pieds de profondeur. Les pionniers ouvraient le passage et on parvint à placer deux pièces à 800 mètres de la Pliatchkavitza. De là les tirailleurs seuls avaient à se frayer leur chemin. Surmontant toutes les difficultés et bravant le feu de l'ennemi, ils réussirent à la tombée de la nuit à s'approcher jusqu' à deux cents mètres des positions turques, mais l'obscurité étant survenue, ils durent suspendre leur marche.

Le 19 (31) janvier les Turcs n'attendirent pas le lever du soleil devant Vrania. Ils se dérobèrent à la faveur de la nuit et nos troupes entrèrent sans résistance dans la ville. L'avant-garde ne put poursuivre immédiatement les Turcs, parce que les volontaires se dispersèrent dans Vrania et ne purent être rassemblés à temps. Le commandant de l'avant-garde prit alors avec lui les autres bataillons de la brigade du Roudnik et atteignit l'arrière-garde turque à Bouianovatz (à la bifurcation des routes de Koumanovo et de Ghiliane). Dans l'engagement qui s'en suivit nous eûmes deux morts et quatre blessés.

A l'aile droite le bataillon de Kragouiévatz fut acheminé sur Douga Lazina et celui de la Koloubara contre la gauche du Kerstatz. Une section de cavalerie fut envoyée à Tersten pour tenir les Arnautes à distance.

On se battit tout le jour contre les Turcs de la Pliatchkavitza, mais l'épais brouillard, qui ne s'élevait qu' à de rares intervalles, faisait souvent suspendre le feu.

Les quatre bataillons turcs postés à la Pliatchkavitza et au Kerstatz avaient leur retraite coupée sur Koumanovo et restaient isolés dans leurs positions. Se voyant d'autre part attaqués de front et tournés par notre détachement de la Véternitza, ils n'eurent plus d'autre alternative que de mettre bas les armes. Pendant que l'aile droite turque tenait encore, ces bataillons employés à temps eussent pu jouer un rôle très-important, mais cernés comme ils l'étaient, une plus longue défense devenait tout-à-fait inutile.

Quand les bataillons de la I-re division pénétrèrent dans Vrania la fusillade se faisait entendre du côté de la Pliatchkavitza. On y dirigea immédiatement le bataillon de la Save qui se trouvait déjà près de Strouganitza, ainsi que le bataillon du Kosmaï avec deux pièces.

Les Turcs voyant toute issue fermée, acceptèrent la capitulation qu'on leur offrit et se rendirent sans conditions. Au lever du jour ils avaient déposé les armes

Dans ce glorieux combat de Vrania le corps de la Choumadia fit prisonniers 1685 nizams et rédifs, avec 48 officiers. Le butin consistait en 2725 fusils de divers systèmes (2537 Peabody-Martini), 148 revolvers et pistolets, 33 trompettes, 1676 cartouchières, 27.689 cartouches Martini et 31 caisses d'autres munitions d'infanterie.

L'importance des forces engagées des deux côtés, les qualités militaires déployées par les troupes, les dispositions du combat, enfin la conduite des chefs, donnent à l'affaire de Vrania la première place dans cette guerre. C'est aussi la bataille en rase campagne qui a donné les plus importants résultats.

L'ennemi avait mis en ligne 10 à 12 bataillons d'infanterie régulière, 2 à 3000 Arnautes, deux escadrons de cavalerie et huit pièces d'artillerie. Le commandant des troupes turques était le général de division Assaf pacha. Il avait sous ses ordres les généraux de brigade Ibrahim pacha et Essad pacha; les Arnautes étaient commandés par Dibraïlia.

Nous avions amené au combat 12 bataillons, 22 canons et un escadron de cavalerie. Les Turcs disposaient d'environ 9 à 10.000 hommes, tandis que nous n'en avions guère que 7000. De plus nos troupes avaient dû les attaquer dans des positions retranchées dont les abords étaient escarpés et couverts de neige. Les Turcs avaient aussi l'avantage des armes, car ils avaient des fusils Peabody-Martini et des canons Krupp, tandis que les nôtres avaient des fusils transformés Peabody et Green, et pas un canon se chargeant par la culasse. Néanmoins le résultat fut brillant. Les positions des Turcs avaient été emportées et nous leur avions fait prisonniers quatre bataillons d'infanterie régulière.

Dans ces deux journées nos pertes ont été de :

		BRIGADE	DIVISION	Morts			Blessés			TOTAUX
				OFFICIERS	CHEFS DE MILICE	SS-OFFICIERS ET SOLDATS	OFFICIERS	CHEFS DE MILICE	SS-OFFICIERS ET SOLDATS	
1	Bataillon de la Save...	de Belgrade	I-re Choumadia			5			13	18
2	„ du Kosmaï....	de Belgrade	I-re Choumadia				1		12	13
3	„ de Grodzka....	de Belgrade	I-re Choumadia			5			25	30
4	„ du Danube I ..	de Smédérévo	I-re Choumadia			4			21	25
5	„ d'Oraschié.....	de Smédérévo	I-re Choumadia			10			22	32
6	„ de la Tzer.-Gora	du Roudnik	II Choumadia						2	2
7	„ de la Morava...	du Roudnik	II Choumadia			10			14	24
8	„ de la Grouja II.	du Roudnik	II Choumadia			3			10	13
9	„ de la Lépénitza II	de Kragouiévatz	II Choumadia	1		1			5	7
10	„ de Kragouiévatz	de Kragouiévatz	II Choumadia						2	2
11	Volontaires........					82	2		75	159
12	Artillerie..........		I Choum.			1			18	19
13	Cavalerie...........		I Choum.						3	3
14	Génie...............		I Choum.						2	2
15	Infirmiers..........		I Choum.						4	4
16	État-major du corps..		I Choum.				1			1
	Totaux ...			1		121	4		228	354

Au nombre des blessés se trouvent : les sous-lieutenants Jean Chpanitch, du bataillon du Kosmaï ; Lioubomir Christitch, officier d'ordonnance, à l'état-major du corps ; Milan Bojitch et Kosta Bokchane, officiers de volontaires.

Les chiffres des pertes des volontaires ne sont pas absolument sûrs ; ce corps s'étant dispersé à Vrania, il n'a pas été possible d'établir une liste parfaitement exacte. Les pertes des Turcs dépassaient cinq cents hommes sans compter les prisonniers. Ils ont laissé un grand nombre de cadavres sur le champ de bataille.

Après avoir perdu leurs positions du Dva Brata et de la Pliatchkavitza, les Turcs, le 19 au matin, manifestèrent l'intention de renouveler le combat à Souvodol, position située entre le ruisseau de ce nom et la rivière de Vrania. Cette position était encore plus avantageuse que la précédente et avait été garnie à l'avance de fossés de tirailleurs. Mais les Turcs sortis de Vrania de grand matin pour occuper Souvodol, rencontrèrent nos colonnes qui, descendant des positions conquises la veille, se dirigeaient vers la ville. Ils renoncèrent alors à la lutte et se mirent en retraite sur Koumanovo en protégeant au moyen de leur infanterie un train de cinq cents voitures.

Tandis que notre avant-garde poursuivait les Turcs, notre colonne de Koumarévo (deux bataillons de Smédérévo, des volontaires et des insurgés) se dirigea de ses positions de Toplitza vers le pont de Zlatokop qu'elle occupa. Par ce mouvement elle coupa la route à une troupe d'Arnautes commandés par Dibraïlia, lesquels furent obligés de battre en retraite dans une autre direction, non sans laisser aux mains des nôtres onze voitures de bagages militaires.

Les troupes de la I-re division entrèrent à Vrania à midi.

Le 19 (31) janvier au soir notre armée occupait les positions suivantes:

a) Avant-garde: la brigade du Roudnik, un escadron et deux pièces, à Bouïanovatz, avec avant-postes sur les routes de Koumanovo et de Ghiliane.

b) Aile droite: sur la rive droite de la rivière de Vrania, le bataillon de la Koloubara qui avait tourné le Kerstatz; le bataillon de Kragouiévatz et le II-me de la Lépénitza, avec l'artillerie, en avant de la Pliatchkavitza; le bataillon de la Yacénitza au village de Vlaci et dans les environs; le I-er bataillon de la Grouja aux villages de Barié et de Lalintzé, pour protéger les derrières de l'armée contre les Arnautes.

Les bataillons placés près de la Pliatchkavitza et du Kerstatz bivouaquèrent après avoir pratiqué dans la neige des trous de douze pieds de diamètre et de deux pieds et demi de profondeur, où ils allumèrent du feu.

c) Aile gauche: deux bataillons de Smédérévo et les insurgés commandés par Sokolov, sur le Klioutch, en face d'Egri-Palanka.

d) Corps principal: les brigades de Belgrade et de Smédérévo cantonnées à Vrania, avec l'artillerie et la cavalerie.

e) L'état-major du corps à Mochtanitza.

20 janvier (1 février). On continua de suivre les Turcs et des reconnaissances furent opérées. Le bataillon de la Tzerna-Gora fut porté en avant-garde dans la direction de Koumanovo, l'infanterie s'avança jusqu' à Borovatz, la cavalerie jusqu' à Samollitzé. Dans la direction de Ghiliane le bataillon de la Morava s'installa au village de Loukar, la cavalerie au village de Kontchoula, dans le défilé de ce nom. Le bataillon du Katcher et le II-me de la Grouja s'établirent à Bouïanovatz.

A l'aile droite les bataillons de la Koloubára, II-me de la Lépénitza et celui de Kragouiévatz descendirent à Vrania par le défilé (Klissoura); la batterie de Kniagévatz alla rejoindre le corps du Timok.

L'état-major du corps de la Choumadia s'établit à Vrania.

Le 21 janvier (2 février) les troupes prirent du repos et employèrent la journée à remettre leurs armes en bon état. Trois bataillons de Belgrade échangèrent leurs fusils contre des Martinis pris aux Turcs et toute la brigade de Smédérévo fut armée de Peabodys.

Le bataillon de la Yacénitza descendit également de Dévotine à Vrania et le I-er de la Grouja s'établit au village de Vlaci et dans les environs, pour surveiller les Arnautes du Goliak.

Sur les ordres du commandant de la II-me division la position de Samollitzé fut immédiatement fortifiée.

22 janvier (3 février). Le commandant du corps de la Choumadia sachant qu' Assaf pacha se retirait en désordre sur Koumanovo et que l'ennemi n'avait pas de forces importantes à Prichtina, sans attendre les ordres du quartier général, enjoignit à la II-me division de se diriger à marches forcées par Ghiliane sur Prichtina, de manière à occuper cette ville avant l'armistice.

Le commandant de l'avant-garde, major Poutnik, reçut l'ordre de réunir ses troupes dès que celles de la brigade de Belgrade les auraient relevées et de les diriger sur Ghiliane. L'avant-garde devait être formée par la cavalerie et deux bataillons. Le reste de la troupe consistait en deux bataillons et trois batteries (une de campagne, une de brigade et une de montagne). La brigade de Kragouiévatz avec le reste de l'artillerie du II-me régiment fut acheminée le soir même sur Bouianovatz.

Le 23 janvier (4 février) après minuit l'avant-garde se mit en marche et vers midi trois bataillons et un escadron atteignaient Ghiliane. Les Turcs qui s'y trouvaient se rendirent, et furent immédiatement désarmés. Un bataillon et un escadron prirent la route de Prichtina par Labliane et Mramor; les volontaires furent dirigés par Bressalovtzé, Jégovatz et Dobrotine avec l'ordre d'être le lendemain à Kossovo et d'y détruire le chemin de fer. Deux bataillons arrivèrent le soir à Kourétichté, une batterie à Zébinatz et un bataillon, le dernier qui avait été relevé sur la hauteur de Koumarévo, atteignit Ghiliane.

La brigade de Kragouiévatz parvint au village de Ropotov, entre Ghiliane et le défilé de Kontchoula, et se répartit dans les villages environnants.

L'état-major de la II-me division arriva ce jour-là au village de Domorovtzé sur la Kriva Réka. Le commandant de la division ayant reçu dans la nuit du 23 au 24 janvier (4 au 5 février) l'ordre d'arrêter immédiatement les hostilités, se rendit cette nuit même avec son état-major à Ghiliane et envoya l'ordre à tous les commandants de suspendre leur marche, les troupes devant faire halte aux endroits où cet ordre leur parviendrait.

Le 24 janvier (5 février) les avant-postes furent renforcés par le reste des troupes de la brigade du Roudnik. La ligne des avant-postes de cette brigade s'étendit des villages de Bostane et Novo Berdo, à Paralovo, Vèrbitza, Jégovatz et Ponesch. Une partie de la brigade de Kragouiévatz occupa la ligne Boudrak, Lechtitza et Radovitza.

C'est dans cette situation que la nouvelle de l'armistice qui venait d'être conclu surprit les troupes serbes de ce côté.

L'armée serbe était aux portes de Kossovo Polié. Devant elle brillait l'église de Gratchanitza[1]. Un pas encore et les voeux de toute la nation serbe étaient accomplis, les héros de Kossovo étaient vengés et l'armée serbe occupait Prichtina et Kossovo.

[1] Rem. Eglise où communia l'empereur Lazare avant de livrer la bataille de Kossovo (1389).

La nouvelle de l'armistice a brisé ces espérances du soldat serbe. Obéissant aux ordres de ses chefs, il s'est arrêté au jour même où ces revendications historiques allaient être satisfaites, où ce rêve national, chanté durant des siècles, allait devenir une réalité.

Le soldat serbe a fait halte au seuil de Gratchanitza et de Prichtina, mais dans la ferme espérance que l'heure sonnera bientôt où les armes serbes rendront à ces contrées la liberté et l'indépendance.

IX

MARCHE A TRAVERS LA POUSTA RÉKA ET LE GOLIAK

du 2 (14) au 22 janvier (3 février) 1877

RELATION.

La forteresse de Nisch une fois au pouvoir de notre armée, les opérations militaires prirent un plus grand développement et une autre direction.

Nos forces principales se tournèrent vers le sud-ouest, vers Kossovo, et c'est par l'occupation de cette contrée que la campagne aurait pris fin si l'armistice n'était venu interrompre la marche de nos troupes.

Sur ce nouveau front d'opérations le corps du Timok reçut pour mission de pénétrer dans l'Arnautluk, de se porter sur le flanc de l'armée d'Hafiz pacha et de combiner ses mouvements avec ceux du corps de la Morava pour déloger les Turcs de leurs positions de Prépolatz et du Samokov.

Les troupes du corps du Timok se mirent en mouvement le 2 (14) janvier. Ce jour-là la brigade combinée partit de Nisch et se rendit à Petchénevtzi par Kotchane; le 3 (15) se mit en marche la brigade du Branitchévo; le 5 (17) l'état-major de la division du Danube avec la brigade de Pojarévatz, le 6 (18) les troupes de la Kraïna et de Kniagévatz, enfin le 7 (19) l'état-major du corps.

Le 8 (20) janvier le corps entier se trouvait concentré sur la ligne : Zlata—Boïnik—Lébane. De ces localités on fit pour s'orienter des reconnaissances dans plusieurs directions et on profita de ce temps pour élever les fortifications les plus indispensables ainsi que pour réunir des subsistances.

Pour prendre ces positions toutes les troupes avaient suivi la route de Leskovatz, passé le pont de Tchetchina, et gagné Gornié Brianié et Katzabatch, en remontant la rive gauche de la Pousta Réka. De là la division du Danube se dirigea sur Zlata. Les troupes de la Kraïna arrivées à Pridvoritza marchèrent sur Lébane.

Dans ces mouvements nos troupes eurent avec les Arnautes quelques rencontres, insignifiantes il est vrai, mais qui témoignent du caractère belliqueux de ces populations. Elles augmentaient les obstacles que notre armée avait à surmonter pour s'avancer régulièrement à travers ces régions abruptes.

La division du Danube rencontra la première résistance le 6 (18) près du village de Gornié Brianié. Les habitants de ce village joints à ceux de Stoubla et de Katzabatch, cherchèrent à s'opposer à la marche de nos troupes; ils furent bientôt culbutés, mais reprirent position près du village de Katzabatch. Des forêts où ils se cachaient, ils entretenaient une vive fusillade. De là les Arnautes se replièrent sur le village de Gragnitza où ils furent rejoints par les habitants de Doubova. Attaqués le 7 (19) janvier ils se défendirent avec acharnement trois heures durant contre l'avant-garde de la brigade du Branitchévo qui les délogea et continua sa route sur Zlata. Dans ces deux escarmouches nous eûmes deux tués et six blessés. Pour imposer aux Arnautes on tira quelques coups de canon.

Les troupes de la Kraïna rencontrèrent le 7 (19) janvier au-dessus du village de Pridvoritza cinquante à soixante Arnautes qui firent résistance, mais une compagnie du bataillon du Klioutch les mit en fuite.

Le 8 (20) janvier comme les Arnautes du village de Krivatcha tiraient sur nos colonnes, deux compagnies du bataillon de Berza-Palanka furent envoyées pour les en chasser, ce qu'elles exécutèrent sans éprouver de pertes. Les Arnautes eurent quelques hommes tués.

Le bataillon de la Kraïna rencontra le 8 (20) janvier une vive résistance près de Tékia, où le Cheih arnaute de cette contrée avait réuni environ deux cents des siens pour défendre ce village. On se battit pendant trois heures. Le bataillon délogea par un mouvement tournant les Arnautes de leur première position, puis d'une seconde où ils tentèrent de se maintenir. Enfin les Turcs prirent la fuite par la vallée de la Medvédia poursuivis par nos soldats. Notre perte fut de trois blessés. Les Arnautes eurent un grand nombre de morts et de blessés. Dans la propriété du Cheih on trouva une quantité considérable de grain et de fourrage ainsi que trois drapeaux avec des inscriptions.

Ce n'étaient là que les rencontres préliminaires sur la limite de cet Arnautluk que les troupes du Timok avaient à traverser.

Terrain. La région appelée Arnautluk est comprise entre Leskovatz et Vrania à l'est, Prichtina et Kourchoumlia à l'ouest. Elle est bornée au nord-ouest par la chaîne du Kopaonik et par la rivière Toplitza, et s'étend au sud-est jusqu' à la vallée de la Morava. Ce pays a une superficie d'environ 100 lieues carrées et présente d'un bout à l'autre un caractère très-montagneux. Il comprend: a) les bassins de la Toplitza, de la Pousta, de la Medvédia et de la Vèternitza, rivières qui coulent du sud-ouest au nord-est et se déversent toutes dans la Morava (rive gauche); b) le bassin du Lab qui suit la direction du nord au sud et se jette dans la Sitnitza; c) celui de la Kriva Réka, affluent de la Morava, comme les premières, mais dont le cours va du nord-est au sud-est. Cette contrée qui comprend ces bassins secondaires, ramifications de ceux de la Morava à l'est et de l'Ibar à l'ouest, est partagée du nord-ouest au sud-est par une chaîne de montagnes qui commence au Souvo Roudichté, frontière de la

Serbie, se dirige sur Prépolatz, passe par les monts Mrdar, Matchia Glava, Grapachnitza, Véliglava, Goliak, Polianitza et se termine à la Karpina au-dessus de Vrania. Les points culminants de cette chaîne sont le Radane, la Pétrova Gora, le Merkogne, le Gouri Baba et le Goliak. Les meilleurs chemins sont celui de Kourchoumlia à Prichtina par la vallée du Lab, et de Leskovatz à Prichtina, en remontant la Medvédia et en franchissant la montagne de la Grapachnitza. Un chemin qui part du pont de Tchétchina, remonte la Pousta jusqu' à Boïnik et Slichane où il se relie, par des sentiers de montagne presque impraticables, au chemin qui mène à Prichtina par la vallée de la Medvédia. La région supérieure des montagnes où se trouvent les sources des rivières est habitée par un élément purement arnaute. Sur les ramifications de ces montagnes, au fond de leurs vallées et surtout quand on se rapproche des confluents des rivières, on retrouve les traces de l'élément serbe qui régnait jadis dans ces contrées aujourd'hui en grande partie dépeuplées et désertes par suite des émigrations en Autriche. — Telle est la région où le corps du Timok était appelé à opérer.

En vue de déborder les lignes d'Hafiz pacha et de le battre, ou au moins de l'obliger à la retraite, on prit les dispositions suivantes:

Les troupes de Kniagévatz et de la Kraïna devaient s'avancer jusqu' à la hauteur du Tzerni-Verh et du Slichane. Là celles de Kniagévatz devaient faire une conversion dans la direction d'Hafiz pacha et effectuer des démonstrations contre son aile droite et sur les derrières de Prépolatz, tout en étudiant les positions et les forces de l'ennemi. La division du Danube devait faire des reconnaissances forcées par les montagnes de la Pétrova Gora et du Radane dans la direction de Prékoradia et de Prépolatz.

Toutefois avant d'exécuter ces mouvements, les troupes de Kniagévatz, de la Kraïna et la division du Danube durent s'éclairer dans les directions de la Pétrova Gora et de la Choumanska planina, pour s'orienter sur le terrain ainsi que sur les intentions et les mouvements des Arnautes. On y employa les journées des 9, 10 et 11 janvier.

Les troupes de Kniagévatz lancèrent des reconnaissances jusqu' aux villages d'Ivagne, de Boublitza, de Slichane, de Boutchoumète et de Gaïtane. A Slichane et Gaïtane on se battit avec les Arnautes qui défendaient opiniâtrement leurs villages.

Les troupes de la Kraïna envoyèrent leurs éclaireurs dans la vallée de la Choumana jusqu' à Gourgourovatz et Zadodia.

Ceux de la division du Danube prirent la direction de la Pétrova Gora et de Kourchoumlia, par les villages de Boublitza et de Statovatz.

Partout il y eut des rencontres avec les Arnautes qui défendaient chaque village et ne se retiraient que devant des forces supérieures.

Enfin les trois divisions se portèrent en avant chacune vers l'objectif qui lui était assigné.

13 (25) janvier. Les troupes de Kniagévatz, ayant en tête l'escadron de Kniagévatz et le bataillon de Sverliik, s'emparèrent du village de Gaïtane et en chassèrent les Arnautes qui s'enfuirent à Madane. Nous eûmes un homme tué

et les Arnautes six. La division du Danube et les troupes de la Kraïna firent leurs préparatifs de marche.

14 (26) janvier. Les troupes de Kniagévatz, le bataillon de Kniagévatz II avec quelques cavaliers à l'avant-garde, continuèrent à s'avancer sur Prépolatz par la montagne de Madane, dont les Arnautes défendirent le passage avec acharnement. Après une fusillade prolongée et une douzaine de coups de canon, les Arnautes furent mis en déroute et s'enfuirent à Svignichté et Terha.

Les soldats bivouaquèrent pour la plus grande partie sur la neige.

Si le chemin avait été des plus mauvais jusqu' à Gaïtane, il devenait tout-à-fait impraticable sur les pentes du Madane et au-delà. Les pionniers durent préalablement le réparer en plusieurs endroits pour rendre possible le passage de l'artillerie.

Les troupes de la Kraïna rencontrèrent les Arnautes entre le Slichane et le Tzerni Verh, près du village de Rouïnkovatz, sur la rive droite de la Medvédia. Attaqués dans leurs positions par deux compagnies du bataillon de la Kraïna, les Arnautes se replièrent sur une autre position d'où ils furent aussi délogés. L'artillerie tira quelques salves pour inspirer plus de crainte aux Arnautes.

Les troupes de la Kraïna s'établirent sur la position de Boutchoumète et s'y fortifièrent, tant pour avoir un point d'appui que pour assurer aux brigades de Kniagévatz qui marchaient sur Prépolatz, une ligne de retraite en vue de toute entreprise des troupes turques de Prichtina et des Arnautes.

La division du Danube se dirigeait sur Prékoradia et passa des vallées de la Zlatitza et de la Pousta, dans celle de la Koçaonitza, par la montagne de Radane.

L'avant-garde composée des bataillons de Rham et de Goloubatz, de la compagnie de pionniers et de la batterie légère du Branitchévo, atteignit ce jour-là le village de Vlaci, dans le bassin de la Koçaonitza, en franchissant la ligne de partage des eaux entre le Radane (à droite) et la Pétrova Gora (à gauche), qui est à cinq lieues du village de Srednii Statovatz.

Trois bataillons de la brigade de Pojarévatz passèrent la nuit à Bogouiévatz sous le Radane, les autres troupes se répartirent dans les villages en arrière de ce point. La V-me batterie de campagne parvint à Bogouiévatz au prix des plus grands efforts, après avoir employé jusqu' à sa dernière roue de rechange.

Dans l'après-midi la neige se mit à tomber accompagnée d'un vent glacial; le mauvais temps dura toute la nuit et le lendemain les chemins avaient disparu sous une épaisse couche de neige.

15 et 16 (27 et 28) janvier. La brigade de 1-re classe de Kniagévatz surmontant tous les obstacles, franchit le Madane et arriva à Svignichté dans la vallée de la Koçaonitza; la III-me batterie de campagne y parvint aussi le même jour à grand peine. Les autres troupes passèrent la nuit à Vertop et à Gaïtane, et atteignirent le 16 (28) les environs de Svignichté.

Des détachements de cavalerie conduits par des officiers durent rechercher dans toutes les directions les chemins obtrués par la neige. Le brouillard interceptait la vue et la carte de l'état-major autrichien ne pouvait servir à s'orienter car elle ne s'accordait pas du tout avec la configuration du terrain. Dans ces reconnaissances on échangea partout des coups de fusil avec les Arnautes qui se retiraient devant nos troupes dans la direction de Prichtina.

17 (29) janvier. La division de Kniagévatz partie de Svignichté continua à avancer dans la direction de Prépolatz malgré les Arnautes, les amas de neige l'ignorance des chemins, le manque de nourriture et le mauvais temps.

Le village de Terha, situé près de la source de la Koçaonitza, fut pris ainsi qu'une hauteur qui le domine. Les Arnautes ne se retirèrent qu'après une assez longue fusillade.

Dans l'après-midi le bataillon de Kniagévatz II et un escadron s'emparèrent de la montagne de la Terpéza après un engagement où les nôtres eurent trois blessés. C'était la position la plus importante pour opérer contre Prépolatz et le point culminant sur la ligne de séparation de la Morava méridionale et de l'Ibar. Le lieutenant Jouiévitch poursuivit les Arnautes jusqu' au village de Hertitza avec l'escadron de Kniagévatz et leur tua beaucoup de monde.

La brigade de Kniagévatz de 1-re classe s'établit sur la Terpéza et l'escadron passa la nuit au village de Dolnia-Hertitza (bassin du Lab). La III-me batterie de campagne était avec la brigade de Kniagévatz ; la brigade combinée et la IV-me batterie de campagne occupaient le terrain entre Terha, Koula, Zagradia et Svignichté.

Ces marches exécutées par la division de Kniagévatz exigèrent les plus grand efforts, surtout de la part l'artillerie. Le passage de ces montagnes pendant l'hiver eût été déjà une tâche difficile pour une troupe régulière, bien outillée et bien approvisionnée, mais pour la milice serbe, qui avait de plus à lutter contre un ennemi fanatique et avec le manque de vivres, cette opération était un véritable tour de force.

Pour représenter plus fidèlement les difficultés que ces troupes eurent à surmonter, nous empruntons ce qui suit à la relation du commandant du corps :

„En général, toute cette région presque inaccessible même dans la belle saison devait être parcourue par nos éclaireurs suivant les règles militaires. Les Arnautes eux-mêmes la croyaient impraticable à partir de Slichane. Jamais en effet une troupe turque n'avait pu y pénétrer et jamais surtout il n'avait été question d'y faire passer de l'artillerie. Le passage de nos troupes frappa les Arnautes d'un étonnement qui contribua beaucoup à les décourager, bien qu'ils tentassent de se défendre sur chaque hauteur.

„Le terrain est pour la plus grande partie recouvert d'un taillis bas et épais qui rend difficile le passage à pied et à cheval, et exige de grands efforts pour les voitures et l'artillerie. Plus l'on monte, plus les sentiers sont mauvais. Etant peu fréquentés, c'est à peine s'ils sont reconnaissables et souvent on ne peut en retrouver la trace. On passe alors où l'on peut.

„De l'avant-garde qui se battait avec les Arnautes, jusqu' à l'extrémité de la colonne des voitures, on ne faisait que creuser, abattre, écarter la neige, combler les fissures du sol, descendre ou hisser les canons, les caissons, les voitures. Tout le long de la ligne, officiers et chefs surveillaient, travaillant souvent eux-mêmes pour donner l'exemple.

„L'artillerie avance lentement et atteint la position de Terpéza. A chaque instant on est obligé de démonter les pièces et de les traîner dans la neige à bras d'hommes soit pour les faire descendre, soit pour les hisser sur les pentes. Là où les attelages peuvent passer les pièces sont traînées par six paires de chevaux et dix paires de boeufs. — Les versants de la montagne qui descendent au ruisseau Terha sont si fort inclinés que le soldat est obligé de s'asseoir sur la neige et de se laisser glisser en bas. Dans ces endroits-là l'artillerie est dételée et les chevaux parviennent au bas des pentes en glissant sur les genoux et sur le ventre; quant à la pièce 60 à 100 hommes la retiennent au moyen de cordes; d'une main le soldat tient la corde, de l'autre il se cramponne à un arbre, car ses sandales glissent. Quelquefois le poids entraîne l'arbre auquel on veut assujettir la corde; parfois jusqu' à trois cordes sont fixées à une seule pièce. Un canon, en se renversant, fracasse le bras d'un artilleur.

„Artillerie et infanterie ont enduré l'impossible. Tous ceux qui n'étaient pas blessés avaient au moins des contusions et nous n'avions pas une goutte d'eau-de-vie pour récompenser ces hommes. Depuis plusieurs jours ils ne mangeaient plus au lieu de pain que du maïs bouilli sans sel. La bonne humeur se maintint néanmoins parmi eux et ils vinrent à bout de leur tâche.

„Si, malgré toutes les difficultés et tous les obstacles, l'armée parvint le 17 (29) aux positions qu'il s'agissait d'atteindre, ce résultat ne peut être attribué qu' à l'énergie exceptionnelle déployée par les soldats et par leurs chefs".

Dans ces conditions les étapes ne pouvaient être naturellement que fort courtes, et on n'avancait qu' avec circonspection de position en position.

Le premier jour on alla de Tzerkvitza à Slichane;

le deuxième jour de Slichane à Gaïtane—Vertop;

le troisième jour de Vertop à Madane;

le quatrième jour de Madane à Svignichté—Zagradia, et

le cinquième jour de Zagradia à la Terpéza (Mrdar).

Toutes ces positions étaient avantageuses pour le combat. Les étapes n'étaient que de deux à trois lieues. Il s'agissait en effet de nettoyer entièrement la contrée d'ennemis pour éviter les surprises. Dans ce but l'infanterie marchait en plusieurs colonnes, prêtes à repousser toute attaque et à se porter mutuellement secours.

„Un froid intense, la neige que le vent amoncelait par places à de grandes hauteurs et où les hommes enfonçaient souvent très-profondément, enfin l'épais brouillard, tout contribuait à ralentir beaucoup la marche".

Pendant ce temps les troupes de la Kraïna, suivant l'ordre qu'elles avaient reçu, se fortifiaient dans leurs positions et faisaient des reconnaissances en avant pour en choisir de nouvelles. La division du Danube resta immobile dans les positions où elle était arrivée le 14 (26), la neige et le vent l'empêchant de continuer sa route. La batterie de campagne et le bataillon de Pojarévatz durent même rétrograder jusqu' à Statovatz pour trouver de meilleurs cantonnements.

18 (30) janvier. La position de Terpéza était la meilleure des environs aussi bien pour sa valeur tactique, que comme position de défense et comme point d'appui pour opérer contre Prépolatz ou Podouiévo, ces deux localités n'étant distantes l'une de l'autre que de trois lieues.

Des reconnaissances envoyées dans la direction de Prépolatz à $1\frac{1}{2}$ lieue en avant, n'avaient signalé aucun mouvement de l'ennemi et n'avaient rencontré aucun détachement. On avait cependant aperçu la position turque de Prépolatz; mais cette reconnaissance était insuffisante.

La division de Kniagévatz se groupa ce jour-là autour de la position de Terpéza. Les deux batteries de campagne et la brigade combinée s'y installèrent, tandis que la brigade de Kniagévatz se dirigeait à gauche vers Matchia Sténa et le village de Hertitza.

Les troupes bivouaquèrent sur la montagne. La neige tombait continuellement, accompagnée de vent. Pour s'abriter les soldats creusèrent dans la neige des trous de un à deux mètres de profondeur où ils allumaient du feu pour réchauffer leurs membres engourdis. L'épaisseur moyenne de la couche de neige était de trois pieds.

La veille déjà on avait aperçu quelques colonnes turques qui de Prépolatz se retiraient sur Prichtina. C'était la preuve que les Turcs avaient remarqué l'approche de nos troupes et qu'ils cherchaient soit à éviter le coup, soit à prévenir notre intention. Les combats sur le Samokov montrent qu'ils s'étaient décidés pour le second parti.

Les troupes de la Kraïna poussèrent ce jour-là une reconnaissance jusqu'au village de Doukat et commencèrent à déblayer la route en vue de leur marche sur Prichtina.

La division du Danube, sur l'ordre réitéré du commandant du corps et le temps étant moins défavorable, reprit sa marche sur Prékoradia en cherchant à se relier à la division de Kniagévatz.

Le commandant de la brigade du Branitchévo, major Alexandre Protitch, quitta le village de Novo Vlaci avec les deux bataillons de Goloubatz et de Rham, une compagnie de pionniers et un escadron, laissant à Novo Vlaci les deux autres bataillons de la brigade et la batterie légère. En avant marchait le bataillon de Goloubatz avec un détachement de cavalerie; il était suivi par les pionniers et le bataillon de Rham. A l'extrême avant-garde marchaient en éclaireurs des volontaires du bataillon de Goloubatz. La neige ne permettait d'avancer qu' à la file car en dehors de la voie on enfonçait jusqu' à la ceinture.

Après plusieurs heures d'une marche pénible on atteignit le village de Staro Vlaci et, trois heures plus tard, la colonne arriva au pied de la montagne sur laquelle se trouve le village de Méhana.

Combat de Méhana. A peine nos soldats se mettaient-ils en devoir de gravir la montagne, que les Arnautes, établis sur les hauteurs les accueillirent tout-à-coup par une vive fusillade. Le bataillon de Goloubatz se déploya aussitôt et se fraya un chemin dans la neige jusqu'à mi-hauteur. Deux compagnies du bataillon de Rham parvirent non sans peine à occuper une éminence sur la droite des Arnautes. Mais comme ce mouvement avait pris du temps les Arnautes concentrèrent leur feu sur l'aile gauche du bataillon de Goloubatz. Les tirailleurs commencèrent alors à reculer et avec eux tout le bataillon. Pendant ce temps les deux compagnies de Rham parvenues sur l'éminence ouvrirent le feu contre la droite des Arnautes, les prenant ainsi de flanc. La panique se mit alors parmi eux et ils lâchèrent pied abandonnant même le village que le bataillon de Rham occupa. Les Arnautes perdirent beaucoup des leurs dans la retraite. Le bataillon de Goloubatz eut 10 morts et 15 blessés, le bataillon de Rham seulement 2 blessés.

Du côté des Arnautes plusieurs centaines d'hommes avaient pris part à l'affaire parmi lesquels 30 à 40 étaient à cheval. Le combat finit à la nuit.

19 (31) janvier. Le commandant de la division de Kniagévatz ayant dirigé ses troupes en reconnaissance au sud dans la vallée du Lab, par Matchia Sténa, vers le village de Hertitza et la petite rivière de la Bervénitza, elles rencontrèrent les Arnautes près du village de Chaïkovatz et le combat s'engagea.

Vers deux heures de l'après-midi environ deux cents Arnautes à cheval et une cinquantaine à pied se dirigèrent vers une hauteur près du village de Chaïkovatz, où ils se rencontrèrent avec deux compagnies du II-me bataillon de Kniagévatz. Les Arnautes furent bientôt repoussés par le feu réuni de notre infanterie et de notre artillerie, et rétrogradèrent vers la route de Prichtina en longeant la Doubnitza. Tandis que les Arnautes se retiraient une colonne de trois à quatre bataillons de nizams se montra sur la route de Prichtina, se dirigeant de notre côté. On signala en même temps deux compagnies ennemies à gauche de Podouiévo.

L'obscurité et le brouillard mirent fin au combat où nous eûmes 4 morts et 3 blessés.

Pendant ce temps la division du Danube, sur l'ordre du commandant du corps de la Morava (lequel avait sous ses ordres les deux corps de la Morava et du Timok), marchait dans la direction de Kourchoumlia, laissant derrière elle le village de Méhana qu'elle avait occupé. De cet endroit il était avantageux et facile de gagner Prékoradia. On menaçait par ce mouvement l'aile droite ennemie en même temps que l'on établissait ses communications avec la division de Kniagévatz et que l'on couvrait le flanc droit de cette division. Deux bataillons du Branitchévo seulement furent laissés à Vlaci pour assurer les derrières. La brigade du Branitchévo passa la nuit à Toverliane et le reste des troupes arriva le soir à Dédina.

La division du Danube passait ainsi du rayon du corps du Timok dans celui du corps de la Morava.

Les troupes de la Kraïna restèrent dans leurs positions de Boutchoumète où nous les avons laissées plus haut.

20 janvier (1 février). Après le combat de la veille et l'apparition de colonnes ennemies dans la vallée du Lab, le commandant de la division de Kniagévatz groupa ses troupes sur la position Terpéza—Matchia Sténa—Hertitza, la brigade de Kniagévatz formant la gauche autour du village de Hertitza et occupant les chemins qui remontent de Prichtina la vallée de la Bervénitza.

En vue de disperser les colonnes ennemies qui se trouvaient dans la vallée du Lab, le commandant de la division de Kniagévatz envoya la brigade combinée avec les batteries de campagne III et IV prendre position entre la Doubnitza et la Bervénitza, faisant front vers le Lab. La brigade de Kniagévatz avec la I-re batterie de montagne, venue le 19 de St. Nicolas devait franchir la Bervénitza et se poster sur les hauteurs de la rive droite de cette rivière. A l'avant-garde marchait le bataillon de Sverliik, lequel en même temps couvrait l'aile gauche de la brigade de Kniagévatz.

En approchant du village de Chaïkovatz, l'avant-garde reconnut qu'il était occupé par l'ennemi dont les patrouilles de cavalerie parcouraient les environs.

Le 2-me bataillon de la brigade combinée se déploya sous le feu de l'ennemi, et par une charge exécutée au pas de course, rejeta les Turcs dans le village d'où ils furent bientôt aussi délogés pour ainsi dire à la baïonnette.

Mais l'ennemi reçut bientôt des renforts qu'on se hâta de lui envoyer des villages voisins et peu à peu le bataillon serbe fut obligé d'abandonner le village. Il fut appuyé alors par le 4-me bataillon de la brigade, et à 3 heures de l'après-midi les deux bataillons firent ensemble une nouvelle charge contre l'ennemi qu'ils mirent en fuite. A cet instant arrivaient les batteries qui aidèrent à déloger les Turcs d'un autre village situé derrière le premier et les forcèrent à se réfugier de l'autre côté du Lab. A 4 heures pendant que les Turcs étaient en pleine retraite, une nouvelle colonne ennemie de quatre bataillons avec une batterie déboucha sur la route de Prichtina. Dès que son avant-garde fut à portée, notre artillerie ouvrit le feu sur elle. La colonne tourna alors à gauche. Une partie prit la direction de Voutchitern et l'autre retourna sur ses pas par le défilé.

Pendant le combat la brigade de Kniagévatz avait arrêté son mouvement pour pouvoir au besoin secourir les bataillons engagés.

On s'empara d'un drapeau arnaute. Ce drapeau a été pris par quatre soldats du 4-me bataillon (Klioutch) de la brigade combinée, Nicolas Marianovitch, Ghitza Batzok, Nicolas Stoïanovitch et Nicolas Avramovitch, tous du département de la Kraïna.

Du côté de l'ennemi environ 2000 Arnautes et 200 cavaliers avaient été engagés. Parmi les Arnautes il y avait aussi des nizams, car on trouva le cadavre d'un officier. L'ennemi laissa sur le terrain une assez grande quantité de morts. De notre côté nous avions 14 morts et 39 blessés.

Les troupes de la Kraïna se préparèrent à continuer le lendemain leur mouvement en avant.

La division du Danube se concentra aux villages de Dédina et de Gabrovnitza dans le bassin de la Toplitza.

21 janvier (2 février). Comme le mouvement de la division de Kniagévatz vers le Lab avait affaibli la position principale de Terpéza et que par là, notre droite et toute notre ligne de retraite étaient exposées à une attaque venant de Prépolatz ou de la vallée de la Koçaonitza, le commandant du corps du Timok ordonna la nuit même aux troupes de réoccuper la ligne Terpéza—Matchia Sténa — Hertitza, laquelle domine les bassins environnants. La division de Kniagévatz resta en repos ce jour-là et le lendemain. On n'entreprit rien contre Prépolatz, bien que ce soit sur ce point qu'on eût dû dès le commencement diriger toute son attention et toutes ses forces.

Les troupes de la Kraïna reçurent l'ordre de prendre position sur le Merkogne et sur la rive droite du ruisseau Medvédia. A l'avant-garde marchaient le bataillon de Négotine (1-re classe), un escadron et deux pièces de la batterie de montagne du Roudnik. Les pionniers et deux compagnies de 2-me classe réparaient le chemin où cela était nécessaire. Le gros de la division était précédé par le bataillon de la Kraïna.

Combat de Makédontzi. Vers midi, après le passage de l'avant-garde, la tête du bataillon de la Kraïna essuya à l'improviste le feu des Arnautes placés en embuscade non loin de Makédontzi. Le bataillon se déploya immédiatement; deux compagnies du 1-er bataillon se portèrent sur le flanc droit de l'ennemi, et l'on fit avancer deux pièces, tandis que le 3-me bataillon se dirigeait vers la gauche et les derrières des Arnautes.

Ceux-ci s'étaient très-habilement postés sur une hauteur escarpée de la rive droite du ruisseau de Makédontzi; ils formaient une double chaîne de tirailleurs avec une réserve. La chaîne placée au sommet des hauteurs ouvrit d'abord le feu pour attirer sur elle l'attention de nos soldats, tandis que les hommes de la première chaîne placés sur un gradin inférieur et bien abrités attendaient que les nôtres fussent assez près pour pouvoir tirer à coup sûr. Surpris tout-à-coup par ce feu meurtrier, nos soldats se rejetèrent d'abord en arrière et retirèrent les pièces de leur position. Mais dès que notre infanterie se fut orientée, elle recommença régulièrement son feu et reprit sa marche en avant. Son approche ainsi que la manœuvre de flanc du 3-me bataillon et deux coups bien dirigés de la batterie de campagne, suffirent pour déterminer les Arnautes à abandonner leur embuscade. Le 2-me bataillon se mit à leur poursuite sans leur donner le temps de se rallier ni de reprendre position. Deux Arnautes furent faits prisonniers.

Les Arnautes étaient au nombre de deux cents. Ils laissèrent sur le terrain 15 morts et 10 blessés. Parmi les morts se trouvaient leur chef principal Nouo, de Gherbesch, et Rousten-Goga, qui avait deux blessures. Nos pertes étaient de 5 morts et de 32 blessés.

Le gros des troupes de la Kraïna passa la nuit au village de Glogovatz, dans la vallée de la Medvédia; des compagnies des 1-er et 3-me bataillons couvraient son flanc droit, et le 1-er bataillon, qui faisait le service d'avant-garde, était placé en avant, près de l'endroit où la Medvédia reçoit le ruisseau de Bania.

La division du Danube fit des reconnaissances dans la direction des montagnes de Sokol.

22 janvier (3 février). La division de Kniagévatz ne put rien entreprendre à cause de la neige et du mauvais temps. Elle reçut l'ordre d'envoyer une partie de ses troupes sur Prépolatz et de tenter de s'en emparer par surprise si l'ennemi n'était pas en forces.

Les troupes de la Kraïna prirent position sur le Merkogne.

La division du Danube, sur l'ordre du commandant du corps de la Morava, avait pris la direction du village d'Arbanachka par la montagne de Sokol, pour tourner les Turcs qui occupaient le Tzerni-Verh. Elle atteignit ce jour-là le village d'Arbanachka, mais ne put continuer avant d'avoir retrouvé les chemins ensevelis sous la neige.

Le 23 janvier (4 février) à 8 heures du matin, le commandant du corps du Timok reçut du quartier-général l'ordre de suspendre les hostilités par suite de la conclusion de l'armistice.

Cet ordre parvint à la division de Kniagévatz pendant son mouvement sur Prépolatz. Sans la nouvelle de l'armistice les troupes du corps de la Morava auraient continué l' attaque des fortifications du Samokov, dont elles n'étaient plus éloignées que de cinquante pas, tandis que la division de Kniagévatz aurait pris les Turcs de flanc et par derrière. Il est facile de tirer les conséquences de cette situation. La preuve que ce drame sanglant aurait fini par tourner à notre avantage, est que, lors du tracé de la ligne de démarcation, les Turcs ne firent presque pas de difficultés pour céder leurs positions retranchées du Samokov et de Prépolatz, lesquelles étaient stratégiquement tournées. Si le temps eût été moins défavorable et qu'on eût pu marcher plus rapidement au but, la question eût été militairement résolue en notre faveur avant l'armistice. Celui-ci a arrêté l'effusion du sang, mais sans rien changer au résultat final.

Les troupes restèrent dans leurs positions respectives et les commandants serbe et turc s'entendirent par le moyen de parlementaires sur la cessation des hostilités et sur la fixation de la ligne de démarcation.

Si durant neuf jours de combats et d'efforts continuels, au milieu des intempéries d'un hiver rigoureux, nos soldats mal vêtus comme ils l'étaient, sans nourriture régulière, n'ayant souvent pour aliment que du maïs bouilli sans sel et que la neige pour se désaltérer (une seule fois il y eut une distribution d'eau-de-vie à raison de 150 grammes par homme), passant leurs nuits dans des trous pratiqués dans la neige, si malgré tout cela, l'esprit de la troupe est resté bon, il faut l'attribuer à la conduite exemplaire des officiers et des chefs de la milice.

Mais ce qui fait encore plus d'honneur à nos soldats, c'est leur générosité. Dans sa relation le commandant du corps du Timok ajoute: „Je dois encore dire que nos soldats se sont humainement conduits envers les faibles; qu'ils donnaient de la nourriture aux enfants égarés ou abandonnés et les préservaient du froid jusqu' à ce qu'ils trouvassent quelque famille arnaute à qui ils pussent les remettre; qu' enfin ils n'ont nulle part manqué d'égards envers les femmes dont l'honneur est l'objet du plus grand respect chez les Arnautes. Sous ce rapport il ne s'est pas présenté un seul cas punissable". C'est ainsi que les Serbes se sont vengés des incendies, des massacres et des violences dont les Turcs s'étaient rendus coupables dans la précédente campagne.

X

COMBATS AUTOUR DES FORTIFICATIONS DU SAMOKOV.

11—22 janvier (23 janvier — 3 février) 1878.

1. NOUVELLES DU THÉATRE DE LA GUERRE.

Nisch, le 9 (21) janvier 1878.

Kourchoumlia est de nouveau en notre pouvoir.

Nos troupes y ont trouvé de nouveaux témoignages de la cruauté et de la barbarie turque. Tandis qu' un si grand nombre de prisonniers reçoivent de nous la nourriture et le vêtement, et que plus de quatre cents blessés ennemis sont soignés dans nos hôpitaux; tandis que nos soldats se dépouillent de leurs capotes pour en couvrir les blessés turcs engourdis par le froid sur le champ de bataille, les Turcs se conduisent en bêtes féroces envers les nôtres. Kourchoumlia était ornée des têtes des soldats serbes tombés morts ou blessés dans les combats des 25 et 26 décembre (6 et 7 janvier). Toutes ces têtes détachées des corps étaient fixées sur des pieux. Nous avons reconnu celles du lieutenant Milan Pétrovitch et du sous-lieutenant Vladimir Machitch. Il y avait en outre vingt-quatre têtes de soldats serbes.

Nisch, le 25 janvier (6 février) 1878.

Tandis qu' une de nos colonnes remontait la Morava et prenait Grédélitza et Vrania, deux autres colonnes étaient dirigées contre Hafiz pacha qui s'était fortement retranché sur les montagnes entre le Lab et la Toplitza, de Prépolatz au Samokov.

La position d' Hafiz pacha était bien choisie et bien fortifiée. La nature et l'art s'étaient réunis pour la rendre exceptionnellement forte. Sur son front il avait toute une rangée d'ouvrages habilement disposés et ses flancs étaient couverts par des montagnes presque infranchissables, occupées par les bandes sauvages et belliqueuses des Arnautes.

La mission de nos deux colonnes était difficile et périlleuse. L'une, celle de droite, avait à attaquer des fortifications redoutables; l'autre, celle de gauche, avait à lutter non seulement contre les Arnautes, mais contre la nature elle-même, en traversant une région sauvage et couverte de neige, en bravant le froid et le manque de nourriture, puis elle devait attaquer un habile ennemi dans des positions choisies par lui et où il était préparé de longue main à la défense.

Nos deux colonnes commencèrent leur mouvement, enveloppant et concentrique le 14 (26) janvier. Chaque jour elles gagnaient du terrain en soutenant toute une série de combats, notamment les 17, 19, 20, 21 et 22 janvier (29 et 31 janvier, 1, 2, et 3 février).

Malgré toutes les difficultés qu' elles avaient à surmonter, nos troupes étaient arrivées le 22 à la veille de l'accomplissement de leur tâche. La colonne de droite avait déjà enlevé les premières lignes des retranchements ennemis après des combats acharnés; celle de gauche, également à la suite d'engagements sanglants, était arrivée à Podouiévo sur la ligne de retraite de l'ennemi, qui se trouvait ainsi complètement cerné.

Un brillant résultat allait couronner l'œuvre. Mais à ce moment survint l'armistice et les hostilités furent arrêtées sur le champ.

Toutefois si l'armistice a empêché l'entier accomplissement de la mission de nos troupes, les faits et la position qu' elles occupaient montrent clairement que la victoire était de leur coté.

L'armistice a trouvé les troupes serbes victorieuses dans toutes les directions.

Dans les combats des 17 et 21 janvier (29 janvier et 2 février) les deux colonnes ont eu environ huit cents morts et blessés. Au nombre de ces derniers sont les capitaines d'infanterie Jacob Maxitch et Milan Stoïanovitch, les lieutenants Timothée Ivkovitch et Constantin Stoïkovitch, ainsi que le sous-lieutenant Eugène Yourichitch.

En portant inscrits sur ses drapeaux victorieux les noms de Nisch, de Pirot, de Vrania, de Kourchoumlia, d' Ak-Palanka, de Grédélitza, de St. Nicolas, de Podouiévo, notre armée entre le front haut dans l'armistice. Elle peut être fière et attendre tranquillement le jugement de l'histoire sur son œuvre et sur ses sacrifices qui ont servi la cause de la liberté, de la justice et de la civilisation.

---

2. RELATION.

La chute de Nisch avait fait disparaître un des grands obstacles qui s'opposaient à notre offensive et avait en même temps rendu disponibles trois divisions entières. Aussi les trois corps de la Morava, du Timok et de la Choumadia eurent-ils à se grouper sur une nouvelle base d'opération.

Le corps de la Morava reçut pour mission de remonter la Toplitza, de reprendre Kourchoumlia et, de concert avec le corps du Timok, d'attaquer Hafiz pacha et de le forcer à la retraite.

C'est pour atteindre ce but qu' ont été livrés les combats que le corps de la Morava a soutenus du 11 au 22 janvier (23 janvier au 3 février) contre les Turcs qu'il attaquait dans leurs positions du Samokov et sur la limite des bassins du Lab et de la Toplitza.

C'est cette série de rudes combats où prirent part tour-à-tour des troupes des divisions de l' Ibar et de la Morava, que nous allons esquisser. Nous montrerons les efforts que le corps de la Morava, bravant l'hiver et les énormes difficultés de terrain, fit pendant une dizaine de jours pour venir à bout d'un ennemi qui se défendait avec acharnement.

Le 2 (14) janvier les derniers détachements du corps de la Morava quittaient les environs de Nisch pour Procouplié, et le 3 (15) le commandant du corps, colonel Miloïko Leschianine, s'y rendait aussi avec son état-major.

Le 6 (18) janvier les troupes étaient en pleine concentration sur leurs nouveaux fronts. Ces mouvements influèrent déjà sur les dispositions d'Hafiz pacha qui se trouvait avec le gros de ses troupes à Prépolatz et sur le Samokov, sur la route de Prichtina à Kourchoumlia. Son avant-garde était à Kourchoumlia Hafiz pacha se décida à abandonner Kourchoumlia ainsi que les retranchements les plus avancés du Samokov et à se concentrer sur la crête des montagnes.

A leur entrée dans Kourchoumlia, le 7 janvier, nos troupes eurent un horrible spectacle. Les têtes de nos officiers et de nos soldats surmontaient une rangée de pals. C'étaient celles des officiers Milan Pétrovitch et Vladimir Machitch, ainsi que celles de nos soldats restés morts ou blessés sur le terrain quelques jours auparavant. Au lieu de respecter les hommes tombés au champ d'honneur et de secourir les blessés, l'ennemi avait trouvé sa joie à les décapiter tous et à contempler leurs têtes fixées sur des pieux, — cela pendant que nous soignions ses blessés à Nisch et à Pirot.

Le 9 (21) janvier les troupes de la division de la Morava commencèrent à occuper les hauteurs de la rive droite de la Toplitza, entre les petits cours d'eau de la Grabovnitza et de la Koçaonitza. Les troupes d'Alexinatz (1-re et 2-me classe) prirent position à droite et la brigade de Yagodina de 1-re classe à l'aile gauche.

Combat du 11 (23) janvier. Le bataillon de Bania (1-re classe) devait occuper une élévation sur la rive droite de la Koçaonitza. Comme cette hauteur était couverte de bois qui interceptaient la vue, des patrouilles avaient été envoyées pour reconnaître le terrain, lorsqu'à onze heures une violente fusillade éclata sur la gauche. Surpris par l'approche rapide de l'ennemi — Arnautes et nizams — qui attaquait en poussant des cris sauvages, le bataillon de Bania, non encore suffisamment orienté, recula. Mais le bataillon de Bania de 2-me classe vint à son secours avec des détachements des bataillons de Déligrad et le colonel Leschianine vint lui-même se placer au milieu de la ligne de bataille avec son état-major. L'ennemi fut arrêté dans sa marche.

Les Turcs envoyèrent alors de la grande redoute du Samokov des détachements d'infanterie pour renforcer leur ligne et essayèrent la portée de leur artillerie de montagne. Mais la distance était trop grande et les projectiles tombaient dans la vallée de la Koçaonitza.

Pendant ce temps trois pièces de la II-me batterie de campagne (division de l'Ibar) entretenaient le feu contre les fortifications turques. Peu après, elles prirent pour but l'infanterie ennemie à 1000—2000 mètres, ce qui contribua beaucoup à faire rétrograder les Turcs. Enfin ceux-ci furent mis en complète déroute et nos troupes s'installèrent victorieuses sur la hauteur qu'elles avaient mission d'occuper.

A trois heures et demie le combat était terminé.

Les pertes étaient de notre côté de 12 tués, 19 blessés et 2 disparus. Celles de l'ennemi étaient plus fortes, parce que dans sa fuite il eût à essuyer le feu de notre infanterie et de notre artillerie.

Les jours suivants furent employés à des reconnaissances et à des mouvements de troupes. Le 15 (27) deux bataillons occupèrent une position sur la rive droite du ruisseau Nérénitza, mais on ne put réussir à y placer une batterie. Ces bataillons furent rappelés le 17 (29) pour coopérer à la marche sur Prékoradia.

Combat du 16 (28) janvier. Afin de faciliter le mouvement des troupes qui avançaient à travers les montagnes sur le flanc droit et les derrières d'Hafiz pacha dans la direction de Prépolatz, le commandant du corps de la Morava ordonna à une partie de la division de l'Ibar de faire un simulacre d'attaque contre les fortifications du Samokov. En même temps une colonne de troupes de la division de la Morava devait prendre la hauteur qui se trouve en face du village de Vissoka, sur la rive droite de la Koçaonitza.

Le commandant de la division de l'Ibar désigna dans ce but les bataillons de la Racina, de la Yochanitza, une compagnie du bataillon de Tersténik (brig. de Krouchévatz) et le bataillon de Ternava (brig. de Tchatchak 1-re cl.). Pour la seconde opération le commandant de la division de la Morava employa les bataillons du Temnitch et du Lévatch (brig. de Yagodina 1-re classe). Ces troupes devaient être soutenues par quatre batteries de campagne (trois du régiment de la Morava et une de l'Ibar).

L'artillerie commença le feu à neuf heures du matin, mais il fallut l'interrompre une heure après à cause du brouillard et de la neige qui tombait. L'infanterie n'en vint aux mains avec les Turcs qu' à $3^1/_2$ heures, l'épaisse couche de neige et le terrain accidenté ralentissant beaucoup la marche.

Notre aile droite (division de l'Ibar) enleva les fossés de tirailleurs de l'ennemi et le refoula dans la grande redoute dont les nôtres s'approchèrent à 400 mètres. L'aile droite (div. de la Morava) rencontra des Arnautes qu' elle dispersa dans toutes les directions et occupa la hauteur en face de Vissoka.

Le combat se prolongea jusqu' à huit heures du soir. Comme l'intention n'était pas de faire une attaque à fond, les troupes de l'Ibar regagnèrent leurs précédentes positions. Celles de Yagodina restèrent sur la hauteur occupée.

Les Turcs avaient amené au combat outre les Arnautes deux bataillons de nizams et deux pièces de montagne.

Nous avions à l'aile droite 4 morts et 32 blessés, à l'aile gauche 1 mort et 7 blessés. Deux officiers s'étaient particulièrement distingués: les sous-lieutenants Stéphan Georgévitch, qui était légèrement blessé, et Miladine Lichanine, commandant du bataillon de Ternava.

Combat du 17 (29) janvier. Pour établir ses communications avec la division du Danube et faciliter à cette dernière son mouvement vers le village de Méhana, le commandant de la division de la Morava fit attaquer par la brigade de Yagodina (1-re classe) et une batterie de montagne, une hauteur située sur la rive gauche de la Koçaonitza,

Le terrain était montueux et boisé, la neige profonde. Nos détachements étaient assaillis de tous côtés par de nombreux Arnautes, armés de fusils Martini, de sorte que chacune de nos compagnies avait à combattre isolément. Dans la bagarre une section d'un bataillon de la brigade de Yagodina s'égara et fut coupée du reste de la troupe. L'aile droite de la brigade de Yagodina tint ferme dans ses positions, mais l'autre aile, accablée par le nombre des Arnautes, dut se mettre en retraite après avoir subi des pertes sérieuses. La hauteur ne put être conservée.

Le combat commencé à dix heures était terminé à trois. Les bataillons qui y avaient pris part, ceux du Lévatch et du Temnitch, avaient 13 tués, 57 blessés et 49 disparus.

Comme la division du Danube n'avait pu franchir le Radane et relier ainsi les troupes du Timok à celles de la Morava, le colonel Leschianine, qui avait en cette circonstance le commandement des deux corps, ordonna à la division du Danube de se rapprocher de la division de la Morava et fixa au 19 (31) l'attaque des fortifications du Samokov dans le but de s'en emparer et de forcer les Turcs à la retraite.

Combat du 19 (31) janvier sur le Samokov. Les troupes suivantes furent désignées pour l'attaque:

1°. Les troupes d'Alexinatz (six bataillons) devaient remonter la Koçaonitza en face du village de Kastrate et se diriger vers la redoute principale. Commandant: lieutenant-colonel J. Praportchétovitch.

2°. La brigade de Kroucheévatz de 1-re classe (cinq bataillons) et le bataillon de Ternava avec deux batteries de montagne. Quatre de ces bataillons devaient s'avancer contre les positions du Samokov en suivant la crête de la montagne et deux en partant de la vallée de la Bania. Commandant: Major L. Ostoïtch.

3°. Trois batteries de campagne devaient agir de la montagne de Sokol contre les fortifications et les troupes ennemies. Une quatrième batterie devait prendre position sur la hauteur de Batioglava.

Position de l'ennemi. Le Samokov est une montagne étroite et boisée de deux cents pieds d'élévation, située sur la rive droite de la Toplitza en face de Kourchoumlia, entre la Bania et la Koçaonitza. La montagne commence près de Kourchoumlia et se termine à une lieue au sud. De là une série de collines qui lui font suite, s'étendent dans la direction de Prépolatz (Prichtina). L'ennemi avait couronné toutes ces hauteurs de retranchements garnis de troupes. Sur le Samokov même se trouvait une grande redoute et plusieurs autres ouvrages de moindre dimension ainsi que des fossés de tirailleurs. La grande redoute occupe le point culminant de la montagne et est distante de trois quarts d'heure de Kourchoumlia.

Nos troupes partant du pied de la montagne, s'ébranlèrent à neuf heures du matin en se dirigeant concentriquement sur les ouvrages ennemis. En même temps les quatre batteries ouvraient le feu contre ces fortifications.

Trois bataillons de Yagodina couvraient l'aile gauche, formée par les troupes d' Alexinatz. A droite dans la vallée de la Bania, était placée une compagnie de la brigade de Krouchévatz (2-me classe) avec quelques cavaliers pour assurer l'aile droite.

Nos troupes en vinrent aux prises avec l'ennemi à midi et le feu s'étendit bientôt sur toute la ligne. A midi et demi les bataillons d'Alexinatz enlevèrent les fossés de tirailleurs et furent sur le point de s'emparer d'un des ouvrages avancés. A une heure leur première ligne était parvenue à 50—100 pas de la redoute principale. Deux bataillons de Yagodina étaient à la même distance d'une autre redoute. Une batterie de montagne avait ouvert le feu à 1000 mètres; l'autre ne put prendre position à cause du terrain. Les bataillons de Krouchévatz n'avançaient que péniblement, mais ils délogèrent néanmoins les Turcs de la lisière de la forêt, puis de leurs fossés tirailleurs et s'emparèrent d'un petit retranchement ouvert.

A 1½ heure le brouillard devint si épais et la tempête de neige si violente que l'on ne pouvait rien voir. Il en résulta un défaut d'ensemble dans les mouvements et l'artillerie suspendit son feu.

Quatre bataillons d'Alexinatz commencèrent les premiers à reculer et à six heures le reste de l'infanterie, excepté une compagnie du bataillon de la Yochanitza (1-re classe) qui resta sur la position avec le commandant du bataillon, lieutenant Pierre Groubitch, jusqu' à neuf heures du soir, et ne la quitta que sur l'ordre formel du commandant de sa brigade.

Les troupes regagnèrent leurs positions précédentes. Leurs pertes étaient:

	morts	*blessés*	*disparus*
Brigade de Krouchévatz (1-re classe)	18	98	20
Bataillon de Ternava	1	17	—
Troupes d'Alexinatz	28	140	3
Brigade de Yagodina (1-re classe) .	2	43	2
II-me batterie de montagne	—	2	—
Total . .	49	300	25

Parmi les blessés se trouvait le lieutenant Kosta Stoïkovitch, de la brigade de Yagodina, 1-re cl. Au nombre de ceux qui s'étaient distingués était le lieutenant Pierre Groubitch.

Le capitaine Stoïan Nicolaiévitch ayant été chercher sous le feu de l'ennemi un emplacement pour sa batterie, son sergent-major, Mirko Chilkovitch, qui l'accompagnait, fut atteint d'une balle. Il est mort plus tard de sa blessure.

Pendant ce temps la division du Danube qui marchait sur Toprliane y parvenait au prix d'efforts inouis.

Les deux jours suivants se passèrent sans incident important.

Comme l'on signalait un mouvement de retraite de l'ennemi, lequel paraissait vouloir abandonner ses positions pour se retirer vers Prichtina, le commandant du corps de la Morava se décida à une nouvelle attaque des fortifications du Samokov, d'une part pour empêcher l'ennemi de se dérober en masquant sa retraite derrière un faible rideau de troupes, et d'autre part pour réaliser le plus promptement possible la concentration des deux corps et leur action réunie contre l'ennemi.

Attaque des fortifications du Samokov, le 22 janvier (3 février).

Les dispositions étaient les suivantes:

1°. Les troupes d'Alexinatz (six bataillons), sous le commandement du lieutenant-colonel J. Praportchétovitch, et

2°. la brigade de Yagodina (1-re classe), sous le commandement du capitaine Sava Petkovitch, devaient cette fois attaquer du côté de la Koçaonitza.

3°. Trois bataillons de la brigade de Tchatchak 1-re classe (Stoudénitza, Karanovatz et Dragatchévo) et

4° trois bataillons de la brigade de Krouchévatz 1-re classe (Terstének, Yochanitza et Koznik), avaient été mis sous les ordres du major Axentié Yacovliévitch.

Les bataillons de Tchatchak devaient partir de Kourchoumlia dans la vallée de la Toplitza, ceux de Krouchévatz de la vallée de la Bania.

Pour couvrir le flanc gauche, du côté du Radane, on désigna deux bataillons de la brigade de Tioupria (Tioupria et Paratchine), une batterie légère et les deux escadrons, sous le commandement du major Branko Vassiliévitch.

Quatre batteries de campagne (I, III et IV de la Morava et V du Timok) placées sur le Sokol et deux autres (V et VI de la Morava) placées à Batioglava, devaient battre les retranchements ennemis.

En outre des compagnies d'hommes de bonne volonté, fournies par la division de l'Ibar, s'étaient formées pour donner l'assaut aux fortifications. Ces compagnies marchaient avec les bataillons de Tchatchak.

Les bataillons de Tchatchak et de Krouchévatz qui avaient une plus grande distance à parcourir, se mirent en marche à sept heures du matin. Ceux d'Alexinatz s'ébranlèrent à huit heures.

Le brouillard était intense et l'ennemi ne put ni remarquer nos mouvements, ni gêner notre déploiement.

A dix heures la colonne qui suivait la crête de la montagne ouvrit le feu. A onze heures les troupes de la division de l'Ibar donnaient l'assaut et culbutaient les Turcs hors de leurs tranchées, les obligeant à se réfugier dans la grande redoute.

Le feu d'infanterie était violent des deux parts. Celui de l'artillerie, même de la batterie de montagne placée à 1500 mètres, était faible car il était gêné par le brouillard. Les Turcs tiraient à shrapnels et à mitraille, nos troupes étant peu éloignées de leurs retranchements.

Une attaque dirigée du Radane par les Arnautes contre notre gauche fut repoussée.

Vers trois heures les bataillons de Tchatchak se groupèrent sur la crête de la montagne et s'élancèrent contre la grande redoute. Ils furent arrêtés à une trentaine de pas, mais prirent position dans un angle mort de l'ouvrage et y restèrent jusqu' à la fin du combat.

L'aile gauche des troupes d'Alexinatz avait quelque peu dévié dans le brouillard, mais en somme toutes les troupes restaient dans les positions conquises et le combat se prolongea jusqu' à $6^1/_2$ heures du soir.

L'ennemi bien qu' enveloppé de trois côtés, se défendait avec l'acharnement du désespoir et il devenait nécessaire de renouveler le combat le lendemain. En conséquence les commandants reçurent tous l'ordre de rester dans leurs positions et de s'y fortifier. Le feu des Turcs les y inquiétait continuellement.

Malgré la fusillade ennemie, malgré le vent et la neige, bien qu' ils fussent sur pied depuis le matin et depuis trois heures de l'après-midi couchés dans la neige, nos soldats attendaient patiemment l'aube pour l'assaut du lendemain.

Il est évident que les Turcs eussent été chassés de leurs fortifications, car ils étaient exposés au feu de six batteries de campagne et d'une de montagne, et les bataillons de l'Ibar et de la Morava les entouraient de tous les côtés.

Mais vers minuit le commandant du corps de la Morava recut la nouvelle de la conclusion de l'armistice et l'injonction de se tenir sur la plus stricte défensive. L'ordre fut donné immédiatement aux troupes de regagner leurs anciennes positions, pour éviter le conflit qui n'aurait pas manqué d'éclater au jour entre des adversaires placés aussi près les uns des autres. Cet instant sauva la vie de centaines d'hommes et les Turcs lui durent de pouvoir rester sur le Samokov.

Il était minuit lorsque nos troupes commencèrent à se retirer silencieusement de leurs positions, o b é i s s a n t a u x o r d r e s d e l e u r s c h e f s e t a v e c la conviction qu'elles laissaient échapper une victoire certaine.

Elles rapportaient comme trophées les fusils que les troupes de la Morava avaient enlevés à l'ennemi.

Nos pertes étaient considérables. Nous avions:

	morts	*blessés*	*disparus*
Division de l'Ibar	23	162	9
„ de la Morava	19	180	5
Total . .	42	342	14

Parmi les blessés se trouvaient les commandants de régiment capitaine Jacob Maxitch et Milan Stoïanovitch, ainsi que le lieutenant Timothée Ivkovitch.

C'était le dernier acte de ce drame sanglant qui avait eu pour théâtre les environs de Kourchoumlia, ce fameux repaire d'Arnautes.

Une troupe qui est capable: de soutenir le combat des journées entières; de donner l'assaut plusieurs fois de suite à des fortifications défendues par les soldats les plus tenaces du monde, dans une contrée montagneuse et par une neige profonde; qui est capable de séjourner des journées entières dans la neige à proximité de l'ennemi et sous le feu continuel de l'infanterie, sous les shrapnels et la mitraille, — une pareille troupe a de l'avenir.

Un peuple qui donne de pareils soldats aura toujours son histoire.

Les énormes sacrifices de tout genre qu'il a faits sur l'autel de la liberté, de la justice et de l'humanité, montrent que ce peuple est apte à vivre d'une vie nouvelle.

XI

ARMISTICE ET PAIX.

Nisch le 22 janvier (3 février) 1878.

Son Altesse Impériale le Grand-Duc Nicolas, commandant en chef de l'armée impériale russe en Bulgarie, a informé Son Altesse le Prince, commandant en chef de l'armée serbe, par télégramme du 19 courant que les préliminaires de paix ont été signés et qu'un armistice a été conclu à cette date à San-Stephano avec les armées ottomanes.

1. Conditions de l'armistice

conclu entre les troupes impériales russes et leurs alliés et les troupes impériales ottomanes.

Par suite de la proposition de la Sublime Porte et du consentement exprimé par ses plénipotentiaires L. L. E. E. Server pacha et Namyk pacha, d'accepter les bases formulées par la Russie pour la conclusion de la paix entre les parties belligérantes, le commandant en chef de l'armée impériale russe s'est déclaré prêt à faire cesser les opérations militaires.

Pour la conclusion d'un armistice ont été désignés en qualité de plénipotentiaires de la part de Son Altesse Impériale le commandant en chef, S. E. l'aide-de-camp général, général d'infanterie, Népokoïtchitzki, chef d'état-major de l'armée active et son adjoint, le général-major de la suite de S. M. l'Empereur, Lévitzki, et de la part des plénipotentiaires de la Sublime Porte S. E. le général d'état-major Nedjib pacha et le général de brigade Osman pacha. Ces personnages, en vertu des pleins-pouvoirs dont ils étaient investis, sont tombés d'accord sur les conditions suivantes:

1. Un armistice est conclu entre les forces armées de la Russie, de la Serbie et de la Roumanie, d'un côté, et celles de la Turquie de l'autre, pour toute la durée des négociations de paix et jusqu' à l'issue favorable de ces dernières ou jusqu' à leur rupture.

Dans cette seconde alternative et avant que les hostilités soient reprises, chacune des parties belligérantes sera tenue de dénoncer l'armistice trois jours à l'avance, avec la désignation de la date et de l'heure auxquelles les hostilités pourront être reprises. Le délai de trois jours courra à partir du moment où l'une des parties respectives aura signifié à l'autre sur les lieux l'ordre supérieur reçu à ce sujet.

Le Gouvernement Impérial de Russie proposera au Monténégro de cesser les opérations militaires et d'adhérer aux conditions de l'armistice convenu entre la Russie et la Turquie; la Sublime Porte de son côté cessera les opérations contre le Monténégro.

2. L'armistice aura force exécutoire du moment où ses conditions auront été acceptées et signées. Les troupes de l'une ou de l'autre partie qui après ce terme auraient enfreint la ligne de démarcation ci-dessous indiquée, devront se reporter en arrière en restituant le butin enlevé à cette occasion.

3. Outre l'évacuation des forteresses de Vidin, Roustchouk et Silistrie, stipulée dans les bases de paix, les troupes impériales ottomanes abandonnent Belgradjik, Razgrad et Hadji-Oglou-Bazardjik. En conséquence la ligne de démarcation à établir entre les armées russes, serbes et roumaines, d'un côté, et les armées ottomanes, de l'autre, est tracée ainsi qu'il suit:

La ligne de démarcation passera par Baltchik et Hadji-Oglou-Bazardjik en droite ligne vers Razgrad, avec une zône neutre de cinq kilomètres en avant de cette ligne. Elle continuera de Razgrad en ligne droite à Eski-Djouma, d'Eski-Djouma à Osman-Bazar et Kotel (Kazan) qui seront occupés par les troupes russes et la zône neutre sera tracée en avant de la ligne, à cinq kilomètres de distance. Plus loin la ligne de démarcation longera les rivières Medvane, Déli-Kamdjik, Bogaz-déré et par le village d'Oglanlou-Keui et Hadji-déré, jusqu' à Missévri, — la zône neutre, d'une largeur de cinq kilomètres, suivant les deux rives de ces rivières jusqu' à la mer et le long de la côte jusqu' au lac de Derkoz. Toutefois les troupes russes n'occuperont sur la côte de la Mer Noire que Bourgaz et Midia, dans le but de faciliter le ravitaillement des troupes et à l'exclusion de la contrebande de guerre.

Du lac de Derkoz la ligne de démarcation se dirigera par Tchesmedjik et Kardjali en ligne droite en coupant le chemin de fer sur la rive droite du Kara-sou, dont elle suivra le cours jusqu' à la mer de Marmara. Les troupes turques évacuéront la ligne des fortifications ainsi que Derkoz, Herdén-Keui et Buiuk-Tchekmedjé. La ligne de démarcation de leur côté partira de Kutchuk-Tchekmedjé en ligne droite par Saint-Georges et Ak-Bounar, sur la côte de la mer noire. Les terrains intermédiaires constitueront entre les lignes turques et russes une zône neutre où des travaux de fortification ne pourront être ni élevés, ni augmentés, ni réparés pendant la durée de l'armistice. A partir de la mer de Marmara la ligne de démarcation passera par l'isthme de Gallipoli, la ligne de Charkeui à Ourch et plus loin, le long de la mer Egée, jusqu' à Dédé-Agatch et Makri, ce dernier point y compris. Ensuite par la ligne où se produit la distribution des eaux des affluents de la Maritza (y compris l'Arda) et des rivières qui se déversent dans la mer Egée jusqu' à Djouma Elle continuera sur une ligne tracée vers Kustendil, Vrania, Goléma Palanka, le village de Mestitza, Grapachnitza planina, le village de Lioubtché jusqu' à la frontière du sandjak de Novi-Bazar, pour aboutir par cette frontière au point appelé Kopaonik planina. Djouma, Kustendil et Vrania seront occupés par les troupes russes ou serbes, Prichtina par les troupes ottomanes. La zône de démarcation passera en face de ces points à la distance de cinq verstes.

Le tracé de la ligne de démarcation entre les troupes impériales ottomanes et celles du Monténégro devra s'effectuer par une commission spéciale de plénipotentiaires de la Turquie et du Monténégro avec la participation d'un délégué russe.

La fixation sur place des limites de la zône de démarcation entre les armées impériales belligérantes devra avoir lieu sans délai, immédiatement après la signature de ces conditions, par l'entremise d'une commission d'officiers des deux armées ayant qualité à cet effet et pris dans les corps et détachements les plus rapprochés des lieux du tracé. Là où il n'y aurait pas de troupes à proximité, la zône de démarcation suivra la direction et sera indiquée par les limites naturelles ci-dessus et qui sont portées à la connaissance des deux armées.

La zône de démarcation de Djouma par Vrania jusqu' à la frontière du sandjak de Novi-Bazar, sera fixée sur place par une commission de délégués des troupes impériales ottomanes d'un côté et des troupes serbes de l'autre, avec la participation d'un délégué russe.

4. Les troupes des deux parties belligérantes qui à l'époque de la signature du présent acte se trouveraient en dehors de la ligne indiquée, devront immédiatement être portées en arrière et cela pas plus tard que dans le délai de trois jours.

5. En abandonnant les points fortifiés indiqués à l'article 3, les troupes impériales ottomanes se retireront avec leurs armes et leurs munitions de guerre, objets d'équipement ainsi que le matériel qui peut être emporté, dans les directions suivantes:

de Vidin et Belgradjik, par le défilé de St. Nicolas, vers Ak-Palanka, Nisch, Leskovatz et par Vrania où Prichtina, selon qu'il sera plus facile pour gagner le chemin de fer jusqu' à Scoplié (Uskub).

De Roustchouk, Silistrie, Hadji-Oglou-Bazardjik et Razgrad vers Varna ou Choumla, selon que l'autorité militaire ottomane en décidera.

Le matériel de guerre et autre des forteresses, les navires de guerre ou appartenant à l'Etat et tout ce qui s'y rapporte, pourront à volonté être emmenés ou laissés à la surveillance de l'autorité militaire russe qui prendra des mesures pour leur conservation jusqu' à la conclusion de la paix, d'après un inventaire en double signé par les deux parties. Quant aux vivres qui sont exposés par leur nature à subir des avaries, ils pourront être vendus ou cédés à l'autorité militaire russe contre un prix équivalent à convenir.

La propriété privée reste intacte.

L'évacuation des places et points fortifiés ci-dessus mentionnés devra être accomplie dans le délai de sept jours au plus tard à partir de la réception de l'ordre y relatif par le commandant local.

6. Les troupes impériales ottomanes et les navires de guerre quitteront également Soulina dans le délai de trois jours si les glaces n'y mettent pas obstacle. L'autorité militaire russe de son côté fera enlever du Danube toutes les entraves et ouvrira le fleuve à la navigation, tout en s'en réservant la surveillance.

7. Dans les provinces occupées par les troupes russes ou alliées et dans lesquelles, lors de la signature de ces conditions se trouveraient encore des autorités administratives ottomanes, ces dernières devront y rester pour continuer à exercer leurs fonctions et y maintenir la tranquillité et l'ordre parmi la population. Elles auront aussi à remplir dans la mesure du possible les exigences des autorités militaires russes.

8. Les lignes de chemin de fer comprises dans le rayon occupé par les troupes russes seront respectées comme toute propriété privée et l'exploitation en sera libre sur tout leur parcours. A cet effet le gouvernement laisse aux compagnies la faculté de la circulation de leur matériel roulant sur toute l'étendue de la ligne occupée tant par les armées ottomanes que par les troupes russes. Pour la circulation des passagers et des marchandises une entière liberté sera accordée sauf les restrictions suivantes:

Il sera défendu de transporter du matériel de guerre et des troupes à travers la ligne de démarcation. Dans le rayon occupé par les deux armées, l'exploitation aura lieu sous la surveillance de l'autorité militaire de chacune d'elles.

9. La Sublime Porte lèvera le blocus des ports de la Mer Noire pour toute la durée de l'armistice et ne s'opposera plus à la libre entrée des navires dans ses ports.

10. Les malades et blessés appartenant à l'armée impériale ottomane qui resteraient dans le rayon occupé par les troupes russes ou par celles de la Serbie, de la Roumanie et du Monténégro seront pris sous la sauvegarde des autorités militaires russes et alliées, mais ils seront soignés par un personnel médical ottoman s'il en existe sur les lieux.

Les blessés et malades ne seront pas considérés comme prisonniers de guerre, mais ne pourront sans autorisation spéciale des chefs militaires russes et alliés, se faire transporter sur d'autres points.

11. L'armistice commencera à courir à partir du 19 (31) janvier à 7 heures du soir.

Quant aux autres délais, ils sont stipulés dans le texte même de l'armistice.

Pour le théâtre de la guerre en Asie, la fixation des détails aura lieu par l'entremise de plénipotentiaires désignés par le commandant en chef de l'armée russe en Asie et de ceux du gouvernement ottoman.

Le commencement de l'armistice sur le théâtre de la guerre en Europe sera notifié par le télégraphe au commandement de l'armée russe en Asie.

signés: **Népokoïtchitzki**
Lévitzki
Nedjib
Osman

Aux termes de ces conditions de l'armistice, il a été désigné de la part des commandants des troupes impériales ottomanes et des troupes serbes des commissaires spéciaux pour fixer, avec la participation du délégué impérial russe, colonel d'état-major Bobrikov, la ligne de démarcation des troupes ottomanes et serbes. Cette commission a commencé son travail le 10 février et l'a terminé le 12. Le texte du protocole est le suivant:

2. Décision de la commission

nommée pour la fixation de la ligne de démarcation entre les troupes ottomanes et serbes.

Par suite de l'armistice conclu à Andrinople le 19 janvier 1878, nous soussignés, délégués des troupes ottomanes, nommés par le général de division Assaf pacha: lieutenant-colonel de cavalerie Moustapha bey, major de cavalerie Ismaïl-effendi et capitaine-médecin Koniarski, et par le général de division Hafiz pacha: lieutenant-colonel d'état-major Salih bey et chef-médecin major Maskar bey, d'un côté, — et des troupes serbes, nommés par Son Altesse Sérénissime le Prince régnant de Serbie, commandant en chef de l'armée serbe: le colonel d'état-major Lioubomir Ivanovitch, les majors d'état-major J. Pétrovitch et E. Vélimirovitch, et le major d'infanterie D. Franassovitch, de l'autre, — et le délégué russe nommé par Son Altesse Impériale le Grand-Duc Nicolas, commandant en chef de l'armée impériale russe: le colonel d'état-major Bobrikov, réunis en commission à Vrania, le dix du présent février, pour fixer la zone de démarcation de Djoumа par Vrania jusqu' à la limite du sandjak de Novi-Bazar, pour aboutir par cette limite à la Serbie, sommes tombés d'accord sur ce qui suit:

1. Conformément aux articles 2 et 3 de la dite convention d'armistice, la ligne de démarcation commençant à Arizvanitza-Verh, passe le pont de Traka-Han à travers le fleuve Strouma, continue le long des crêtes de: Lechka Verh, Svégro planina, Ghitka, Karvena Yabouka, coupe la chaussée de Kustendil à Egri-palanka, ainsi que la frontière du sandjak au village de Skakavitza, se dirige sur le village de Drechniévo, suit la crête de la Dounavitza, puis passant la ligne de partage des eaux des rivières de Prolescha et de Louka, et coupant la crête de la Koupina, suit la crête de la Modra Glava, jusqu' à la rivière Ptchinia qu'elle traverse à cinq kilomètres au nord-est du village de Tergovichté, et monte sur la crête du St. Ilia, suit la crête de la montagne jusqu' à Rouiane, continue le long de la limite du sandjak, passe par Biliatch-han, remonte le ruisseau et atteint la crête du Kara-Dagh; de là, suivant cette crête, elle coupe la Morava et le défilé à trois kilomètres en amont du village de Kontchoula, juste au milieu du défilé. De ce point la ligne monte par la ligne de distribution des eaux de la Ternava et de la Kriva Réka et rejoint la limite du sandjak à trois kilomètres à l'est du village de Rogochtitza; elle suit cette limite jusqu' à la crête du Goliak en longeant cette dernière, passe par Véliglava planina (Mestitza reste

du côté serbe et Hokosch du côté turc) et la Grapachnitza, descend dans la vallée du Lab, et, passant par le village de Lioubtché et par les contreforts de la montagne, atteint la limite du sandjak de Novi-Bazar à la source du ruisseau Bistritza et va par cette limite aboutir à la frontière de Serbie au point nommé Souvo-Roudichté (Kopaonik).

La ligne décrite dans le texte est tracée sur le croquis ci-joint, fait d'après la carte de l'état-major autrichien.

2. D'un côté et de l'autre de la ligne de démarcation reste une zône neutre de deux kilomètres et demi dont l'accès est interdit aux gens armés serbes et turcs, à l'exception des parlementaires. Dans cette zône neutre des travaux de fortification ne pourront ni être élevés, ni augmentés, ni réparés.

3. Cette décision doit être exécutée au plus tard dans le délai de cinq jours à partir du treize de ce mois.

Fait à Vrania le 13 février 1878.

Signés:

Salih lieutenant-colonel d'état-major.	**Bobrikov** colonel d'état-major russe.
Moustapha lieutenant-colonel de cavalerie.	**L. Ivanovitch** colonel d'état-major.
Ismaïl effendi major de cavalerie.	**J. Pétrovitch** major d'état-major.
Maskar major, chef-médecin.	**E. Vélimirovitch** major d'état-major.
Koniarski capitaine.	**D. Franassovitch** major d'infanterie.

3. Ligne des avant-postes

de l'armée serbe au moment de la conclusion de l'armistice.

I. A l'est, en face de Vidin et de Belgradjik.

A partir du Danube sont occupés les villages suivants : Florentine, Ghenzovo, Téanovatz, Déléna, Foundéni, Rabova, Bochniak, Dolnii Tourtchine, Karaula du Lipak, Tchitchil, Médochevtzi, Gramada, Vodnia, Veltchak, Macresch, Kladéroub, Verba, Slivovnik, Doubrava, Praoujda, Tchiflik, Mali Verbovatz et Borovitza, près de Belgradjik.

II. Au sud, en face de Kouma novo, Prichtina, Novi-Bazar, Siénitza et Nova-Varosch.

1. En avant de Kustendil, à Vratza, se trouve un bataillon avec ses avant-postes.

2. Dans la direction de Vrania—Egri-Palanka, nos avant-postes se trouvent en avant du village de Radonitza.

3. Dans la direction de Koumanovo—Prichtina (nord-ouest): en avant du village de Tchoukarak près de Han, puis à droite par le village d'Ostrovitza et directement à travers la Tzerna planina (Kara-Dagh), en avant du village de Zégra, par le pont sur la Morava, les villages de Boudrik, Partosch, Tzernitza, et par le versant de la montagne Jégovatz, au village de Verbitza, en face de Dobrotine, puis en avant de Paralichtvo et, par le mont Koznik, à un kilomètre du village de Labliane jusqu' au village d'Izvor; l'extrême droite à Novo Berdo.

4. Dans la direction de Prichtina (sud-ouest) et du Lab: en avant du village de Bamboïna, à égale distance des villages de Vrabtché et Nédevtzé, en suivant le ruisseau de Nédevtzé par sa rive droite jusqu' à l'endroit où il se jette dans la Bervénitza, puis le long de cette rivière jusqu' au-dessous de son confluent avec le Lab. La ligne contourne le pied du mont Herditza, remonte le Lab jusqu' à son confluent avec la Doubnitza, puis suivant la rive gauche de cette rivière et la crête de la Mrdar planina, elle laisse à gauche la route qui relie la Doubnitza à la Koçaonitza et descend à Koula dans la vallée de la Koçaonitza.

5. En face des positions turques du Samokov: à un peu moins d'une lieue en avant du village de Méhana (à l'est) la ligne des avant-postes descend par la Sokolska planina jusqu' à la rivière Koçaonitza, en face du village de Vissoka, descend par la rive droite de la Koçaonitza qu'elle traverse à la hauteur de Tikova, et franchit la Bania à l'endroit où elle reçoit la Nérénitza, remonte ce ruisseau par sa rive gauche dans toute sa longueur puis, inclinant au sud par les contreforts du Kopaonik, elle descend à la source du Lab qu'elle traverse une demi-lieue au-dessous du village de Trébinié et remonte par un autre contrefort du Kopaonik.

6. En face de Novi-Bazar. Du col de Procoupliénik sur la crête du Kopaonik, la ligne passe au-dessus de la source du ruisseau de la Sotchanitza, au-dessous de Knéjévo Berdo et de Galitch, traverse la Dobrava entre les villages de Moutivoda et de Dobrava, descend vers l'Ibar et le franchit au confluent de la Yochanitza. De là elle remonte le mont Orachina, traverse la Yochanitza entre le village de ce nom et celui de Verletnitza, remonte sur le mont Orlitch, puis incline à l'ouest par: les monts Kita, Koukavitza, Sedliné, Baliévo Berdo, Krivi Laz et Médénovatz, descend vers la rivière Ibitza par le village de Tourotina, la traverse, passe au-dessous du Vinorog, suit le ruisseau de Tzokovitch (Yova) jusqu' à l'endroit où il se déverse dans la Rachka, traverse la Rachka au point où elle reçoit le ruisseau le Pilarète, le traverse, se rapproche du cours d'eau de la Touchimlia au village de Dolnia Touchimlia; là elle tourne et remonte le Débélo Berdo, passe par le Glavotch et descend vers la Déjéva, la traverse et remonte dans la direction de l'ouest, passe au-dessus du village de Dramitch et rejoint la frontière serbe près de Ghermitch. De là jusqu' à Stoupska Tchesma la ligne des avant-postes se confond avec la frontière politique actuelle.

7. En face de Siénitza et de Nova Varosch. La ligne se détache de la frontière à Stoupska Tchesma, passe entre le Borovatz et le Souvi Hert, par le mont Viouille, entre les villages de Batchia et Vapa, atteint l'Ouvatz près du village de Vapa, longe cette rivière jusqu' à Dolgni Chipovik, traverse l'Ouvatz, et, embrassant les villages de Diourinovitch, Popovitch, Vilovo et Amzitch, contourne Nova Varosch, traverse la rivière Zlochnitza, passe entre Tikva et le village de Vranesch, coupe la route de Vichégrad et, embrassant le village de Planinitza, passe par les monts Kersch et Mala Planinitza, descend vers la Bistritza, la suit jusqu' à son confluent avec le Lim, longe le Lim jusqu' à Bania qu'elle comprend, tourne au nord au-dessus de Priboï, passe par le mont Rabrénovatcha et descend vers l'Ouvatz près de la Karaoula de Kerméliasch d'où elle se confond de nouveau avec la ligne frontière.

8. En face de Vichégrad. La ligne passe sur la hauteur de Batkovitza formant triangle entre l'ancienne frontière, le Béli-Rezav et le Tzerni-Rezav.

III. A l'ouest, sur la Drina.

La ligne des avant-postes est celle de la frontière politique de la principauté excepté à l'île de Bouiouklitch que les Turcs tiennent occupée et au Mali-Zvornik où nos troupes sont sur le territoire turc. Du côté de Radail elles occupent 3700 mètres carrés du territoire turc et du côté de Vlachké Gnivé 1000 mètres.

Remarque 1. Après la prise de Pirot nos troupes se sont avancées à l'est jusqu' à Ghintzi et Slivnitza (cavalerie) où elles se sont reliées aux troupes russes.

Remarque 2. Du côté de l'est nos garnisons se trouvent à Pirot, Ak-Palanka, Tern, Vratza (en avant de Kustendil) et St. Nicolas.

4. Préliminaires de San-Stephano.

DÉPÊCHE

de Son Altesse Impériale le Grand-Duc Nicolas à Son Altesse le Prince de Serbie.

Andrinople, le 19 (31) janvier 1878.

Je félicite Votre Altesse de l'heureuse fin de la guerre. Les bases de paix proposées par nous et où il a été tenu compte des intérêts serbes ont été acceptées par la Porte, et un armistice a été conclu pour la durée des négociations de paix. Je prie en conséquence Votre Altesse de faire cesser immédiatement les opérations militaires sur tous les points et de vous entendre avec les commandants ottomans pour la fixation de la ligne de démarcation, conformément aux détails que je vous expédie demain par officier spécial.

Signé: **NICOLAS.**

Articles concernant la Serbie extraits des préliminaires de paix signés à San-Stephano le 19 janvier 1878 entre les plénipotentiaires russes et ottomans.

Article III.

La Serbie est reconnue indépendante.

Sa frontière, marquée sur la carte ci-jointe, suivra le thalweg de la Drina, en laissant le Petit-Zvornik et Sakhar à la principauté et en longeant l'ancienne limite jusqu'aux sources du ruisseau Déjéva près de Stoïlatz. De là, le nouveau tracé suivra le cours de ce ruisseau jusqu' à la rivière Rachka et puis le cours de celle-ci jusqu' à Novi-Bazar. De Novi-Bazar, remontant le ruisseau qui passe près des villages Mékinié et Tergovichté jusqu' à sa source, la ligne frontière se dirigera par Bojour planina dans la vallée de l'Ibar et descendra le ruisseau qui se jette dans cette rivière près du village Ribaritch. Ensuite elle suivra le cours des rivières Ibar, Sitnitza, Lab, et du ruisseau Batintzé jusqu' à sa source (sur la Grapachnitza planina). De là, la frontière suivra les hauteurs qui séparent les eaux de la Kriva et de la Véternitza, et rejoindra, par la ligne la plus courte, cette dernière rivière à l'embouchure du ruisseau Miovatchka pour remonter celui-ci, traverser la Miovatchka planina et redescendre vers la Morava près du village de Kalimantzi. A partir de ce point, la frontière descendra la Morava jusqu' à la rivière Vlacina, près du village Staïkovtzi, en remontant cette dernière ainsi que la Lioubérajda et le ruisseau Koukavitza, passera par la Souva planina, longera le ruisseau de Vrilo jusqu' à la Nichava et descendra la dite rivière jusqu' au village de Kroupatz, d'où elle ira rejoindre, par la ligne la plus courte, l'ancienne frontière serbe au sud-est de la Karaoula de Bara pour ne plus la quitter jusqu' au Danube.

Ada-Kalé sera évacué et rasé.

Une commission turco-serbe établira sur les lieux, avec l'assistance d'un commissaire russe, le tracé définitif de la frontière, dans l'espace de trois mois, et réglera définitivement les questions relatives aux îles de la Drina. Un délégué bulgare sera admis à participer aux travaux de la commission lorsqu'elle s'occupera de la frontière entre la Serbie et la Bulgarie.

Article IV.

Les musulmans qui possèdent des propriétés dans les territoires annexés à la Serbie et qui voudraient fixer leur résidence hors de la principauté, pourront y conserver leurs immeubles en les faisant affermer ou administrer par d'autres. Une commission turco-serbe, assistée d'un commissaire russe, sera chargée de statuer souverainement, dans le courant de deux années, sur toutes les questions relatives à la constatation des propriétés immobilières où des intérêts musulmans seraient engagés. Cette commission sera également appelée à régler dans le terme de trois années, le mode d'aliénation des biens appartenant à l'Etat ou aux fondations pieuses (vacoufs) et les questions relatives aux intérêts des particuliers qui pourraient s'y trouver engagés Jusqu' à la conclusion d'un traité direct entre la Turquie et la Serbie, déterminant le caractère et la forme des relations entre la Sublime Porte et la principauté, les sujets serbes, voyageant ou séjournant dans l'empire ottoman, seront traités suivant les principes généraux du droit international.

Les troupes serbes seront tenues d'évacuer le territoire non compris dans la circonscription indiquée plus haut dans le délai de quinze jours à partir de la signature des préliminaires de paix.

Article XXVIII.

Immédiatement après la ratification des préliminaires de paix, les prisonniers de guerre seront rendus réciproquement par les soins de commissaires spéciaux nommés de part et d'autre, et qui se rendront à cet effet à Odessa et à Sévastopol. Le gouvernement ottoman paiera tous les frais de l'entretien des prisonniers qui lui seront restitués, en dix-huit termes égaux, dans l'espace de six années, d'après les comptes qui seront établis par les commissaires sus-mentionnés.

L'échange des prisonniers entre le gouvernement ottoman et ceux de la Roumanie, de la Serbie et du Monténégro, aura lieu sur les mêmes bases, en déduisant toutefois, dans le décompte à établir, le nombre des prisonniers restitués par le gouvernement ottoman du nombre des prisonniers qui lui seront restitués.

San Stephano, le 19 février (3 mars) 1878.

(s.) comte **N. Ignatiev.**	(s.) **Savfet.**
(s.) **Nélidov.**	(s.) **Sadoullah.**

5. Traité de Berlin.

Articles concernant la Serbie.

Article XXXIV.

Les hautes parties contractantes reconnaissent l'indépendance de la principauté de Serbie en la rattachant aux conditions exposées dans l'article suivant:

Article XXXV.

En Serbie la distinction des croyances religieuses et des confessions ne pourra être opposée à personne comme un motif d'exclusion ou d'incapacité en ce qui concerne la jouissance des droits civils et politiques, l'admission aux emplois publics, fonctions et honneurs, ou l'exercice des différentes professions et industries, dans quelque localité que ce soit. La liberté et la pratique extérieure de tous les cultes seront assurées à tous les ressortissants de la Serbie aussi bien qu'aux étrangers, et aucune entrave ne pourra être apportée soit à l'organisation hiérarchique des différentes communions, soit à leurs rapports avec leurs chefs spirituels.

Article XXXVI.

La Serbie reçoit les territoires inclus dans la délimitation ci-après :

La nouvelle frontière suit le tracé actuel en remontant le thalweg de la Drina depuis son confluent avec la Save, laissant à la principauté le Mali Zvornik et Sakhar, et continue à longer l'ancienne limite de la Serbie jusqu' au Kaniloug. De là, elle suit d'abord la limite occidentale du sandjak de Nisch par le contrefort sud du Kopaonik, par les crêtes de la Maritza et de la Mrdar planina, qui forment la ligne de partage des eaux entre les bassins de l'Ibar et de la Sitnitza d'un côté et celui de la Toplitza de l'autre, laissant Prépolatz à la Turquie.

Elle tourne ensuite vers le sud par la ligne du partage des eaux entre la Bervénitza et la Medvédia, suit la crête de la Goliak planina (formant le partage des eaux entre la Kriva Réka d'un côté, et la Polianitza, la Véternitza et la Morava de l'autre) jusqu' au sommet de la Polianitza. Puis elle se dirige par le contrefort de la Karpina planina jusqu' au confluent de la Koïnska avec la Morava, traverse cette rivière, remonte par la ligne de partage des eaux entre le ruisseau Koïnska et le ruisseau qui tombe dans la Morava près de Néradovtzé, pour rejoindre la Sveti Ilia planina au-dessus de Tergovichté. De ce point, elle suit la crête du Sveti Ilia jusqu' au mont Klioutch; et, passant par les points indiqués sur la carte par 1516 et 1547 et par la Babina Gora, elle aboutit au Tzerni Verh.

A partir du mont Tzerni Verh, la nouvelle délimitation se confond avec celle de la Bulgarie, c'est-à-dire : la ligne frontière suit la ligne de partage des eaux entre la Strouma et la Morava par les sommets du Strécher, Vilogolo, et Méchid planina, rejoint par la Gatchina, Tzerna Trava, Darkovska, Draïnitza planina, puis le Dechtchani Kladénatz, la ligne de partage des eaux de la haute Soukova et de la Morava, va directement sur le Stol et en descend pour couper, à mille mètres au nord-ouest du village de Ségoucha, la route de Sofia à Pirot. Elle remonte en ligne droite sur la Vidlitch planina et, de là, sur le mont Radotchina, dans la chaîne du Kodja Balkan, laissant à la Serbie le village de Doïkintzi et à la Bulgarie celui de Sénakos.

Du sommet du mont Radotchina, la frontière suit vers le nord-ouest la crête des Balkans par Kiprovatz Balkan et Stara planina jusqu' à l'ancienne frontière orientale de la principauté de Serbie près de la Karaoula de Smiliéva Tchouka et, de là, cette ancienne frontière jusqu' au Danube, qu'elle rejoint à Rakovitza.

Article XXXVII.

Jusqu' à la conclusion de nouveaux arrangements, rien ne sera changé en Serbie aux conditions actuelles des relations commerciales de la principauté avec les pays étrangers. Aucun droit de transit ne sera prélevé sur les marchandises traversant la Serbie. Les immunités et priviléges des sujets étrangers, ainsi que les droits de juridiction et de protection consulaires, tels qu'ils existent aujourd'hui, resteront en pleine vigueur tant qu'ils n'auront pas été modifiés d'un commun accord entre la principauté et les puissances intéressées.

Article XXXVIII.

La principauté de Serbie est substituée pour sa part aux engagements que la Sublime Porte a contractés tant envers l'Autriche-Hongrie qu'envers la compagnie pour l'exploitation des chemins de fer de la Turquie d'Europe par rapport à l'achèvement et au raccordement ainsi qu' à l'exploitation des lignes ferrées à construire sur le territoire nouvellement acquis par la principauté. Les conventions nécessaires pour régler ces questions seront conclues immédiatement après la signature du présent traité entre l'Autriche-Hongrie, la Porte, la Serbie, et, dans les limites de sa compétence, la principauté de Bulgarie.

Article XXXIX.

Les Musulmans qui possèdent des propriétés dans les territoires annexés à la Serbie et qui voudraient fixer leur résidence hors de la principauté, pourront y conserver leurs immeubles en les affermant ou en les faisant administrer par des tiers. Une commission turco-serbe sera chargée de régler, dans le délai de trois années, toutes les affaires relatives au mode d'aliénation, d'exploitation, ou d'usage, pour le compte de la Sublime Porte, des propriétés de l'Etat et des fondations pieuses (vacoufs), ainsi que les questions relatives aux intérêts des particuliers qui pourraient s'y trouver engagés.

Article XL.

Jusqu' à la conclusion d'un traité entre la Turquie et la Serbie, les sujets serbes voyageant ou séjournant dans l'empire ottoman seront traités suivant les principes généraux du droit international.

Article XLI.

Les troupes serbes seront tenues d'évacuer dans le délai de quinze jours à partir de l'échange des ratifications du présent traité le territoire non compris dans les nouvelles limites de la principauté.

Les troupes ottomanes évacueront les territoires cédés à la Serbie dans le même délai de quinze jours. Il leur sera toutefois accordé un délai supplémentaire du même nombre de jours, tant pour quitter les places fortes et en retirer les approvisionnements et le matériel, que pour dresser l'inventaire des engins et objets qui ne pourraient être enlevés immédiatement.

Article XLII.

La Serbie devant supporter une partie de la dette publique ottomane pour les nouveaux territoires qui lui sont attribués par le présent traité, les représentants à Constantinople en détermineront le montant, de concert avec la Sublime Porte, sur une base équitable.

PERTES

des troupes serbes pendant l'armistice.

Il est arrivé souvent pendant la durée de l'armistice que des bachi-bozouks turcs, des Arnautes ou d'autres irréguliers se sont glissés par groupes plus ou moins nombreux près de nos sentinelles, sur la ligne de démarcation, et les ont lâchement tuées ou blessées. Souvent aussi ils ont réussi à franchir la ligne inaperçus, ce que l'étendue de celle-ci, les accidents de terrain et l'épaisseur des forêts rendait possible. Postés ensuite en embuscade, ils assaillaient des soldats isolés ou des chars de vivres dont ils tuaient les conducteurs.

Nous avons eu ainsi vingt-trois hommes tués, quatorze blessés et un disparu. Parmi les victimes de ce brigandage se trouve le lieutenant d'infanterie Dragoutine Arandjélovitch, tué par des Arnautes à une lieue et demie en-deçà de la ligne, dans une tournée qu'il faisait avec un autre officier pour visiter des retranchements.

Pertes

dans les hôpitaux.

Outre les pertes que les troupes serbes ont faites au feu, il en est d'autres qui doivent être mentionnées, ce sont les hommes morts dans les ambulances et dans les hôpitaux.

Ces pertes représentent aussi un chiffre important. Il ne pouvait en être autrement dans une campagne entreprise par un hiver rigoureux dans une contrée montagneuse, nos soldats n'ayant pas de vêtements suffisamment chauds. Il est même remarquable que ces chiffres n'aient pas été plus considérables, étant données les intempéries contre lesquelles nos troupes ont eu à lutter, ainsi que les mauvaises conditions économiques où elles se trouvaient. On ne peut l'expliquer que par la constitution robuste du soldat serbe qui le rend apte à supporter les plus grandes fatigues.

Les listes des soldats qui ont succombé à leurs blessures ou à la maladie dans le courant de la campagne et jusqu'à la fin du mois de juin, ont été établies par corps. Il faut observer que le lazaret № 3 du corps de la Choumadia a aussi reçu des soldats du corps du Timok et que le grand hôpital de Nisch a reçu des hommes des trois corps de la Choumadia, de la Morava et du Timok ainsi que de la division de réserve.

Ces listes portent :

1°.	1er lazaret de campagne du corps de la Choumadia	30
2°.	2e „ „ „ „ „ „ „ „	30
3°.	3e „ „ „ „ „ „ „ „	232
4°.	4e „ „ „ „ „ „ „ „	115
5°.	5e „ „ „ „ „ „ „ „	8
6°.	6e „ „ „ „ „ „ „ „	31
7°.	1er „ „ „ „ „ du Timok	37
8°.	2e „ „ „ „ „ „ „	51
9°.	3e „ „ „ „ „ „ „	33
10°.	4e „ „ „ „ „ „ „	31
11°.	dans les ambulances, en décembre 1877 et jusqu' à fin avril 1878	22
12°.	1er lazaret de campagne du corps de la Morava	66
13°.	lazaret d'étape	7
14°.	hôpital militaire à Procouplié	2
15°.	2e lazaret de campagne du corps de la Morava	13
16°.	3e „ „ „ „ „ „ „ „	5
17°.	4e „ „ „ „ „ „ „ „	92
18°.	lazaret d'étape à Kourchoumlia	6
19°.	1er lazaret de campagne du corps de la Drina	36
20°.	2e „ „ „ „ „ „ „	23
21°.	ambulance de Vlachké Gnivé	2
22°.	1er lazaret de campagne du corps du Yavor	40
23°.	2e „ „ „ „ „ „ „	40
24°.	ambulance du corps du Yavor	4
25°.	hôpital de réserve de Stoudénitza	17
26°.	grand hôpital de Nisch	334
27°.	hôpital de réserve des troupes d'Oujitzé (2e cl.)	6
28°.	„ „ Karanovatz	14
29°.	„ „ réserve de Tchatchak	6
30°.	„ „ „ „ Valiévo	9
31°.	„ „ „ „ d'Oujitzé	13
32°.	„ „ Tioupria	38
33°.	„ „ réserve de Rajagne	6
34°.	„ „ Krouchévatz	53
35°.	„ „ réserve de Paratchine	34
36°.	„ „ „ „ Bania (Alexinatz)	22
37°.	„ „ Négotine	10
	Total	1518

Ces soldats ont eux aussi sacrifié leur existence pour l'affranchissement de leurs frères et l'indépendance de leur pays. Leurs noms seront conservés aux générations futures.

PROCLAMATION

DE SON ALTESSE LE PRINCE

MILAN M. OBRENOVITSCH IV

A SON PEUPLE

SERBES !

Je vous ai appelés aux armes pour la seconde fois le 1er décembre dernier; il s'agissait cette fois non seulement de l'affranchissement de nos frères opprimés mais de l'indépendance de notre chère patrie, la Serbie.

Vous n'étiez pas encore reposés des fatigues de la guerre précédente, de cette lutte inégale que nous avons soutenue, de concert avec nos frères les Monténégrins, contre le grand empire ottoman; vous vous ressentiez encore des grands sacrifices que vous aviez faits, et cependant vous avez aussitôt répondu à l'appel de votre souverain, en dignes descendants de vos glorieux aïeux.

Aux prises avec un ennemi souvent plus nombreux et pourvu d'armes supérieures aux vôtres, bravant un hiver des plus rigoureux, vous vous êtes rendus maîtres de places fortes, de défilés impraticables, occupés par l'ennemi. Surmontant les obstacles que la nature et les hommes vous opposaient vous avez marché de victoire en victoire. Dans le court espace de six semaines vous avez pénétré jusqu'à Kossovo, où l'église de Gratchanitza, en deuil depuis cinq cents ans, a entendu les chants de victoire serbes. Plusieurs milliers de soldats ennemis sont tombés entre vos mains ainsi que de nombreux trophées : un grand nombre de drapeaux ennemis, près de 300 canons, plusieurs milliers de fusils et une quantité énorme de munitions de tout genre.

Dans votre brillant essor il n'était plus besoin que d'un pas en avant pour faire flotter triomphalement les étendards serbes à Prichtina, à Scoplié, à Prizren, ces vieilles capitales des Némanitch, mais l'armistice du 19 janvier est venu vous arrêter dans votre marche.

Serbes! Vos triomphes ont enrichi l'histoire serbe de belles pages. Les noms de St. Nicolas, Béla-Palanka, Pirot, Nisch, Gredélitza, Vrania, rappellent chacun une victoire et resplendiront désormais comme des étoiles, jetant leur éclat sur vos vertus jusque dans un avenir éloigné et montrant au monde ce que peut accomplir un petit peuple que le patriotisme anime et que guide l'idée de la liberté.

Gloire à vous devant Dieu et devant les hommes, mes braves compagnons d'armes!

Grâce à notre abnégation nous avons eu le bonheur d'affranchir un nombre considérable de nos frères opprimés, de les voir libres et, la première fois depuis Kossovo, de les serrer dans nos bras.

Si le 1er décembre de l'année dernière j'ai proclamé la rupture de liens de vassalité dans lesquels la Serbie ne pouvait rester sans humiliation, vous avez, braves soldats serbes, prouvé sur les champs de bataille que la Serbie est digne d'être admise au rang des Etats indépendants, qu'elle a pu conquérir son indépendance par les armes et qu' au besoin elle saurait la défendre les armes à la main.

Le Traité préliminaire de paix conclu le 19 février sous les murs de Constantinople à San Stephano, n'a pas oublié la Serbie. Le magnanime Empereur qui a pris sous sa puissante protection la liberté des chrétiens d'Orient, a obligé la Porte Ottomane à renoncer à sa suzeraineté sur la Serbie.

Le 1er juin suivant s'est réuni à Berlin un Congrès des Grandes Puissances Européennes qui a définitivement réglé les questions soulevées par le Traité de San Stephano. Le Congrès a aussi examiné de nouveau la cause serbe que mon plénipotentiaire, le Ministre des Affaires Etrangères, a défendue avec une sagesse et un patriotisme qui m'imposent le devoir de lui donner publiquement en cette occasion le témoignage de ma reconnaissance. Le Traité signé le 1er juillet à Berlin par les Plénipotentiaires des Grandes Puissances a rendu la paix à l'Orient. Si ce Traité n'a pas réalisé tous les vœux des Serbes, cependant, eu égard aux circonstances dans lesquelles ce grand arrangement international a eu lieu, la Serbie doit son tribut de reconnaissance à la haute bienveillance des Grandes Puissances.

L'Europe a reconnu à la Serbie son indépendance en la rattachant à une condition que j'ai acceptée, décidé à la remplir concienceusement.

L'Europe a consenti à ce que la plus grande partie des populations de la Vieille Serbie que nous avions affranchies reste réunie avec nous, de sorte que la Serbie se trouve aujourd'hui augmentée de plus du quart de son ancien territoire.

C'est donc la paix, l'indépendance du pays et l'affranchissement d'un grand nombre de nos malheureux frères que je puis annoncer aujourd'hui à la Serbie comme autant de précieuses acquisitions.

Jouissant des bienfaits de la paix, admis au nombre des Etats indépendants, renforcés du concours de nos nouveaux concitoyens, protégés par de nouvelles et fortes frontières, nous possédons une base solide pour notre développement.

Ces résultats nous les avons achetés au prix de lourds sacrifices. Il n'est pas un d'entre nous qui n'ait été sensiblement éprouvé soit par la perte de ceux qui lui étaient chers, soit dans sa fortune, soit dans sa santé; mais si chacun de nous individuellement est plus pauvre qu' avant la guerre, tous ensemble nous sommes et plus forts et plus riches. Tous ensemble nous devons être satisfaits et fiers. Ceux d'entre nous qui ont survécu à la crise et aux dangers que nous avons traversés peuvent être pénétrés du sentiment qu'ils n'ont pas vécu inutilement, et les braves auxquels ils est échu de rester au champ de l'honneur et de la liberté en couvrant de gloire nos drapeaux, vivront éternellement dans la mémoire de la postérité reconnaissante et seront glorifiés dans l'histoire de la régénération de l'Orient.

Nous avons déjà accompli envers eux un devoir patriotique en votant à la dernière Scoupchtina la loi qui assure une existence convenable à leurs veuves et à leurs orphelins, et met à l'abri du besoin ceux de nos blessés qui sont devenus impropres au travail.

Serbes! Dès aujourd'hui l'état de guerre qui régnait en Serbie est levé et avec lui disparaissent certaines dispositions exceptionnelles que cet état avait nécessitées, tandis que quelques autres sont maintenues comme indispensables pour la transition à l'état normal.

En retournant aujourd'hui aux travaux de la paix, n'oublions pas que les événements ont créé à la Serbie une situation nouvelle. En entrant dans le nombre des états indépendants, la Serbie a assumé une beaucoup plus grande responsabilité tant pour ses rapports extérieurs que pour ses travaux intérieurs. La Serbie indépendante doit être unie, sérieuse; elle doit marcher d'un pas mesuré dans ses entreprises, d'un côté pour utiliser ses précieuses acquisitions et de l'autre pour se concilier plus que jamais la sympathie des Etats de l'Europe qui nous ont accueillis dans leur sein. La sagesse dans nos relations internationales, l'ordre et le progrès dans notre existence intérieure, telle est la voie où nous devons marcher, la seule qui puisse conduire à la prospérité la Serbie indépendante.

Que Dieu nous prenne sous sa puissante protection !

Belgrade, le 10 août 1878.

ORDRE DU JOUR

AUX OFFICIERS, CHEFS DE MILICE, SOLDATS ET EMPLOYÉS DE L'ARMÉE SERBE.

SOLDATS!

Après trois années d'une pénible guerre, après tant de combats sanglants et acharnés, après de si nombreux et de si grands sacrifices, vous allez vous retrouver en paix dans vos demeures et au milieu de vos familles.

Aujourd'hui que la démobilisation de toute l'armée et de mon état-major est accomplie, je tiens à vous dire combien la patrie vous est reconnaissante de ce que vous avez fait, combien vous m'êtes chers à ce titre et combien je suis fier de vous, comme votre Prince et comme votre commandant.

Soldats!

Lorsque je vous ai appelés aux armes pour la seconde fois au secours de nos frères, vous m'avez entendu et compris. Vous avez quitté vos demeures, vos familles, vos biens, fruits de tant de travaux et de tant de peines, tous vous vous êtes levés et avez couru à vos drapeaux.

Aux prises non seulement avec l'ennemi mais avec des privations et des souffrances de tout genre, vous avez conquis Nisch, la glorieuse, vous avez affranchi d'un dur et long esclavage un grand nombre de nos frères de la Vieille Serbie et vous avez acquis à notre chère patrie son indépendance.

Vous avez inscrit avec votre sang sur le drapeau de Takovo une série de nouvelles et brillantes victoires. Aussi longtemps que vivra le nom serbe, on parlera de votre bravoure à St. Nicolas, Ak-Palanka, Pirot, Kourchoumlia, Nisch, Gredélitza et Vrania. Plus de trois cents canons ennemis, beaucoup de milliers de fusils, des bataillons entiers d'ennemis faits prisonniers avec leurs officiers, des millions en munitions et en subsistances, attestent l'éclat de vos victoires, votre intrépidité, votre dévouement dans l'accomplissement du devoir.

Au nom de notre chère Serbie, au nom de nos frères affranchis, je vous salue, soldats, dans vos foyers et vous remercie tous, du plus ancien des officiers au dernier des employés et des soldats, pour votre valeur, pour votre fidélité exemplaire et inébranlable.

Votre patrie, votre Prince et commandant en chef, reconnaissent vos vertus militaires et vous remercient de votre dévouement qui a valu à vos frères la liberté et à la Serbie un accroissement de forces et son indépendance.

Je suis fier d'avoir, dans des temps aussi graves, commandé d'aussi nobles et d'aussi vaillants soldats. Je suis convaincu que l'armée serbe en cultivant les vertus militaires, sera à l'avenir le ferme soutien de l'ordre, de la légalité et en même temps l'effroi des ennemis de notre chère patrie.

Je vous souhaite un heureux retour dans vos foyers.

Nisch, le 1er décembre 1878.

LE COMMANDANT EN CHEF
PRINCE DE SERBIE

MILAN M. OBRÉNOVITSCH IV.

ANNEXES.

TABLEAU

DES COMBATS LIVRÉS PENDANT

Numéro	Date	Lieu	BUT	Notre position et nos forces	Position de l'ennemi et ses forces	Durée du combat	Mouvements et principaux moments
1	7 décembre 1877	Saint-Nicolas	S'emparer de la position de St. Nicolas et intercepter la route entre Vidin et Pirot (Belgradjik—Balta-Bérilovatz).	Nos troupes parvenues à Balta-Bérilovatz. Désignés pour l'attaque : 2 bat. de la brig. de Kniagévatz 2-me cl., 1 batt. de montagne et 1 peloton de l'escadron de Kniagévatz.	L'ennemi occupait une position fortifiée sur un col de montagne dans la Stara planina, sur la route de Vidin. Troupes de défense : 1 tabor de nizams et 30 à 40 Tcherkesses à cheval.	1 heure (de $7^1/_2$ à $8^1/_2$ du matin)	Surprendre l'ennemi et envelopper ses deux ailes, chacune par 2 compagnies. Reste des troupes sur la route. Départ des troupes pour l'attaque 4 heures du matin. Le brouillard permit l'approche jusqu' à 80 pas.
2	12 décembre 1877	Ak (ou Béla) Palanka	S'emparer d'Ak-Palanka et en faire prisonnière la garnison ou la rejeter dans la direction de Leskovatz.	Nos troupes venant de Babina Glava. Désignés pour l'attaque : 8 bat. de 1-re cl., 2 bat. de 2-me cl., 1 bat. de volontaires, 2 batt. de campagne, 1 batt. de montagne et 2 escadrons. Ont été engagés : 4 bataillons, 1 escadron et 12 pièces.	L'ennemi était posté sur la rive gauche de la Nichava, devant Ak-Palanka. Il avait sur sa droite des retranchements ouverts et sur sa gauche une redoute fermée ; tête de pont. Garnison : 1500 à 2000 fantassins, 30 à 50 cavaliers et 2 canons.	6 heures (de 8 heures du matin à 2 heures de l'après-midi)	Passage de la Nichava à Lioubatovatz, et attaque de l'aile droite ennemie avec 8 bataillons, 2 escadrons et 1 batterie de montagne. A $1^1/_2$ heures moment décisif, lorsque les Turcs abandonnèrent la tête de pont.
3	12 décembre 1877	Devant Kourchoumlia	S'emparer de Kourchoumlia.	Nos troupes avançaient concentriquement sur 3 colonnes, de Procouplié, Tchoutchalo et Batot. Désignés pour l'attaque : 2 bat. de la brig. de Tchatchak 1-re cl., $3^1/_2$ bat. de la brigade de Krouchévatz 2-e cl., 2 batteries de montagne et 2 pièces de campagne.	L'ennemi occupait une position fortifiée sur la rive gauche de la Toplitza, en avant de Kourchoumlia près du village de Mikoulane. Troupes : 400 nizams, 2000 bachibozouks (Arnautes) et 2 canons.	$8^1/_2$ heures dont 5 de combat effectif (de 7 heures du matin à $3^1/_2$ heures de l'après-midi)	Le combat aurait dû avoir lieu le 11, mais il fut remis au 12 à cause du retard de la brigade de Krouchévatz. L'affaire a été décidée par le bataillon de Stoudénitza et 1 compagnie du bataillon du Dragatchévo, lesquels s'emparèrent des retranchements de l'ennemi tandis que celui-ci les avait quittés pour poursuivre notre centre et notre aile droite qui avaient plié.

SYNOPTIQUE

LA GUERRE DE 1877—1878

Résultats	PERTES TROUPES	morts	blessés	disparus	Trophées	Conséquences et nouvelles dispositions	OBSERVATIONS
Position ennemie emportée par nos troupes. Les Turcs en retraite sur Belgradjik. — Courte poursuite à cause du brouillard et de l'ignorance du terrain.	Bataillons I et II de Kniagévatz (2-me cl.)	4	12		Fusils Snider 4 Chevaux 12 Beaucoup de munitions d'infanterie et matériel de télégraphe. Les Turcs ont laissé 3 morts sur le terrain et emporté les autres.	La prise de St. Nicolas a assuré du côté de Vidin et de Belgradjik les communications des troupes opérant contre Ak-Palanka et Pirot, car cette position intercepte entièrement la route.	Attaque bien exécutée. Officiers et chefs de milice ont conduit leurs hommes avec une bravoure exemplaire. Se sont distingués: lieutenant V. Popovitch, et chefs de section G. Radovanovitch et M. Miloïcovitch.
Victoire de nos troupes. Les Turcs en retraite sur Leskovatz, par la vallée de la Lounitza. Poursuite et occupation des routes de Leskovatz et de Nisch.	Brigade de Kniagévatz 1-re classe Brig. combinée Brigade de Kniagévatz 2-me classe Bataillon de volontaires Total	2 5 7	14 18 5 7 44		Canons de gros calibre 2 Canons de petit calibre 2 Caisses de munitions d'art. 8 Caisses de munitions d'inf. 21 Cais. de fusées de projectiles 6 Fusils 30 Prisonniers 22 Vivres de toute sorte.	Prise d'Ak-Palanka et communication directe interceptée entre Nisch et Pirot. Brigade de Pojarévatz appelée de Babina Glava et concentration des troupes dans la direction de Pirot.	Blessés: chef de compagnie Todor Jivkovitch, de Zagradia (Pojarévatz).
Nos troupes se sont emparées des positions de l'ennemi qui se retira d'abord sur le Samokov, puis au-delà pendant la nuit. L'entrée à Kourchoumlia eut lieu le 13.	**Brigade de Krouchévatz** Bataillon de Krouchév. de la Yochanitza de Tersténik de la Racina de Koznik.. **Brigade de Tchatchak.** Bataillon de Ternava.. de Stoudén.. du Dragatch. de Karanov. Escadron... Total....	3 4 4 1 1 1 1 15	7 1 9 3 6 3 37		Caisses de munitions d'infanterie 150. Caisses de munitions d'artillerie 20. Grandes tentes 17. Quelques chevaux. Quantité de vivres dans la ville et dans les environs.	La prise de Kourchoumlia et des positions du Samokov assurait passablement l'aile droite de la division de l'Ibar du côté de Prichtina.	Se sont distingués: le batail. de Stoudénitza 1-re classe et celui de Krouchévatz 2-me cl., le capitaine E. Tzvetkovitch et le chef de compagnie A. Zlatoiévitch.

Numéro	Date	Lieu	BUT	Notre position et nos forces	Position de l'ennemi et ses forces	Durée du combat	Mouvements et principaux moments
4	12, 13, 14 et 15 décembre 1877	Nichor et Souvodol — devant Pirot	S'emparer de Pirot et se relier avec l'armée russe.	Troupes du corps de la Choumadia désignées pour l'action du 12: 9 bataillons de 1-re classe, 3 batteries de campagne, et 2 escadrons; ont été engagées: 3 batteries de montagne et $1^1/_2$ bataillon. Désignées pour le 13: 12 bataillons, 4 batteries de campagne, 1 de montagne et 2 escadrons; ont été engagées: 10 bataillons, 1 escadron, 3 batteries de campagne et 1 de montagne. Ont été engagées le 15: 2 bataillons, $1^1/_2$ escadron et 6 batteries. Troupes du corps du Timok désignées: 10 bataillons, 2 escadrons et 3 batteries (dont 1 de montagne); toutes ont été engagées le 15 excepté 2 bataillons.	L'ennemi occupait sur la route de Vidin les positions fortifiées de Nichor, sur la rive droite de la Nichava, et de Boudine-Del, sur la rive gauche. Ces positions étaient défendues par 5 à 6 bataillons avec 3 ou 4 pièces. Sur la route d'Ak-Palanka il n'y avait pas de fortifications. A Souvodol seulement quelques fossés de tirailleurs creusés à la hâte et à Blato des emplacements pour les pièces. Ces positions étaient défendues par 6 à 7 bataillons et 3 ou 4 pièces.	le 12 $8^1/_2$ heures (de 7 heures à $10^1/_2$ heures avant-midi) le 13 6 » (de midi à 6 heures du soir) le 15 10 » (de $7^1/_2$ heures du matin à $6^1/_2$ heures du soir)	Marche rapide de la brigade de Kniagévatz qui s'empare sans combat de la position dominante de la Kardachitza. Passage près de Stanitchani et établissement des communications entre les corps de la Choumadia et du Timok. Attaque concentrique contre la position de Souvodol et centre de l'ennemi enfoncé. Secondairement: mouvement enveloppant des deux ailes ennemies. Moment décisif à 5 heures après-midi, lorsque le centre turc fut enfoncé.

Résultats	PERTES: troupes	morts	blessés	disparus	Trophées	Conséquences et nouvelles dispositions	OBSERVATIONS
Victoire des Serbes. Les Turcs abandonnent Pirot pendant la nuit, se retirant sur Sophia, après avoir fait sauter le magazin à poudre de la citadelle. L'armée serbe entre à Pirot le 16 à 10 heures avant-midi. Les Turcs eurent un moment l'intention de s'arrêter au pont de la Soukova, mais ils continuèrent leur retraite sur Sophia. Envoi de la cavalerie à Slivnitza, Ghintzi et Borovo. Occupation de Tern.	**Corps du Timok.**				Canons.......28	La prise de Pirot assurait la gauche du front d'opération. D'étroites communications étaient établies avec les Russes et la garnison turque de Sophia était menacée de flanc. Pour assurer la route de Sophia, la brigade combinée fut avancée jusqu'à Aladja Tchiflik. Deux bataillons restèrent à Blato sur la route de Leskovatz, 3 bataillons et une batterie de montagne à Kroupatz et 1 bataillon à Bérilovatz. Plus tard 1 bataillon fut envoyé à Tern pour y organiser des compagnies d'insurgés. 2 escadrons envoyés dans la direction de Sophia atteignirent Slivnitza. 1 escadron envoyé dans la contrée de Vissoka, parvint à Ghintzi où ils se réunit aux Russes, lesquels quittèrent alors cette position.	
	Brigade de Kniagévatz 1-re classe .	14	52		Fusils à percussion environ 1500		
	Brigad. combinée	7	91		Caisses de cartouches Peabody 797		
	Volontaires.	21	27		Caisses de cartouch. Snider 66		
	Corps de la Choumadia.				Caisses de cartouches pour fusils à percussion.........650		
	Brigade de Kragouiévatz.........	28	149		Caïs. d'obus 300		
	Brigade du Roudnik....	24	187		Sacs env...1000		
	Brigade de Belgrade...	6	42		Havre-sacs environ......2000		
	II. régiment d'artillerie .	1	8		Prisonniers plus de 200		
	Bataillon du génie.......	1	8		Grande quantité de capsules et de fusées.		
	Volontaires.	8	19		Plus d'un million d'ocques de vivres.		
	Total pour les 2 corps.	110	583		Un hôpital monté pour 200 malades et renfermant 29 blessés.		

Numéro	Date	Lieu	BUT	Notre position et nos forces	Position de l'ennemi et ses forces	Durée du combat	Mouvements et principaux moments
5	22 décembre 1877	Sur le Samokov	Rencontre imprévue sans but.	Sur la crête de la montagne entre les rivières Bania et Koçaonitza. Troupes engagées : bataillons de Karanovatz, de Stoudénitza et de Ternava, 1-re classe.	Attaque exécutée par l'ennemi, Arnautes et nizams; nombre non constaté.	7 heures (de 8 heures du matin à 3 heures de l'après-midi)	Solidité et bon tir de l'infanterie.
6	24 décembre 1877	En avant de Vlastotintzi	Chasser l'ennemi du défilé de Gredélitza; ou au moins connaître approximativement ses forces.	1-re compagnie du batail. de Rham à Béloutak; le bataillon du Kosmaï et 2 pièces de montagne à »Stari Logor«; 1 compagnie du batail. de Rham en réserve près des vignes. L'attaque devait être secondée de Leskovatz par le lieutenant Groubitch.	L'ennemi occupait le défilé de Gredélitza et sans attendre notre attaque, assaillit lui-même avec 1 bataillon de nizams, plus de 2000 Arnautes, quelques cavaliers et 1 pièce d'artillerie.	$3\frac{1}{2}$ heures (de 10 heures du matin à $1\frac{1}{2}$ heures après-midi)	L'ennemi de beaucoup supérieur en forces obligea nos troupes à la retraite. Elles s'arrêtèrent près des vignes se reformèrent et obligèrent l'ennemi à regagner ses premières positions.
7	25 décembre 1877	Hauteur de Sokolovitza près de Novi-Bazar.	Les Serbes cherchent à se maintenir dans cette position qui offrait des avantages pour l'offensive. Les Turcs tentent de la leur reprendre.	Les positions de Sokolovitza et Glavotch étaient occupées par 2 comp. du batail. de Stoudénitza, 2-me clas. Vers le soir après que ces troupes eurent abandonné leurs positions, on envoya à leur secours 3 compag. du batail. du Dragatchévo, une demi-compagnie du bat. de Karanovatz et de l'artillerie.	Les Turcs venant de Novi-Bazar forts de 1500 bachibozouks et de quelques cavaliers attaquent la Sokolovitza.		Les Turcs culbutent nos avant-postes de la Sokolovitza et s'avancent jusqu' à Golitza et Glavotch, mais là nos troupes renforcées par 4 compag. d'infanterie et 4 canons repoussent les Turcs et les obligent à rentrer à Novi-Bazar.

Résultats	PERTES				Trophées	Conséquences et nouvelles dispositions	OBSERVATIONS
	TROUPES	morts	blessés	disparus			
Les nôtres restent dans leurs positions. Les Turcs quittent les leurs pour se retirer à Dabinovatz, Prépolatz et Prékoradia.	Bataillon de Stoudénitza 1-re classe	7	10	3	Aucun	Aucune conséquence. Il aurait fallu se douter que ce mouvement des Turcs était le précurseur d'une attaque sérieuse de la part d'Hafiz pacha.	
Les Turcs restent dans leurs positions mais nos troupes se retirent à Vlastotintzi, où elles se préparent à la défense, l'ennemi disposant de forces très-supérieures dans de fortes positions.	Bataillon du Kosmaï (brigade de Belgrade)	12	9		Aucun	Il fut constaté que des forces beaucoup plus considérables étaient nécessaires pour nettoyer le défilé de Gredélitza. Aussi l'on n'en entreprit pas l'attaque mais on se borna à la défense de Vlastotintzi.	Le lieutenant Groubitch qui se trouvait à Leskovatz avec le bataillon de la Yochanitza et la batterie légère d'Alexinatz ne put appuyer cette attaque; d'abord pour la raison que les Turcs la prévinrent en attaquant eux-mêmes, puis parce que les Arnautes le menaçaient lui-même de tous côtés.
Nos troupes perdent d'abord la Sokolovitza mais reprennent cette position à la tombée de la nuit. Les Turcs rentrent à Novi-Bazar.	Bataillon du Dragatchévo Bataillon de Karanovatz Bataillon de Stoudénitza Total	1 1	4 1 1 6		Aucun	Les Turcs une fois refoulés jusqu' à Novi-Bazar, 2 compagnies du bataillon du Dragatchévo occupèrent la hauteur de Sokolovitza et 1 compagnie du bataillon de Stoudénitza celle de Glavotch.	

Numéro	Date	Lieu	BUT	Notre position et nos forces	Position de l'ennemi et ses forces	Durée du combat	Mouvement et principaux moments
8	25 décembre 1877.	Sur le Samokov.	Reconnaissance pour se rendre compte des forces et des intentions d'Hafiz pacha.	La brig. de Tchatchak 1-re cl. avec 3 pièces de montagne devait avancer de Kourchoumlia sur Prichtina en 3 colonnes: celle de droite par le Batioglava, celle du centre par le Samokov, celle de gauche par les montagnes de Sokol. — Troupes engagées: seulement 2 bataillons.	L'ennemi venant de Prépolatz, de Dabinovatz et de Prékoradia, se rencontra avec nos colonnes à 1 hre après-midi. Il avait 4 tabors de nizams et environ 3000 Arnautes. 1 bataillon de nizams et les Arnautes prirent part au combat.	2 heures (de 1 à 3 heures après-midi).	Le batail. de Stoudénitza repoussa de ses fossés de tirailleurs quelques attaques des Turcs, mais nos troupes durent à la fin se retirer devant un ennemi trop supérieur en forces.
9	26 décembre 1877	Kourchoumlia.	Défense de Kourchoumlia et des positions près de cette ville.	La principale position était immédiatement derrière Kourchoumlia; toute la ligne de Madlika et Vrélo jusqu' au-dessous de Kourchoumlia était défendue par 4 bataillons de la brigade de Tchatchak 1-re cl., 4 bataillons de la brigade de Krouchévatz 2-me cl, 4 pièces de campagne et 2 de montagne. La moitié à peine de ces troupes prirent part au combat.	De nombreux tirailleurs (Arnautes) descendirent du Samokov et du Batioglava, suivis par d'épaisses colonnes de nizams. L'ennemi avait 5 ou 6 bataillons réguliers, 3 à 4 mille Arnautes, 2 escadrons de cavalerie et 2 pièces de montagne.	2 heures (de 1 à 3 heures après-midi).	A 1 heure nos avant-postes étaient délogés du Samokov et du Batioglava. L'approche rapide et hardie de l'ennemi, les cris des Arnautes, la manœuvre enveloppante de l'ennemi et ses forces supérieures aux nôtres décidèrent du combat en sa faveur.
10	26 décembre 1877.	Hauteur de Plandichté (village de Kaloudier près de Belgradjik).	Les troupes de la Kraïna devaient marcher sur Belgradjik en 2 colonnes, l'attaquer et si possible s'en emparer.	3 bataillons de la brigade de la Kraïna 2-me cl., le 2-me bataillon en avant-garde. Ces troupes passèrent la nuit à Kaloudier avec avant-postes dans la direction de Belgradjik.	L'ennemi fort de 2 compagnies de nizams, armés de Martinis, fit une sortie de Belgradjik, occupa la hauteur de Sokolovitza et attaqua de là notre avant-garde dans l'intention de prendre Plandichté et de reconnaître nos forces.	$2^1/_2$ heures (de $9^1/_2$ heures à midi).	Solidité et sang-froid de notre infanterie; bon tir. L'ennemi assaillit deux fois hardiment notre aile gauche mais fut repoussé les deux fois avec pertes.

Résultats	PERTES				Trophées	Conséquences et nouvelles dispositions	OBSERVATIONS
	TROUPES	morts	blessés	disparus			
Retraite de nos troupes à Kourchoumlia. Les Turcs occupèrent immédiatement nos positions. Pas de poursuite de la part de l'ennemi.	Vid. № 9.				Aucun	Perte des positions du Samokov. La défense de Kourchoumlia dut se transporter sur la rive gauche de la Toplitza. Nouvelles positions prises en-deçà de Kourchoumlia, avec avant-postes sur le Batioglava et le Samokov.	Tué: le lieutenant S. Pétrovitch, commandant du bataillon de Stoudénitza I-re classe. Blessé: le chef de compagnie Miloié Vitorovitch.
Retraite de nos troupes sur Procouplié. Occupation des positions de Totchane à $1\frac{1}{2}$ en avant de Procouplié. L'ennemi occupe Kourchoumlia et les positions devant la ville. Pas de poursuite de la part de l'ennemi.	Pertes des 2 brigad. dans les 2 journées	23	75	10	Aucun	Perte de Kourchoumlia et retraite sur Procouplié. Affaiblissement, car la défense devait s'effectuer dès lors sur deux points, devant Procouplié et devant Yankova Klissoura. Une bonne position de défense fut fortifiée à Totchane à $1\frac{1}{2}$ lieue de Procouplié.	Tué: le sous-lieutenant Vl. Machitch, commandant du bataillon de Tersténik 2-me cl.
	Lendemain dans l'escarmouche d'avant-postes sur la rive droite de la Grabovnitza	1	12				
Après deux assauts infructueux les Turcs se retirèrent sur Belgradjik, abandonnant la hauteur de Sokolovitza qui fut occupée immédiatement par le 2-e bataillon de la Kraïna.	2-e bataillon de la Kraïna 2-me classe	1	5	2	Aucun.	Occupation de la hauteur de Sokolovitza, position très-avantageuse pour l'attaque de Belgradjik. Par suite d'ordres du quartier-général les troupes serbes quittèrent les environs de Belgradjik pour se rendre à Nisch.	Le commandant du bataillon de la Kraïna 2-me classe, lieutenant J. Rogojarski se distingua par son intrépidité et son habileté.

Numéro	Date	Lieu	But	Notre position et nos forces	Position de l'ennemi et ses forces	Durée du combat	Mouvements et principaux moments
11	Du 3 au 28 décembre 1877	Sous Nisch.	Investir Nisch ainsi que son camp retranché, puis s'en emparer.	Des troupes appartenant aux 3 corps Choumadia, Timok et Morava, ont investi Nisch de tous les côtés. Le dernier jour ainsi réparties : division de la Morava (11 bataillons) de Houm à travers la Nichava jusqu' à Tchapliinatz ; corps de la Choumadia (13 bataillons) sur les hauteurs de Diourline, Markovo Kalé et Vlachko Berdo ; division du Danube (8 bataillons) de Brénitza à la Nichava et au Gabrovatz. En outre 102 pièces d'artillerie.	L'ennemi avait à Vinik et dans la citadelle 2 bataillons ; sur Goritza et au Boubagne 3 bataillons ; sur le Gabrovatz 1 bataillon ; en outre un millier de bachi-bozouks, 1 escadron, 2 batteries de campagne Krupp, avec 400 artilleurs. En tout 5 à 6000 combattants et 100 pièces d'artillerie.	Combats presque journaliers ; le dernier jour, 28 décembre, $3^1/_2$ heures de violent combat, de 3 à $6^1/_2$ heures du soir.	Feu convergent de 22 pièces contre les retranchements de Goritza, puis assaut de trois bataillons à la baïonnette. La chute de Pirot (le 15) détermina l'attaque de Nisch et les combats décisifs pour la prise de cette place commencèrent le 24 avec l'arrivée des troupes du corps de la Choumadia.
12	31 décembre 1877.	Kourchoumlia.	Reconnaître l'ennemi et changer le front de la position par l'occupation de nouveaux points.	Bataillon de Koznik et bataillon de Krouchévatz 1-re classe, 1 batterie de montagne, 1 compagnie de pionniers et 1 escadron. Ces troupes partirent à 8 heures du matin de leur campement près du village de Bégoline.	Le gros de l'ennemi était sur la rive droite de la Toplitza. Il avait de forts avant-postes autour de Kourchoumlia. Ont pris part au combat outre un grand nombre d'Arnautes: 1 bataillon de nizams et 1 escadron.	Environ 2 heures (de $12^1/_2$ à $1^1/_2$ heure et de 3 à 4 heures après-midi).	Hauteurs de Matchkovatz et de Novo Sélo occupées sans combat. Bataillon de Koznik attaqué tient bon une première fois mais ne peut résister à une seconde attaque exécutée par 1 bataillon turc, 1 escadron et un grand nombre d'Arnautes.

Résultats	PERTES				Trophées	Conséquences et nouvelles dispositions	OBSERVATIONS
	TROUPES	morts	blessés	disparus			
Les troupes serbes s'étant emparées de Goritza, principale position turque, toute la garnison de Nisch capitule à la condition que les soldats seront conduits sans armes en dehors de la ligne de démarcation. Cette opération fut terminée le 10 janvier. Entrée des troupes serbes à Nisch le 29 décembre.	Pendant tout le siège de Nisch : Brigade de Belgrade. . . Brigade de Smédérévo . I-er régmt d'artillerie. . Brigade de Kragouiévatz . . . . . Brigade du Roudnik. . . IIe régiment d'artillerie. . Brigade de Krouchévatz Brig. d'Aloxinatz . . . . Brig. de Yagodina . . . . Brigade de Tioupria. . . Brigade du Branitchévo Brigade de Pojarévatz. . Cavalerie . . Total	 16 33 2 11 22 6 1 4 11 14 120	 113 145 8 141 189 13 2 4 23 2 92 55 4 791		Canons 267 Fusils 13.047 Revolvers et pistolets 780 Yatagans 117 Trompettes et tambours 137 Havre-sacs 3147 Gibernes 2150 Poudre, ocques 150.000 Plomb, ocques 3500 Cartouches d'infanterie 7799185 Obus 20.232 Boîtes à mitraille 2089 Shrapnels 1054 Cartouches d'artillerie 8555 Fusées 6060 Etoupilles 18040 Capsules 18,515.500 Vivres pour 2 millions. Médicaments pour une valeur de 16.000 florins.	La prise de Nisch rend disponible une grande partie des troupes employées à la bloquer. Les trois corps sont ensuite disposés comme suit : le corps de la Choumadia à Leskovatz pour marcher sur Vrania ; celui du Timok à Lébane—Zlata ; celui de la Morava en avant de Procouplié. Objectifs : Vrania et Prépolatz.	Tués : S. Yoksimovitch, lieutenant d'artillerie et Vl. Karanovitch, sous-lieutenant Chefs de compagnie : N. Rartchitch et S. Maximovitch. Blessés : lieutenants : G. Koukavatz, J. Bochkovitch ; sous-lieutenants : I. Yovanovitch, M. Marinkovitch, T. Diouritch, M. Milovanovitch et S. Radisavliévitch ; chefs de bataillon : E. Nénadovitch et M. Kouzmanovitch ; adjudant de batail. M. Ognianovitch ; chefs de compagnies : A. Bouchitch, T. Pétrovitch, M. Arsitch, I. Petkovitch et P. Siméonovitch. Le corps de la Choumadia a eu le rôle décisif par l'attaque de Goritza et de Vlachko Berdo.
Les Serbes abandonnent les hauteurs d'abord occupées par eux et regagnent leurs positions primitives. Les Turcs de même.	les 2 bataillons	14	41	11	Aucun.	Les serbes restent dans leurs anciennes positions en se tenant rigoureusement sur la défensive.	Tués : lieutenant Milan Pétrovitch, commandant du bat. de la Racina, et M. Tzernoglavatz, chef de compagnie. Blessés : Vl. Todosiévitch, chef de compagnie.

Numéro	Date	Lieu	BUT	Notre position et nos forces	Position de l'ennemi et ses forces	Durée du combat	Mouvements et principaux moments
13	1-er janvier 1878	Hauteur de Sokolovitza, devant Novi-Bazar.	Nos troupes défendaient la position contre les Turcs qui l'attaquaient.	La position de Sokolovitza était occupée par le bataillon du Dragatchévo 2-me cl., 1 compagnie du bataillon de Stoudénitza 2-me cl. et $^1/_2$ compagnie du bataillon de Karanovatz 2-me cl., 2 pièces de montagne et un détachement de pionniers. La position était garnie de fossés de tirailleurs.	Les Turcs venant de Novi-Bazar attaquaient sur 2 colonnes, celle de droite de 1000 hom., celle de gauche de 1500 hom., pour la plus grande partie bachi-bozouks entremêlés de nizams. En outre environ 150 cavaliers. Attaque hardie et simultanée sur les 2 ailes, les cavaliers précédant l'infanterie.	2 heures (de 10 heures à midi)	Notre aile gauche ne put résister à la violence du choc et se mit en retraite, après elle le centre, puis l'aile droite. L'aile gauche et le centre se retirèrent sur Golitza, la compagnie de Stoudénitza vers le Glavotch et Paressié où la retraite cessa.
14	8 janvier 1878	Tékia (près du village de Krivatcha, Pousta Réka)	Les troupes de la Kraïna marchaient dans la direction de Lébane, leur point de concentration. Dans leur marche elles rencontrèrent l'ennemi et l'attaquèrent.	Le bat. de la Kraïna 1-e cl. et 1 détachement de cavalerie avaient été désignés pour prendre Tékia et en chasser les Arnautes. La cavalerie ayant reconnu l'ennemi, des compagnies envoyées séparément sur les flancs de l'ennemi le contraignirent à la retraite.	200 Arnautes, armés de Martinis, occupaient une hauteur barrant le passage à nos troupes.	2 heures (de midi et demi à $2^1/_2$ heures)	Double mouvement enveloppant de nos troupes. Feu bien soutenu de l'infanterie. De sa 1-e position l'ennemi se retira sur une seconde hauteur qu'il abandonna bientôt en laissant plusieurs morts sur le terrain. La caval. et 1 comp. d'infan. poursuivirent quelque temps.
15	8 Janvier 1878	Kopachnitza.	Chasser l'ennemi de ses positions et avancer dans la direction de Vrania.	Front de bataille entre la Grabovnitza et la route de Vrania. Marche oblique de la I-re division de la Choumadia, sur 2 lignes, contre aile gauche ennemie. Engagés: 6 bataillons, 1 batterie de campagne, 1 batterie légère et 1 escadron.	L'ennemi occupait les hauteurs sur la rive gauche de la Kopachnitza et tenait tout le terrain d'approche sous son feu. Il comptait 5 bataillons réguliers et plus d'un millier d'Arnautes.	5 heures (de 1 heure à 6 heures du soir)	Manoeuvre enveloppante et convergente; feu concentré de l'artillerie. L'ennemi sans attendre notre attaque assaille nos colonnes par un mouvement rapide et les oblige d'abord à rétrograder. Moments principaux: prise du canon serbe par les Turcs et sa reprise par les Serbes. Cette dernière attaque décida de la journée.

Résultats	PERTES				Trophées	Conséquences et nouvelles dispositions	OBSERVATIONS
	TROUPES	morts	blessés	disparus			
Les Turcs se rendent maîtres de la position de Sokolovitza, y laissent des avant-postes et se retirent sur Novi-Bazar.	Bataillon du Dragatchévo 2-me cl..... Bataillon de Karanovatz 2-me cl..... Bataillon de Stoudénitza 2-me cl..... Pionniers... Total	25 2 2 5 34	28 1 2 2 33	26 5 31	Aucun	Les Turcs ont conservé la position de Sokolovitza jusqu'à l'armistice. Nos troupes ont gardé la ligne frontière Golitza—Paressié jusqu'à l'armistice.	Disparu : Mil. Yankovitch, chef de compagnie. Ces attaques des Turcs n'étaient que des diversions pour faciliter la tâche d'Hafiz pacha près de Kourchoumlia et masquer le départ des troupes de Novi-Bazar dans la direction de Nisch. Il n'était resté que des bachi-bozouks, toutes les troupes régulières turques s'étant concentrées à Kourchoumlia.
Les Arnautes s'enfuirent en abandonnant Tékia où l'on trouva beaucoup de vivres. Les troupes de la Kraïna continuèrent leur marche sur Lébane où elles établirent un camp.	Bataillon de la Kraïna..		3		Trois drapeaux de tribus arnautes.	Les troupes de la Kraïna occupèrent Lébane, leur objectif, et se répartirent dans les environs en y élevant des fortifications.	
Les Turcs évacuent le champ de bataille. Ils se retirent sur la rive droite de la Kopachnitza où ils prennent position pour défendre l'entrée du défilé de Gredélitza. Nos troupes passent la nuit à se fortifier et à se préparer pour l'attaque du lendemain.	Voir № 16.				Voir. № 16. (Combat de Gredélitza).	Nos troupes se concentrèrent sur les positions conquises se préparant à l'attaque des nouvelles positions turques.	S'est distingué : le bataillon du Danube II (brigade de Smédérévo) qui reprit le canon dont les Turcs s'étaient emparés.

Numéro	Date	Lieu	But	Notre position et nos forces	Position de l'ennemi et ses forces	Durée du combat	Mouvements et principaux moments
16	9 janvier 1878	Gredélitza	S'emparer des positions ennemies ainsi que du défilé et ouvrir la route de Vrania.	La brigade de Smédérevo devait tourner l'aile gauche ennemie, le détachement de Vlasotintzi (8 bat.) attaquer son aile droite et la brigade de Belgrade de front. La première manœuvre ne réussit pas et toute l'attaque eut lieu de front. Engagés : 9 bataillons de milice (brigade de Smédérévo 4 bat., bataillon de la Save (Belgrade), 2 bat. de Pojarévatz (Rham I et Morava II), 2 de volontaires, 6 batteries de campagne et 12 pièces de montagne et de brigade.	Les Turcs avaient pris position sur la rive droite de la Kopachnitza jusqu' à la route qui mène à Létovichté, en s'appuyant à la Morava, et occupaient aussi une hauteur sur la rive droite de la Morava au-dessus de Gredélitza. Ils avaient 5 bataillons réguliers, 3000 Arnautes et 2 canons.	8 heures. (de 10 heures du matin à 6 heures du soir).	Feu concentré d'artillerie (10 pièces) et d'infanterie au centre, contre le cimetière, et attaque de l'aile droite turque. Moment décisif à 3 heures lorsque l'assaut fut donné contre le centre ennemi — cimetière, — et que les volontaires passèrent à l'offensive.
17	11 janvier 1878	Sur le Sokol.	Occuper une hauteur sur la rive droite de la Koçaonitza.	Le bataillon de Bania 1-re cl. désigné pour l'opération et avançant par la montagne du Sokol est assailli par les Arnautes. Le bataillon de Bania 2-me cl., des détachements des bataillons de Déligrad et 3 pièces (II-me batterie) viennent à son secours.	L'ennemi se trouvait dans ses positions retranchées du Samokov. Les Arnautes attaquèrent du côté du Radane et des détachements de nizams passèrent la Koçaonitza pour les appuyer. L'ennemi essaya de faire fonctionner son artillerie mais sans résultat.	$4\frac{1}{2}$ heures. (de 11 heures à $3\frac{1}{2}$ heures après-midi).	Arrivée de renforts successifs, présence de l'état-major dans la première ligne et surtout le tir des 3 pièces à 1000—1200 mètres. Le bataillon de Bania qui reculait fut arrêté par l'état-major.

Résultats	PERTES				Trophées	Conséquences et nouvelles dispositions	OBSERVATIONS
	TROUPES	morts	blessés	disparus			
La victoire resta aux Serbes qui emportèrent toutes les positions turques et devinrent maîtres du défilé jusque devant Vrania. La marche continua sur cette dernière ville.	Journées du 8 et du 9.				5 guidons de compagnie, 2 drapeaux de bat. Arnautes, 42 caisses de munitions d'infanterie, 20 de mun. d'artillerie, 50 prisonniers. Dans les hans de Gredélitza : ustensiles militaires, biscuit, vivres divers et vin.	Cette victoire ouvrit la route de Vrania aux troupes serbes qui marchèrent immédiatement sur cette ville, le détachement de Vlasotintzi à l'avant-garde, la brigade de Belgrade et l'artillerie par la route, à droite par Repichté la brigade du Roudnik ; la brigade de Smédérévo marchant sur Létovichté.	Blessés : S. Yovanovitch, lieutenant et J. Veilkovitch, sous-lieutenant ; Mil. Stéphanovitch, chef de compagnie. S'est distingué : le bataillon du Katcher.
	Brigade de Belgrade....	10	43				
	Brigade de Smédérévo .	18	115				
	Brigade du Roudnik....	1	51				
	Volontaires.	25	25				
	Bataillon de Rham		2				
	Artillerie ..	1	3				
	Cavalerie...		4				
	Total	55	243				
Nos troupes s'emparèrent de la hauteur qu'il s'agissait d'occuper. Les Turcs mis en déroute perdirent beaucoup de monde.	Les bataillons de Rham 1-re et 2-me classe......	12	19	2	Aucun	L'occupation de cette hauteur facilita la marche entreprise sur Prékoradia pour se relier à la division du Danube.	

Numéro	Date	Lieu	But	Notre position et nos forces	Position de l'ennemi et ses forces	Durée du combat	Mouvements et principaux moments
18	16 janvier 1878	Sur le Sokol.	Occuper une hauteur sur la rive droite de la Koçaonitza, en face de Vissoka, et en même temps démontrer contre les fortifications du Samokov.	Désignés pour occuper la hauteur : les bataillons du Temnitch et du Lévatch (brigade de Yagodina 1-re classe) ; pour la démonstration les bat. de la Racina, de la Yochanitza, 1 comp. du bat. de Tersténik (brig. de Krouchévatz 1-re cl.), bataillon de Ternava (brigade de Tchatchak 1-re cl.) et 4 batteries de campagne.	Le gros des forces ennemies était dans les positions fortifiées du Samokov. Les Arnautes étaient sur les montagnes de la rive droite de la Koçaonitza et dans les forêts. Outre les Arnautes les Turcs avaient dans les retranchements 2 bataillons de nizams et 2 canons de montagne.	$4^1/_2$ heures (de $3^1/_2$ heures après-midi à 8 heures du soir).	L'artillerie ouvrit le feu à 9 heures mais suspendit bientôt son tir. La brigade de Tchatchak s'empara des fossés de tirailleurs turcs ; la brigade de Yagodina dispersa les Arnautes et occupa la hauteur assignée.
19	17 janvier 1878.	Sur le Sokol.	S'emparer d'une hauteur sur la rive gauche de la Koçaonitza pour ouvrir les communications avec la division du Danube et faciliter la marche de cette division sur Méhana.	La brigade de Yagodina 1-re classe avec 1 batterie de montagne, avait à franchir la Koçaonitza et à occuper la hauteur. Engagés : le bataillon du Temnitch I et celui du Lévatch.	Même position et même ordre que la veille. Il n'a pas été possible de constater exactement le nombre des troupes turques engagées.	5 heures (de 10 heures avant-midi à 3 heures après-midi).	L'infanterie après avoir franchi la Koçaonitza, fut assaillie de tous côtés par de nombreux Arnautes ; chaque compagnie dut se battre isolément. Une section de la brigade de Yagodina fut coupée du reste de la troupe et se perdit. Elle fut sans doute faite prisonnière.
20	18 janvier 1878.	Village de Méhana (bassin de la Koçaonitza)	S'emparer du village et avancer dans la direction de Prékoradia pour relier les troupes de Kniagévatz avec le corps de la Morava.	Une colonne de troupes de la brigade du Branitchévo avançait dans l'ordre suivant : bataillon de Goloubatz avec quelques cavaliers, 1 compagnie de pionniers, puis le bataillon de Rham. Le bataillon de Goloubatz attaquant de front et 2 compagnies du bataillon de Rham tournant l'aile droite turque.	L'ennemi posté sur les hauteurs en avant du village, se porta avec hardiesse à la rencontre de notre infanterie non encore déployée. Il comptait 5 à 600 Arnautes et 30 à 40 cavaliers.	Commencé dans l'après-midi, dura environ 3 heures, jusqu' à la nuit.	2 compagnies de Rham s'établirent sur une hauteur sur la droite de l'ennemi et prirent les Arnautes de flanc lorsqu' ils se mirent à la poursuite du bataillon de Goloubatz qui reculait. Le feu des 2 compagnies détermina la fuite de l'ennemi.

Résultats	PERTES				Trophées	Conséquences et nouvelles dispositions	OBSERVATIONS
	TROUPES	morts	blessés	disparus			
Nos troupes ont parfaitement rempli leur mission. La brigade de Tchatchak, revint sur ses positions et celle de Yagodina resta sur la hauteur dont elle s'était emparée.	Aile droite Aile gauche Total	4 1 5	32 7 39	3 3	Aucun.	La marche en avant de la division du Danube a été facilitée.	Blessé : le lieutenant St. Georgévitch. Se sont distingués : le lieutenant St. Georgévitch et le sous-lieutenant M. Lichanine, commandant du bataillon de Ternava.
L'aile gauche ayant cédé, la hauteur occupée la veille fut reprise par les Turcs.	Les deux bataillons..	13	57	49	Aucun	La hauteur qui devait servir de point d'appui a été perdue.	Disparu : le chef de compagnie P Mihaïlovitch, de la brigade de Yagodina. Il est mort en captivité.
Bien que les Arnautes fussent en pleine déroute et que le village de Méhana eût pu être immédiatement occupé, et le but du combat ainsi atteint, le commandant de la division du Danube ordonna la retraite sur Bogouiévatz. La victoire resta sans résultat.	Bataillon de Goloubatz.. Bataillon de Rham...... Total	10 10	15 2 17		Aucun	En suite d'un ordre antérieurement reçu du commandant du corps de la Morava, le commandant de la division du Danube ordonna à la brigade du Branitchévo de se retirer sur Statovatz en laissant 2 bataillons à Novo Vlaci pour couvrir la retraite. Le reste des troupes marcha sur Arbanachka, abandonnant la direction primitive.	

Numéro	Date	Lieu	But	Notre position et nos forces	Position de l'ennemi et ses forces	Durée du combat	Mouvements et principaux moments
21	18 et 19 janvier 1878.	Devant Vrania (Dva Brata—Pliatchkavitza—Kerstatz).	S'emparer des positions ennemies ainsi que de Vrania.	Sur la rive droite de la Morava le bataillon de la Yacénitza, celui du Danube II, avec 2 pièces de brigade et les insurgés de Tern. Sur la rive gauche, en 1-re ligne, les bataillons d'Oraschié, de Grodzka, du Kosmaï et de la Save avec les volontaires. Derrière l'aile gauche le bataillon du Danube I. La brigade du Roudnik en réserve à Kochtanitza. Artillerie: les batteries I et IV en ligne, la III-e en réserve. En face de la Pliatchkavitza et du Kerstatz: les bataillons de la Lépénitza II, de Kragouiévatz et de la Koloubara. Effectivement engagés: 12 bataillons, 22 canons et 1 escadron de cavalerie.	Position des Turcs devant Vrania: Dva Brata—Tchéverliouga—Pliatchkavitza—Kerstatz. L'aile droite appuyée à la Morava, l'aile gauche à la Pliatchkavitza. La Tchéverliouga et la Pliatchkavitza clefs de la position. Position forte de front mais enfilée de la hauteur de Koumarévo sur la rive droite de la Morava. Les Turcs avaient 10 à 12 bataillons réguliers, 2 à 300 Arnautes, 8 canons et 2 escadrons de cavalerie.	7 heures (le 18 janvier) (de 10 heures du matin à 5 heures de l'après-midi).	Bon effet du feu convergent de l'artillerie à courte distance. Attaque résolue de l'infanterie contre la hauteur de Tchéverliouga, clef de la position. Moments principaux: lorsque les Turcs forcèrent le bataillon du Kosmaï à abandonner la hauteur de Kamen et à 5 heures, lorsque le bataillon de la Grouja II et les volontaires emportèrent la Tchéverliouga.
22	19 janvier 1878.	Sur le Samokov.	S'emparer des positions ennemies et marcher sur Prichtina.	Troupes d'Alexinatz (6 bat.) de la vallée de la Koçaonitza. Brigade de Krouchévatz 1-re cl. (5 bat.) et le bataillon de Ternava avec 2 batt. de montagne; 4 de ces bataillons devaient s'avancer par le Samokov, 2 de la vallée de la Banska. 3 batt. de campagne placées sur le Sokol, 1 sur le Batioglava. 3 bataillons de Yagodina couvrant l'aile gauche; à droite dans la vallée de la Banska 1 compagnie et quelques cavaliers.	L'ennemi occupait ses fortifications du Samokov, 1 grande redoute et d'autres ouvrages ouverts de moindre dimension; $2^1/_2$ bataillons de nizams dans les retranchements, un grand nombre d'Arnautes au dehors et 2 canons de montagne.	$6^1/_2$ heures (de midi à $6^1/_2$ heures du soir).	D'abord feu d'artillerie puis d'infanterie; attaque par compagnies. Moment décisif: à $1^1/_2$ heures lorsque les soldats parvenus à 50—100 pas de la redoute se mirent à couper les fils de fer et à faire disparaître les obstacles dont les Turcs avaient garni les approches.

Résultats	PERTES — Troupes	morts	blessés	disparus	Trophées	Conséquences et nouvelles dispositions	OBSERVATIONS
Victoire des Serbes. Les Turcs se retirèrent à Vrania abandonnant toute leur position jusqu'à la Pliatchkavitza; ils eurent ensuite l'intention de renouveler le combat à Souvodol près de Vrania, mais à la vue de nos colonnes ils rétrogradèrent sur Vrania en laissant sur la Pliatchkavitza 4 bataillons qui se rendirent. On poursuivit les Turcs jusqu'à Bouianovatz.	Les 2 journées				4 tabors de nizams et rédifs ont été faits prisonniers, soit: 1685 sous-officiers et soldats, et 48 officiers. Trophées: les armes de ces 4 tabors.	Cette victoire livra Vrania aux troupes serbes qui y entrèrent et y trouvèrent une quantité considérable de vivres. La brigade de Smédérévo se dirigea sur Egri-Palanka, celle de Belgrade sur Koumanovo et la II-me division de la Choumadia sur Ghiliane.	Tué: le sous-lieutenant G. Stoïtchévitch. Blessés: les sous-lieutenants J. Chpanitch, M. Bojitch, K. Bokchane, L. Christitch. Se sont distingués: les volontaires et le bataillon de la Grouja II.
	Brigade de Belgrade ...	10	51				
	Brigade de Smédérévo .	14	43				
	Brigade du Roudnik....	13	26				
	Brig. de Kragouiévatz...	2	7				
	Volontaires.	82	77				
	Artillerie ..	1	18				
	Cavalerie...		3				
	Génie		2				
	Infirmiers ..		4				
	Etat-major .		1				
	Total	122	232				
Les Turcs restèrent dans leurs positions et nos troupes épuisées se retirèrent sur les leurs. Un fossé de tirailleurs et le premier ouvrage avaient été pris par les troupes d'Alexinatz.	Brigade de Krouchévatz	18	98	20	Aucun	Tout resta dans l'état précédent, mais on acquit la conviction que les Turcs ne songeaient pas à abandonner leurs positions et voulaient au contraire les défendre opiniâtrement.	Blessés: le lieutenant K. Stoïkovitch. Se sont distingués: le capitaine S. Nicolaïévitch, le lieutenant P. Grouitch et le sous-lieutenant M. Lichanine.
	Bataillon de Ternava....	1	17				
	Troup. d'Alexinatz......	28	140	3			
	Brigade de Yagodina...	2	43	2			
	II-me batt. de montagne		2				
	Total	49	300	25			

Numéro	Date	Lieu	But	Notre position et nos forces	Position de l'ennemi et ses forces	Durée du combat	Mouvements et principaux moments
23	19 janvier 1878.	Village de Chaïkovatz (Lab).	Reconnaître les forces ennemies dans la vallée du Lab.	2 compagnies du II-me bataillon de Kniagévatz 2-me cl., rencontrent les Arnautes près de Chaïkovatz.	Les Arnautes au nombre de 200 cavaliers et de 50 fantassins montaient de la vallée du Lab vers le village de Chaïkovatz, probablement aussi en reconnaissance. Pendant le combat 3 ou 4 bataillons de nizams venant de Podouiévo se montrèrent, mais ne prirent pas part à l'action.	1 heure (de 2 à 3 heures après-midi).	Un feu nourri d'infanterie à courte distance et quelques décharges d'artillerie déterminèrent la fuite des Arnautes. Combat sans péripéties.
24	20 janvier 1878.	Village de Chaïkovatz.	Des troupes sont envoyées dans la vallée du Lab pour en chasser l'ennemi.	La brigade combinée et 2 batteries de campagne (III et IV) devaient prendre position entre la Doubnitza et la Bervénitza, faisant front au Lab; la brigade de Kniagévatz et 1 batterie de montagne sur la rive gauche de la Bervénitza. Engagés: 2 bataillons de la brigade combinée et 1 batterie.	L'ennemi fort de 2000 fantassins et environ 200 cavaliers arnautes et nizams occupait le village de Chaïkovatz, barrant le chemin à nos troupes. Pendant le combat 4 bataillons de nizams et 1 batterie se montrèrent dans la vallée du Lab mais sans prendre part à l'affaire.	6 heures (de 11 heures avant-midi à 5 heures après-midi).	Mouvement enveloppant et attaque résolue de l'infanterie; sur la fin bon tir de l'artillerie. Moments principaux: lorsque le 2-me bataillon de la brigade combinée se mit à reculer et à 3 heures lorsque les Arnautes furent chassés du village.

Résultats	PERTES				Trophées	Conséquences et nouvelles dispositions	OBSERVATIONS
	TROUPES	morts	blessés	disparus			
Les Arnautes s'enfuirent en suivant la Doubnitza et les Serbes occupèrent le village de Chaïkovatz.	II-me bataillon de Kniagévatz 2-me classe	4	3		Aucun.	A la suite de l'apparition des bataillons turcs près de Podoniévo, les troupes de Kniagévatz se concentrèrent sur la ligne Terpéza—Matchia Sténa—Hertitza, pour parer à toute éventualité.	
Les Arnautes s'enfuirent par la route de Prichtina en laissant beaucoup de morts sur le terrain. Les troupes serbes revinrent sur leurs positions.	2-me et 4-me bataillon de la brig. combinée	14	39		1 drapeau (3 porte-drapeau et un officier turc furent successivement tués), quelques fusils, sabres et yatagans.	L'importante position de la Terpéza étant restée dégarnie de troupes et exposée à une attaque venant de la vallée du Lab, le commandant du corps ordonna aux troupes de Kniagévatz de réoccuper la ligne Terpéza—Matchia-Sténa-Hertitza, laquelle domine tout le terrain environnant.	

Numéro	Date	Lieu	BUT	Notre position et nos forces	Position de l'ennemi et ses forces	Durée du combat	Mouvements et principaux moments
25	21 janvier 1878.	Village de Makédontzi (Medvédia, Matchédol).	Les troupes de la Kraïna avançent par la vallée de la Medvédia pour prendre position sur le Merkogne.	En tête le bataillon de Négotine qui détacha 2 compagnies vers le flanc droit de l'ennemi; le bataillon de la Kraïna se déploya au centre, avec 2 pièces de montagne; le bat. de Berza Palanka se dirigea vers la gauche de l'ennemi.	L'ennemi fort de 200 Arnautes entremêlés de nizams, avait pris position sur la rive gauche de la Medvédia sur 2 lignes. La 2-me ligne ouvrit d'abord le feu et les Serbes en s'avançant tombèrent dans l'embuscade de la 1-re ligne laquelle leur fit beaucoup mal par son feu à courte distance.	3 heures (de $11^3/_4$ heures avant-midi à $2^3/_4$ heures après-midi).	Mouvement enveloppant de l'infanterie et bon tir de l'artillerie. Le feu de la 1-re ligne ennemie ouvert à l'improviste fit reculer d'abord l'artillerie et les tirailleurs. Mais le 3-me bat. étant parvenu sur le flanc de l'ennemi, celui-ci se retira sur une autre hauteur.
26	22 janvier 1878	Sur le Samokov.	S'emparer des positions ennemies sur le Samokov.	Les troupes d'Alexinatz (6 bat.) et la brigade de Yagodina 1-re cl. (4 bat.) de la vallée de la Koçaonitza. 3 bat. de la brigade de Tchatchak 1-re cl. suivant la crête du Samokov. 3 bat. de la brigade de Krouchévatz 1-re cl. de la vallée de la Banska; 4 batteries sur le Sokol, 2 sur le Batioglava; à l'aile gauche 2 bat. de la brigade de Tioupria, 1 batterie légère et 2 escadrons.	Même position et mêmes forces que le 19 décembre, probablement augmentées d'un bataillon venu de Prépolatz.	$8^1/_2$ heures (de 10 heures avant-midi à $6^1/_2$ heures du soir).	Principalement le feu de l'infanterie car celui de l'artillerie était gêné par le brouillard. Front d'attaque enveloppant les deux ailes turques. A 3 heures la brigade de Tchatchak parvint à 30 pas de la grande redoute.

Résultats	PERTES				Trophées	Conséquences et nouvelles dispositions	OBSERVATIONS
	TROUPES	morts	blessés	disparus			
Les Arnautes abandonnèrent la position et s'enfuirent dans la direction de Gbiliane en laissant 25 morts sur le terrain. Les troupes serbes continuèrent à s'avancer par la vallée de la Medvédia.	Bataillon de Négotine...	5	21		Aucun	La vallée de la Medvédia ainsi débarrassée d'Arnautes les troupes serbes continuèrent leur marche le jour même jusqu'au confluent des rivières Banska et Pétrilia. Le lendemain les troupes de la Kraïna occupèrent la position du Merkogne.	Blessés : le sous-lieutenant Eug. Yourichitch, commandant du 3-me bataillon, et le chef de compagnie M. Stoïakovitch (ce dernier mortellement).
	Bataillon de la Kraïna ..		9				
	Bataillon de Berza-Palanka		2				
	Total	5	32				
Les Turcs restent dans leur grande redoute après avoir perdu les ouvrages avancés. Nos troupes s'établissent pour passer la nuit sur les positions conquises à 30—100 pas de l'ennemi. A minuit ordre de retraite à cause de l'armistice.	Division de l'Ibar	23	162	9	Quelques fusils relevés dans les ouvrages turcs pris par la division de la Morava.	Les Serbes se retirent dans leurs positions précédentes à cause de la conclusion de l'armistice.	Blessés : les capitaines et commandants de régiment : J. Maxitch et M. Stoïanovitch ; le lieutenant Tim. Ivkovitch.
	Division de la Morava ..	19	180	5			
	Total	42	342	14			

TABLEAU

de l'armée serbe dans

(PAR

Corps		Officiers supérieurs	Officiers subalternes	Chefs de bataillon	Chefs de compagnie	Chefs de section	Sous-officiers	Chefs d'escouade	Porte-drapeaux	Ecrivains et commissaires
de la Choumadia	tués........		4		1	5	4	23		
	blessés ...		12	1	3	26	28	90		
	disparus....									
du Timok	tués.... ...				2	2	2	5		
	blessés.....		3	2	7	13	7	50	1	
	disparus....									
de la Morava	tués........		4		3	7	2	14		
	blessés....		5		4	25	3	79	1	
	disparus....					1		4		
du Yavor	tués........				1		1	4		
	blessés.....						1	4		
	disparus....					1		1		
sur le champ de bataille	tués........		8		7	14	9	46		
	blessés.....		20	3	14	64	39	223	2	
	disparus....					2		5		
Total des pertes sur le champ de bataille			28	3	21	80	48	274	2	1
Morts dans les hôpitaux			2		7	9	16	22		7
Total des pertes pendant la campagne			30	3	28	89	64	296	2	8

DES PERTES

la guerre de 1877—1878

corps).

TROMPETTES ET TAMBOURS	FUSILIERS DE LA MILICE	FUSILIERS DE LA LIGNE	ARTILLEURS	PIONNIERS	CAVALIERS	ORDONNANCES	INFIRMIERS	VOLONTAIRES ET INSURGES	SOLDATS DU TRAIN	BOULANGERS BOUCH. ETC.	SANS. CONST. DE L'ARME ET DU GRADE	Totaux
8	174	11	9					111	1			346
13	1068	83	38	9	5	1	6	94	1			1479
	2											2
2	78	2						20	1			109
5	863	18			1		1	35	1			507
	8											8
5	150	1			3			1	3			193
7	822	4			1		1	5	3			960
1	111											117
	33			6				25				70
	47			1								53
	30											32
10	430	14	9	6	3			157	5			708
25	2300	105	38	10	7	1	8	134	5			2999
1	151											159
36	2881	119	47	16	10	1	S	291	10			3876
7	1010	65	49	39	14		41	37	140	20	49	1534
43	3891	184	96	55	24	1	49	328	150	20	49	5410

TABLEAU

militaire conquis par les troupes

		SAINT-NICOLAS	AK-PALANKA	KOUR-CHOUMLIA	PIROT	NISCH		GREDELITZA	TEKIA
		N O M B R E					OCQUES	NOMBRE	
1	Pièces d'artillerie........	—	4	—	28	272	—	—	—
2	Fusils divers	4	30	—	1500	13,047	—	—	—
3	Guidons de compagnie ..	—	—	—	—	2	—	5	—
4	Drapeaux	—	—	—	—	—	—	2	3
5	Revolvers et pistolets...	—	—	—	—	780	—	—	—
6	Yatagans	—	—	—	—	117	—	—	—
7	Sabres divers............	—	—	—	—	340	—	—	—
8	Trompettes et tambours.	—	—	—	16	137	—	—	—
9	Havre-sacs	—	—	—	1880	3147	—	—	—
10	Cartouchières diverses ..	—	—	—	—	2150	—	—	—
11	Grandes tentes	—	—	—	30	50	—	—	—
12	Poudre de bonne qualité.	—	—	17	—	—	150.000	—	—
13	Plomb...................	—	—	—	—	—	3.500	—	—
14	Cartouches d'infanterie .	—	—	—	1,420.000	7,799.135	—	—	—
15	Obus....................	—	—	—	1648	20.232	—	—	—
16	Boites à mitraille.......	—	—	—	—	2089	—	—	—
17	Shrapnels	—	—	—	—	1054	—	—	—
18	Cartouches d'artillerie ..	—	—	—	tonn. 89	8555	—	—	—
19	Caisses de munit. d'infant.	10	20	150	797	—	—	42	—
20	Caisses de munit. d'artil.	—	80	20	397	—	—	2	—
21	Caisses de fusées de projectiles..........	—	6	—	8	—	—	—	—
22	Fusées..................	—	—	—	—	6060	—	—	—
23	Étoupilles...............	—	—	—	—	18.040	—	—	—
24	Capsules	—	—	—	274.500	18,515.500	—	—	—
25	Sacs vides..............	—	—	—	1000	—	—	—	—
26	Chevaux et mulets......	12	—	4	—	160	—	—	—
27	Matériel d'hôpital pour lits................	—	—	—	200	—	—	—	—
28	Harnais	—	—	—	—	60	—	—	—

DU MATÉRIEL

serbes dans la guerre de 1877—1878.

VRANIA	CHAÏKOVATZ	SAMOKOV	TOTAL DANS TOUTE LA CAMPAGNE	
N	O M B	R E		OCQUES
—	—	—	304	—
2725	qques-uns	7	17.313	—
—	—	—	7	—
—	1	—	6	—
148	—	—	928	—
18	qques-uns	—	135	—
2	—	—	342	—
33	—	—	186	—
1676	—	—	5027	—
—	—	—	3826	—
—	—	—	97	—
—	—	—	—	150000
—	—	—	—	3500
27.689	—	—	9,246.924	—
—	—	—	21.880	—
—	—	—	2089	—
—	—	—	1054	—
—	—	—	8644	—
31	—	—	1051	—
—	—	—	499	—
—	—	—	14	—
—	—	—	6060	—
—	—	—	18.040	—
—	—	—	18,790.000	—
—	—	—	1000	—
—	—	—	176	—
—	—	—	200	—
—	—	—	60	—

Observations

Des pièces, 50 sont syst. Krupp de divers calibres (3 de 24 H avec affûts en fer à mouvement circulaire).

Des fusils, 5937 sont syst. Henri-Peabody-Martini et 88 à répétition syst. Winchester.

Une grande quantité de matériel télégraphique a été pris à Nisch, Pirot, Ak-Palanka et St. Nicolas.

Les canons à chargement par la culasse sont:

pris à Nisch { 8 de 24 livres, 4 » 12 » } avec affûts; 5 » montagne de 3 livres; 16 » campagne de 6 » avec affûts; 10 » » de 4 »

à Pirot 2 » 6 livres avec affûts

à Goritza 5.

Rem. Ici ne sont pas compris les 5 canons que le colon. Boutchovitch a envoyés à Alexinatz avec leurs attelages.

TABLEAU

des prisonniers faits à l'armée turque pendant la campagne.

Numéro	Endroits où ils ont été faits prisonniers	Officiers		Chefs civils	Sous-officiers	Trompettes	Soldats	Bachi-bozouks	Total	Observations
		supérieurs	subalternes							
1	St. Nicolas et Ak-Palanka						4	24	28	La garnison de Nisch qui, suivant la capitulation, fut conduite sans armes au-delà de la ligne de nos avant-postes ne figure pas dans ce tableau.
2	Pirot et Tern	1		2	1		87	137	228	
3	Leskovatz et Vlasotintzi	1	1	3	1		63	42	111	
4	Vrania	1	47	4	251	12	1307	3	1625	
5	Sur d'autres points			2			24	141	167	
	Total	3	48	11	253	12	1485	347	2159	
	Morts dans les hôpitaux serbes		1		3		207		211	
	Restitués aux autorités turques	3	47	11	250	12	1278	347	1948	

TABLEAU

DES TROUPES SERBES QUI ONT PRIS PART A LA GUERRE DE 1877—1878.

COMMANDANT EN CHEF

SON ALTESSE LE PRINCE

MILAN M. OBRÉNOVITSCH IV

ÉTAT-MAJOR GÉNÉRAL

CHEF D'ETAT-MAJOR, AIDE-DE-CAMP DE S. A. LE PRINCE

Général

KOSTA S. PROTITCH

CHEFS DE LA SECTION OPÉRATIVE

Aide-de-camp de S. A.
Lieutenant-Colonel d'Etat-Major
J. MISCHKOVITCH

Aide-de-camp de S. A.
Lieutenant-Colonel d'Etat-Major
J. ANGHELKOVITCH

INTENDANT GÉNÉRAL

Colonel d'infanterie

MARCO KATANITCH

Chef de la section du génie
Lieutenant-Colonel du génie
PIERRE ARANDJÉLOVITCH

Chef de la section de l'artillerie
Major d'Artillerie
KOSTA MILOVANOVITCH

CHEF DE LA SECTION SANITAIRE

Lieutenant-Colonel

Dr VLADAN GEORGÉVITCH

Inspecteur des télégraphes
ANT. JOVANOVITCH

Inspecteur des postes
VAS. RIZA

CORPS DE LA CHOUMADIA.

Etat-major

I-re DIVISION DE LA CHOUMADIA

Etat-major de la division.

Brigade de Belgrade (1e cl.)

Etat-major de la brigade
1. Bataillon du Vratchar
2. „ de la Save
3. „ de la Koloubara
4. „ du Kosmaï
5. „ de Grodzka

Détachement d'infirmiers

Brigade de Smédérévo (1e cl.)

Etat-major de la brigade
1. Bataillon du Danube I
2. „ du Danube II
3. „ de la Yacénitza
4. „ d'Oraschié

Détachement d'infirmiers

Ier régiment d'artillerie.

Etat-major du régiment
Ire batterie de campagne
IIe „ „ „
IIIe „ „ „
IVe „ „ „
Batterie de montagne
Batterie légère de Yagodina

Ier régiment de cavalerie

Etat-major du régiment

Ire division	IIe division
1er escadron	3e escadron
2e „	4e „

III Bataillon du génie
IV Troupes sanitaires
V Télégraphes

II-e DIVISION DE LA CHOUMADIA

Etat-major de la division

Brigade de Kragouiévatz (1re cl.)

Etat-major de la brigade
1. Bataillon de la Grouja I
2. „ de la Yacénitza
3. „ de la Lépénitza I
4. „ de la Lépénitza II
5. „ de Kragouiévatz

Détachement d'infirmiers

Brigade du Roudnik (1re cl.)

Etat-major de la brigade
1. Bataillon de la Tzerna Gora
2. „ de la Morava
3. „ du Katcher
4. „ de la Grouja II (Krag.)

Détachement d'infirmiers

IIe régiment d'artillerie

Etat-major du régiment
Ve batterie de campagne
VIe „ „ „
VIIe „ „ „
VIIIe „ „ „
Batterie de montagne (Roudnik)
Batterie légère de Kragouiévatz

IIe régiment de cavalerie

Etat-major du régiment

Ire division	IIe division
1er escadron	3e escadron
2e „	4e „

VI Postes
VII Parc
VIII Intendance.

CORPS DU

Etat-

I. TROUPES (DIVISION) DE KNIAGÉVATZ

Etat-major de la division

Brigade de Kniagévatz (1e cl.)

Etat-major de la brigade
1. Bataillon de Kniagévatz I
2. „ de Kniagévatz II
3. „ du Timok
4. „ de Sverliig

Détachement d'infirmiers

Brigade combinée

Etat-major de la brigade
1. Bataillon de Brestovatz (1e cl.)
2. „ du Podgorié (1e cl.)
3. „ de Poretch (1e cl.)
4. „ du Klioutch (1e cl.)

Détachement d'infirmiers

Brigade de Kniagévatz (2e cl.)

Etat-major de la brigade
1. Bataillon de Kniagévatz I
2. „ de Kniagévatz II
3. „ du Timok
4. „ de Sverliig

Détachement d'infirmiers

II. TROUPES (DIVISION) DE LA KRAINA

Etat-major de la division

Brigade de la Kraïna (1e cl.)

Etat-major de la brigade
1. „ de Négotine
2. „ de la Kraïna
3. „ de Berza-Palanka

Détachement d'infirmiers

Brigade de la Kraïna (2e cl.)

Etat-major de la brigade
1. Bataillon de Négotine
2. „ de la Kraïna
3. „ de Berza-Palanka
4. „ du Klioutch
5. „ de Poretch

Détachement d'infirmiers

Artillerie

IIIe batterie de campagne
VIe „ „ „ (12 ꝏ)
Ie „ „ montagne
IIe „ „ „

IIe batterie de campagne
batterie légère de la Kraïna
„ de position de la Kraïna

Cavalerie

Escadron de Kniagévatz

Escadron de la Kraïna
„ de réserve de la Kraïna

V *Bataillon du génie*
VI *Troupes sanitaires*
VII *Télégraphes*

T I M O K

major

III. TROUPES (DIVISION) DE ZAITCHAR

Etat-major de la division

Brigade de la Tzerna Réka (1e cl.)
Etat-major de la brigade
1. Bataillon de Zaïtchar
2. „ de Boliévatz
Détachement d'infirmiers

Brigade de la Tzerna Réka (2e cl.)
Etat-major de la brigade
1. Bataillon de Zaïtchar
2. „ de Brestovatz
3. „ de Boliévatz
4. „ du Podgorié
Détachement d'infirmiers

IV. DIVISION DU DANUBE

Etat-major de la division

Brigade de Pojarévatz (1e cl.)
Etat-major de la brigade
1. Bataillon de Pojarévatz
2. „ de la Morava I
3. „ de la Morava II
4. „ de Rham I
5. „ de la Mlava I
Détachement d'infirmiers

Brigade du Branitchévo (1e cl.)
Etat-major de la brigade
1. Bataillon de l'Homolié
2. „ de la Mlava II
3. „ du Zvijd
4. „ de Rham II
5. „ de Goloubatz
Détachement d'infirmiers

Artillerie

Ie batterie de campagne
IIe „ de montagne (Tz. Réka)
batterie de position (Tzerna Réka)

IVe batterie de campagne
Ve „ „ „
batterie légère de Pojarévatz
„ „ du Branitchévo

Cavalerie

Escadron de la Tzerna Réka
„ de réserve de la Tzerna Réka

Escadron de Pojarévatz
„ du Branitchévo

VIII Postes
IX Parc
X Intendance.

CORPS DE LA MORAVA

Etat-major

I. DIVISION DE LA MORAVA

Etat-major de la division

Troupes d'Alexinatz

Etat-major
1. Bataillon d'Alexinatz (1e cl)
2. „ de Bania (1e cl.)
3. „ de la Bougar-Morava (1e cl.)
4. „ d'Alexinatz (2e cl.)
5. „ de Bania (2e cl)
6. „ de la Bougar-Morava (2 cl.)

Détachement d'infirmiers

Brigade de Tioupria (1e cl).

Etat-major de la brigade
1. Bataillon de la Despotovitza
2. „ de Tioupria
3. „ de Paratchine
4. „ de la Réçava

Détachement d'infirmiers

Brigade de Yagodina

Etat-major de la brigade
1. Bataillon de la Bélitza
2. „ du Temnitch I
3. „ du Temnitch II
4. „ du Lévatch

Détachement d'infirmiers

Ier régiment d'artillerie.

Ire batterie de campagne
IIIe „ „ „
IVe „ „ „
batterie légère d'Alexinatz
„ „ de Krouchévatz

Ire régiment de cavalerie

Escadron de Yagodina
„ de Tioupria

III Artillerie de position

II. DIVISION DE L'IBAR

Etat-major de la division

Brigade de Tchatchak (1e cl.)

Etat-major de la brigade
1. Bataillon du Dragatchévo
2. „ de Stoudénitza
3. „ de Ternava
3. „ de Karanovatz

Détachement d'infirmiers.

Brigade de Krouchévatz (1e cl).

Etat-major de la brigade
1. Bataillon de Tersténik
2. „ de la Yochanitza
3. „ de Krouchévatz
4. „ de la Racina
5. „ de Koznik

Détachement d'infirmiers

Brigade de Krouchévatz (2e cl.)

Etat-major de la brigade
1. Bataillon de Tersténik
2. „ de la Yochanitza
3. „ de Krouchévatz
4. „ de la Racina
5. „ de Koznik

Détachement d'infirmiers

IIe régiment d'artillerie

IIe batterie de campagne
Ve „ „ „
VIe „ „ „
Ie „ „ montagne
IIe „ „ „

IIe régiment de cavalerie

Escadron de Krouchévatz
„ de Tchatchak
„ de réserve

IV Génie

Bataillon du génie
Equipage de pont

V Troupes sanitaires
VI Télégraphes
VII Postes
VIII Parc
IX Intendance.

CORPS DU YAVOR

Etat-major

I. TROUPES DU YAVOR

Brigade d'Oujitzé (1e cl.)

Etat-major de la brigade
1. Bataillon de la Tzerna Gora
2. „ du Zlatibor
3. „ de Pojéga
4. „ d'Arilié
5. „ de Ratcha
6. „ de la Moravitza
Détachement d'infirmiers

Brigade de Valiévo (1e cl.)

Etat-major de la brigade
1. Bataillon de la Tamnava
2. „ de la Koloubara
Détachement d'infirmiers

Régmt de la brig. d'Oujitzé (2e cl.)

1. Bataillon de Pojéga
2. „ de la Moravitza

IIe batterie de campagne
Ve „ „
Ie „ „ montagne
batterie légère de Valiévo

Cavalerie

1er escadron
2e „
3e „ de réserve

IV Demi-bataillon du génie

VII Postes

II. TROUPES DU ZLATIBOR

Brigade d'Oujitzé (2e cl.)

Etat-major de la brigade
1. Bataillon de la Tzerna Gora
2. „ du Zlatibor
3. „ d'Arilié
4. „ de Ratcha
Détachement d'infirmiers

Insurgés du corps du Yavor

Artillerie

Ie batterie de montagne d'Oujitzé

V Troupes sanitaires

VIII Parc

III. TROUPES DE LA RACHKA

Brigade de Tchatchak (2e cl.)

Etat-major de la brigade
1. Bataillon du Dragatchévo
2. „ de Stoudénitza
3. „ de Ternava
4. „ de Karanovatz

IXe Bataillon
de l'armée permanente
(bataillon de volontaires)

Insurgés

de Déjéva-Ibar

1e batterie de montagne d'Oujitzé
IIe „ „ „ „
batterie des insurgés

Cavalerie

des insurgés de Déjéva-Ibar

VI Télégraphes

IX Intendance.

CORPS DE LA DRINA

Etat-major

I Brigade de Chabatz (Ire cl.)

Etat-major de la brigade
1. Bataillon de la Matchva I
2. „ de la Matchva II
3. „ de Chabatz
4. „ du Tzer
5. „ de Save-Tamnava

Détachement d'infirmiers

II Brigade de Chabatz (2-me cl).

Etat-major de la brigade
1. Bataillon de la Matchva I
2. „ de la Matchva II
3. „ de Chabatz
4. „ du Tzer
5. „ de Save-Tamnava

Détachement d'infirmiers

III Brigade du Podrigné (1-re cl).

Etat-major de la brigade
1. Bataillon du Yadar
2. „ de la Radiévina
3. „ de l'Azboukovitza

Détachement d'infirmiers

IV Brigade du Podrigné (2-me cl.)

Etat-major de la brigade
1. Bataillon du Yadar
2. „ de la Radiévina
3. „ de l'Azboukovitza

Détachement d'infirmiers

V Brigade de Valiévo (2e cl.)

Etat-major de la brigade
1. Bataillon de la Tamnava
2. „ de Valiévo
3. „ de la Koloubara
4. „ du Podgorié
5. „ de la Posavina

Détachement d'infirmiers

VI Artillerie

Ie batterie de campagne
IIIe „ „ „
IVe „ „ „
IIe „ „ montagne

batterie légère de Chabatz
„ (de réserve) de Valiévo
„ „ „ de Chabatz
„ „ „ du Podrigné
„ de réserve

Ie batterie de mortiers
IIe „ „ „
IIIe „ „ „
batterie de mortiers de 12 ε
„ de dépôt

VII Cavalerie

1. Escadron de Chabatz
2. „ de la Matchva
3. Escadron du Podrigné
4. „ de Valiévo

VIII Bataillon du génie

IX Troupes sanitaires

X Télégraphes

XI Postes

XII Parc

XIII Intendance

DIVISION DE RÉSERVE

Etat-major

I Régiment de Valiévo (1e cl.)
Etat-major du régiment
1. Bataillon de Valiévo
2. „ du Podgorié
3. „ de la Posavina
Détachement d'infirmiers

II Brigade du Roudnik (2e cl.)
Etat-major de la brigade
1. Bataillon de la Tzerna Gora
2. „ de la Morava
3. „ du Katcher
Détachement d'infirmiers

III Brigade de Yagodina (2e cl.)
Etat-major de la brigade
1. Bataillon de la Bélitza
2. „ du Lévatch
3. „ du Temnitch I
4. „ du Temnitch II
Détachement d'infirmiers

IV Brigade de Tioupria (2e cl.)
Etat-major de la brigade
1. Bataillon de Tioupria
2. „ de Paratchine
3. „ de la Despotovitza
4. „ de la Réçava
Détachement d'infirmiers

V Artillerie de position

VI Grand hôpital de Nisch

CORPS DES VOLONTAIRES

Etat-major

1er bataillon de volontaires
2e „ „ „
3e „ „ „

Insurgés de Tern
„ de Leskovatz
„ du Kopaonik.

TABLE DES MATIÈRES.

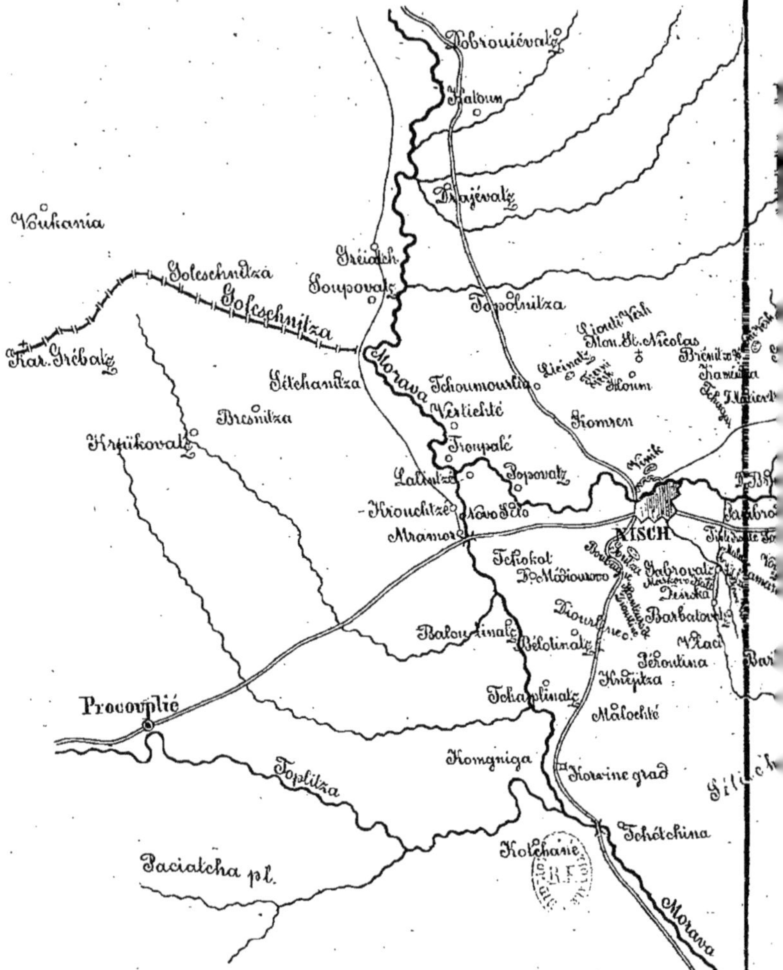

Dobrouiévatz
Kaloun
Drajévatz
Voukania
Goleschnitza
Goleschnitza
Kar. Grébatz
Gréiatch
Soupovatz
Topolnitza
Lioutii Vrh
Mon. St. Nicolas
Morava
Sitchanitza
Tchoumourlia
Hloum
Komren
Bresnitza
Kroukovatz
Vertichté
Troupalé
Lalinitza
Popovatz
Krouchitze
Novo Selo
Mramor
NISCH
Tchokot
Gabrovatz
Balouinatz
Bélotinatz
Barbatovatz
Kroujitza
Tchaplinatz
Málochté
Procouplié
Komgniga
Korvine grad
Toplitza
Tchétchina
Kotchanie
Paciatcha pl.
Morava

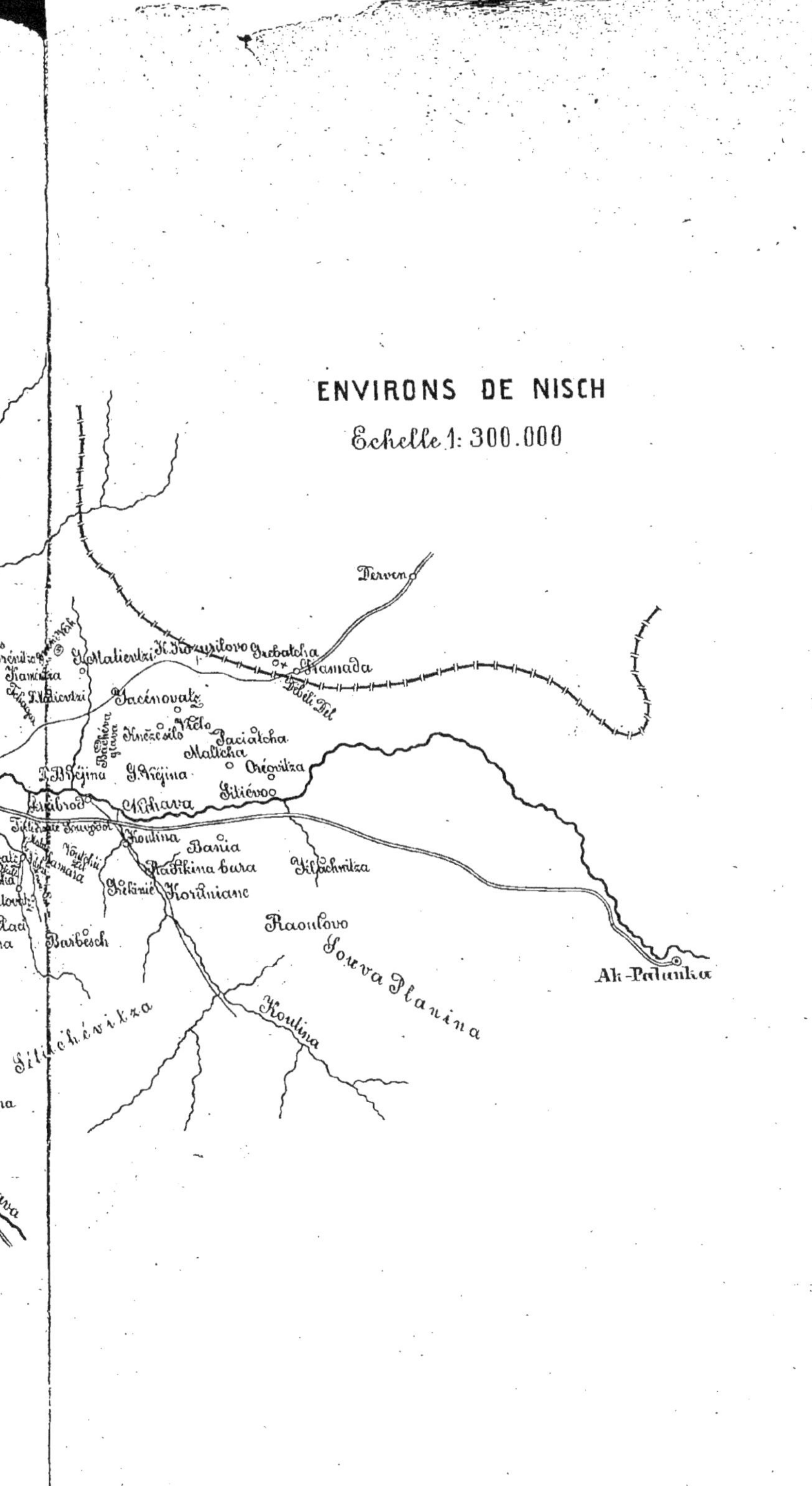
ENVIRONS DE NISCH
Echelle 1: 300.000
Derven
Gacénovatz
Jaciatcha
Maltcha
Orégovitza
G.Rejina
Nichava
Koulina
Bania
Radikina bara
Korilniane
Raoulovo
Barbesch
Souva Planina
Koulina
Ak-Palanka

www.ingramcontent.com/pod-product-compliance
Ingram Content Group UK Ltd.
Pitfield, Milton Keynes, MK11 3LW, UK
UKHW020143220726
13923UKWH00001B/341

9 782019 940324